弁護士の誕生
――その歴史から何を学ぶか

弁護士 谷 正之 著

発行 民事法研究会

● はしがき ●

　今日の弁護士は、社会で一定の評価を受けている。それは先達が人々の自由と権利を擁護するため、営々と血のにじむような努力を積み重ねた結果、信頼を得るに至ったからである。

　明治時代の多くの免許代言人は、社会的弱者とともにあり、貧しい人々のために無償で民事代理や刑事弁護をした。他方で、彼らは自由民権運動、国会開設請願運動、政党運動などに積極的に取り組み、自由と権利を主張し、民意を反映する国会を開設するよう求め、強大化する藩閥政府権力と激しく衝突した。これに対して、政府は民権勢力の攻勢を阻むため次々に言論統制法を制定し、多くの免許代言人は投獄されたが、彼らは勇気と闘志をもって活動を続け、日本の近代化、民主化を先導した。免許代言人らは法律学の研究に熱心で、法律研究所や法律学校を創立して法学教育を行い、多くの法曹を養成した。また、法廷においては当意即妙な応答、高度な弁論能力と法廷技術を駆使して弁論を行った。そして、彼らは国会が開設されると、衆議院議員として登場し、民意を反映させるため議会で大いに活躍した。

　これら先達の功績をみるべく各弁護士会史を紐解いても、その性質上、弁護士会の歴史を一般的抽象的に説明したものが主で、彼らの具体的な働きや苦労がなかなか伝わってこない。彼らはその時代に起きた各種の運動や具体的事件とのかかわりの中で活動してきたのであるから、これらを通して活躍した事実を知ることが必要である。彼らが多方面で示した力量の大きさと成し遂げた功績をみると、彼らは今日の弁護士をはるかにしのぐ巨人たちであったことがわかる。いま、弁護士の使命や職責を考えるうえで、彼らの活動から実に多くのことを学ぶことができるのである。

　本書はこうした見地から、免許代言人およびこれと行動をともにすることの多かった民権家、さらに免許代言人の後を引き継いだ弁護士が、日本の近代化、民主化のために先導役を果たした事実を、法制度の発展、各種運動や事件を通して具体的に描き出そうとしたものである。彼らの活動を調べるに

1

はしがき

あたり、明治時代の政治・法・歴史等に関する各分野の先学のすぐれた多くの研究に感嘆し感謝して参考にさせていただいた。

なお、本書は、松山大学総合研究所「松山大学論集」に、平成20（2008）年10月から同22（2010）年8月にかけて「弁護士の誕生とその背景」と題し、7回にわたり発表してきた論文を基に再構成し、新たな論稿を加えて1冊にまとめたものである。巻末には年表を付け、重要な立法や事件等がどの時代のもので、どの章で取り上げているかわかるようにした。

弁護士の歴史に関心をもつ人たち、若い弁護士諸氏、弁護士を志す人たちが、わが国には偉大な免許代言人・弁護士がいたことを知り、彼らの活動を通して弁護士が存在する意義について理解を深め、さらにこの分野の研究が一層進む契機になればと願うものである。

本書の出版にあたり、株式会社民事法研究会の各位に多くのご助言とご指導をいただいた。心からお礼を申し上げたい。

平成24（2012）年8月

弁護士　谷　正之

目　　次

序　説 …………………………………………………………………… 1

第1章　民事法制・刑事法制の近代化への萌芽

Ⅰ　民事法制 ……………………………………………………………… 2
　1　民事の法規範 ……………………………………………………… 2
　2　民事裁判手続 ……………………………………………………… 2
　　(1)　糾問的な手続 ………………………………………………… 2
　　(2)　民事裁判手続の近代化 ……………………………………… 3
　　(3)　法典なき時代 ………………………………………………… 3
Ⅱ　刑事法制 ……………………………………………………………… 4
　1　刑事の法規範 ……………………………………………………… 4
　　〈コラム〉筋違の敵討 …………………………………………… 5
　2　刑事裁判手続 ……………………………………………………… 5
　　〈コラム〉岩倉具視襲撃事件 …………………………………… 5
　3　まとめ ……………………………………………………………… 6

第2章　西洋法の導入と裁判所の設置

Ⅰ　西洋法の導入 ………………………………………………………… 7
　1　フランス法典の翻訳 ……………………………………………… 7

目　次

   (1)　箕作麟祥の訳業 …………………………………………7
   (2)　フランスの法典 …………………………………………8
   (3)　フランス民法を日本民法へ ……………………………9
  2　法律家の招聘 …………………………………………………10
   (1)　ブスケ ……………………………………………………10
   (2)　ボアソナード ……………………………………………10
  3　法典の編纂 ……………………………………………………11
   (1)　刑　法 ……………………………………………………11
   (2)　治罪法 ……………………………………………………14
   (3)　ドイツ法の影響 …………………………………………15
   (4)　現代の法律との関係 ……………………………………15
  4　法学教育のための学校開設 …………………………………17
   (1)　明法寮の開設 ……………………………………………17
   (2)　フランス法に基づく法学教育 …………………………17
Ⅱ　裁判所の設置 ……………………………………………………………18
  1　司法省による裁判権の統一 …………………………………18
   (1)　聴訟断獄事務を扱う ……………………………………18
   (2)　全国法憲を司り各裁判所を統括 ………………………19
  2　司法職務定制による裁判所 …………………………………20
  3　大審院諸裁判所職制章程による裁判所 ……………………20
   (1)　全国法権の統一を主持 …………………………………20
   (2)　地方官による裁判の廃止 ………………………………21
  〈コラム〉火災になった裁判所 …………………………………21
  4　治罪法による裁判所 …………………………………………22
  5　裁判所官制による裁判所 ……………………………………22
  6　裁判所構成法による裁判所 …………………………………23
  7　裁判官の身分保障 ……………………………………………23
  8　現代の裁判所 …………………………………………………24

第 3 章　代言人の登場

Ⅰ 　**代言人法制**……………………………………………………26
　1 　公事師と代言人との関係………………………………26
　2 　証書人代書人代言人職制………………………………27
　　(1)　証書人・代書人・代言人……………………………27
　　(2)　フランスにおける証書人・代書人・代言人………28
　　(3)　代言人登場の意義……………………………………29
　　〈コラム〉司法職務定制──維新の劈頭を飾る宝典……29
　3 　代人規則による代人……………………………………30
　4 　訴答文例並附録による代書人・代言人………………31
　　(1)　訴答文例並附録………………………………………31
　　(2)　代書人…………………………………………………31
　　(3)　代言人…………………………………………………32
　5 　裁判官・検察官の任用…………………………………35
　　(1)　自由任用制……………………………………………35
　　(2)　裁判所取締規則………………………………………36
　6 　代言人の民事代理………………………………………38
　　(1)　前島豊太郎……………………………………………39
　　(2)　児玉淳一郎・中定勝…………………………………39
　〈コラム〉フルベッキが見た維新当時の日本……………41
Ⅱ 　**法律研究所と法律学研究**……………………………………42
　1 　島本仲道の法律研究所…………………………………42
　2 　元田直の法律研究所……………………………………44

第4章　免許代言人・代言人組合

- I　明治9年代言人規則············45
  - 1　代言人規則············45
    - (1)　免許状の交付············45
    - (2)　代言人試験············47
  - 2　免許代言人──弁護士の誕生············49
  - 3　免許代言人の統制············51
    - (1)　免許と統制············51
    - (2)　懲戒規定············51
  - 4　免許代言人のプライド············52
    - (1)　星亨············52
    - (2)　砂川雄峻············53
- II　明治13年改正代言人規則············54
  - 1　改正代言人規則············54
  - 2　代言人組合の設立············55
  - 3　試験者の変更············57
    - (1)　試験科目············58
    - (2)　試験問題──何々の訴状は何色の罫紙に記載すべきや············58
    - (3)　5科目の試験問題············59
  - 4　1通の免許状············61
  - 5　免許代言人の職務············62
  - 6　懲戒規定············62
    - (1)　免許代言人の懲戒············62
    - (2)　懲戒事件············63
- III　免許代言人の法律学研究と法律学校の設立············63
  - 1　免許代言人の法律学研究············63

(1)　大井憲太郎 …………………………………64
　　　(2)　渋川忠二郎 …………………………………66
　　　(3)　高橋一勝 ……………………………………67
　　　(4)　増島六一郎 …………………………………67
　　2　法律学校の設立 ………………………………68
　　　(1)　フランス法系の法律学校 …………………68
　　　(2)　イギリス法系の法律学校 …………………69
　　3　法律学校による貢献 …………………………69
　　　(1)　現在の弁護士・弁護士会との関係 ………70
　　　(2)　法律学校と大学・法科大学院 ……………71

第5章　弁護士・弁護士会

Ⅰ　議会における免許代言人議員の活躍 ……………72
　　1　明治23年弁護士法案 …………………………72
　　2　明治25年弁護士法案 …………………………74
　　3　衆議院の審議 …………………………………74
　　4　両院協議会 ……………………………………80
　　5　免許代言人議員の審議参加 …………………80
Ⅱ　明治26年弁護士法 …………………………………80
　　1　弁護士──新しい職名 ………………………80
　　　(1)　弁護士名簿に登録 …………………………80
　　　(2)　弁護士試験 …………………………………81
　　　(3)　統一試験 ……………………………………82
　　2　弁護士の職務 …………………………………83
　　　(1)　訴訟行為 ……………………………………83
　　　(2)　弁護士の職務に対する認識 ………………84

7

目次

  3　弁護士会……………………………………………………………85
   (1)　弁護士会の設立……………………………………………85
   (2)　弁護士会の役員……………………………………………85
   (3)　弁護士会の監督……………………………………………85
   (4)　弁護士会長懲戒事件………………………………………86
   (5)　弁護士会の議する事項……………………………………87
  4　弁護士の懲戒………………………………………………………88
   (1)　法廷における弁護士………………………………………88
   (2)　今村力三郎弁護士懲戒事件………………………………89
   (3)　昭和8年の弁護士法の懲戒………………………………90
   (4)　現行弁護士法の懲戒………………………………………91

第6章　免許代言人と言論弾圧との闘い

Ⅰ　言論統制法…………………………………………………………92
 1　維新政府から薩長藩閥政府へ……………………………………92
 2　集会結社言論の弾圧………………………………………………93
 〈コラム〉反骨の新聞人………………………………………………93
 3　民権家講談師の出現………………………………………………95
 〈コラム〉自由人になりたい…………………………………………95
Ⅱ　免許代言人の政談演説……………………………………………96
 1　立憲主義国家をめざして…………………………………………96
 2　縣河の弁をもって滔々と説く……………………………………96

目　次

第7章　自由民権運動と免許代言人

- Ⅰ　自由民権思想 ……………………………………………………98
  - 1　啓蒙思想家の活躍 …………………………………………98
  - 2　啓蒙著作の影響 ……………………………………………99
- Ⅱ　自由民権運動 ……………………………………………………100
  - 1　自由民権運動の勃興 ………………………………………100
  - 2　各地の政治結社 ……………………………………………101
    - (1)　愛国社の結成 …………………………………………102
    - (2)　国会開設を求める建白（立志社建白）………………102
    - (3)　国会期成同盟 …………………………………………103
    - (4)　北海道開拓使官有物払下げ中止 ……………………103
    - (5)　私擬憲法 ………………………………………………103
    - (6)　明治14年の政変と国会開設時期の表明 ……………104
  - 3　政党の結成 …………………………………………………104
    - (1)　自由党 …………………………………………………104
    - (2)　立憲改進党 ……………………………………………105
- Ⅲ　自由民権運動をリードした免許代言人 ………………………106
  - 1　愛媛の免許代言人 …………………………………………106
    - (1)　藤野政高──自由党・弁護士法案審議で活躍 ……106
    - 〈コラム〉星議長の議事進行を注意した藤野政高 ………107
    - (2)　高須峯造──立憲改進党・海運会社事件 …………107
    - (3)　玉井正興──自由党・天下の公人 …………………109
    - (4)　井上要──立憲改進党・芦屋川水利権訴訟 ………109
  - 2　静岡の免許代言人 …………………………………………112
    - (1)　角田真平──立憲改進党・不応為罪事件 …………112
    - (2)　前島豊太郎──自由党・讒謗律違反事件 …………114

9

目次

　　〈コラム〉演説会 …………………………………………………121

第8章　自由民権裁判と免許代言人

Ⅰ　集会条例違反事件 ……………………………………………122
　1　興風会演説会葬事件——警察への抗議行動 …………122
　　(1)　興風会の結成 ……………………………………122
　　(2)　政談学術演説会の開催 …………………………123
　　(3)　演説会葬の挙行 …………………………………124
　　(4)　鉱山の山師を訪問 ………………………………125
　　(5)　興風会メンバーの逮捕と公判 …………………126
　　(6)　西条治安裁判所の判決 …………………………129
　2　裁判所の異なる判断 ……………………………………131
　　(1)　裁判所の表示 ……………………………………131
　　(2)　松山始審裁判所の判決 …………………………133
　　(3)　現代の集会の自由 ………………………………134
Ⅱ　不敬事件 ………………………………………………………134
　1　高知の不敬事件 …………………………………………134
　　(1)　森田馬太郎事件 …………………………………135
　　(2)　坂崎斌事件 ………………………………………135
　2　新潟の推古天皇不敬事件 ………………………………136
　　(1)　被疑者3人の逮捕 ………………………………136
　　(2)　新潟軽罪裁判所の公判 …………………………137
　　(3)　検察官の論告求刑 ………………………………141
　　(4)　弁護人の弁論 ……………………………………142
　　(5)　新潟軽罪裁判所の判決 …………………………144
　　(6)　大審院の公判 ……………………………………145

10

(7)　免許代言人の気魄……………………………………146
　　(8)　大審院の判決………………………………………147
　　(9)　不敬罪の廃止………………………………………148

第9章　自由民権運動の弾圧事件
　　　　──高等法院で弁護した免許代言人

Ⅰ　福島事件………………………………………………………150
　1　事件の概要…………………………………………………150
　　(1)　土木県令三島通庸の着任…………………………150
　　(2)　三島の三方道路計画………………………………151
　　(3)　福島県会の陣容……………………………………151
　　(4)　道路開鑿工事と住民の反発………………………152
　　(5)　免許代言人の訴訟鑑定……………………………152
　　(6)　若松治安裁判所へ勧解の申立て…………………152
　　(7)　弾正ヶ原事件………………………………………154
　　(8)　会津帝政党…………………………………………155
　　(9)　無名館急襲事件……………………………………155
　　(10)　免許代言人らの逮捕………………………………156
　　(11)　拷問の禁止と実際…………………………………157
　2　高等法院の裁判……………………………………………158
　　(1)　高等法院の開設……………………………………158
　　(2)　高等法院の裁判官・検察官・弁護人……………159
　　(3)　高等法院の裁判……………………………………159
　　〈コラム〉欧米の法律書で研究した免許代言人………162
　　(4)　判　　決……………………………………………164
　3　判決の問題点──政府の圧力に対する高等法院の妥協と

11

目 次

  抵抗……………………………………………………………………167
   (1) 県令からの圧力……………………………………………167
   (2) 裁判所の立場………………………………………………167
 4 宮城控訴裁判所への提訴…………………………………………168
   (1) 訴訟の提起…………………………………………………168
   (2) 藤沢幾之輔免許代言人……………………………………170
 5 第3の訴訟を起こす方法はないか………………………………171
 6 その後の経過………………………………………………………172
 7 世間は福島事件をどうみたか……………………………………174
 〈コラム〉明治16（1883）年の新聞記事……………………………175
Ⅱ 高田事件………………………………………………………………175
 1 事件の概要…………………………………………………………176
   (1) 北陸自由党懇親会…………………………………………176
   (2) 赤井の天誅党趣意書………………………………………177
 2 高等法院の裁判……………………………………………………177
   (1) 検察官の主張………………………………………………177
   (2) 武藤直中免許代言人………………………………………178
   (3) 武藤直中の弁論……………………………………………178
 3 赤井の脱獄…………………………………………………………179
 4 官憲の策略…………………………………………………………180
 5 現代の裁判官倫理・検察官倫理…………………………………182
   (1) 裁判官倫理…………………………………………………182
   (2) 検察官倫理…………………………………………………183

第10章　自由民権運動の激化事件——重罪裁判所で弁護した免許代言人

- Ⅰ　国事犯でも通常裁判所で裁判せよ……185
- Ⅱ　加波山事件……186
  - 1　事件の概要……186
    - (1)　土木県令三島通庸栃木に着任……186
    - (2)　加波山事件の発生……187
  - 2　逮捕地の裁判所で裁判せよ……190
  - 3　重罪裁判事件……191
    - (1)　管轄違いについての大審院の判断……191
    - (2)　東京重罪裁判所……192
    - (3)　甲府重罪裁判所……194
    - 〈コラム〉演説会と料理屋……194
    - (4)　栃木重罪裁判所……195
    - 〈コラム〉県庁堀……197
    - (5)　千葉重罪裁判所……198
  - 4　政治犯を強盗故殺犯として処断……200
    - (1)　被告人の親族が弁護人を訪問……201
    - (2)　厳罰処分は国事犯の発生を防止できたか……201
    - (3)　相次ぐ激化事件……202
- Ⅲ　秩父事件……203
  - 1　事件の概要……203
  - 2　免許代言人による無償弁護……205
    - (1)　守屋此助……206
    - (2)　大岡育造……206
    - (3)　高梨哲四郎……208

目次

　　　　(4) 小川三千三 ………………………………………………209
　　　　(5) 斎藤孝治 …………………………………………………209
　　　　(6) 山中道正 …………………………………………………210
　　　　(7) 弁護活動と新聞報道 ……………………………………210
　　3　浦和重罪裁判所 ………………………………………………210
　　4　大審院に上告 …………………………………………………211
　Ⅳ　静岡事件 …………………………………………………………211
　　1　岳南自由党・遠陽自由党 ……………………………………211
　　2　箱根離宮落成式襲撃の謀議 …………………………………212
　　3　東京重罪裁判所 ………………………………………………213
　　〈コラム〉親子2代の弁護士 ……………………………………215

第11章　免許代言人・弁護士の刑事裁判
——法廷で闘う免許代言人・弁護士

　Ⅰ　星亨・大井憲太郎の刑事裁判 …………………………………217
　　1　星亨免許代言人 ………………………………………………218
　　　　(1) 政治の限界を超え余計な御世話である——官吏侮辱事件 ………218
　　　　(2) ボアソナード条約改正反対意見等の秘密出版——出版条例
　　　　　　違反事件 ………………………………………………229
　　2　大井憲太郎免許代言人 ………………………………………230
　　　　(1) 朝鮮政府の事大党を倒し独立党を支援すべし——大阪事件 ……230
　　　　(2) 大阪重罪裁判所 …………………………………………234
　　　　(3) 公判の開始 ………………………………………………235
　　　　(4) 公判廷の模様 ……………………………………………243
　　　　(5) 刑罰の種類 ………………………………………………244
　　　　(6) 判決の言渡し ……………………………………………244

14

(7)　司法権独立の動き……………………………………………249
Ⅱ　弁護士と官憲との衝突………………………………………………250
　1　戸部富蔵弁護士………………………………………………250
　　(1)　実に野蛮の法廷なり――官吏侮辱事件………………………250
　　(2)　有罪判決………………………………………………251
　2　小島憲民弁護士………………………………………………251
　　(1)　吹けば飛ぶがごとき小役人――官吏侮辱事件…………………251
　　(2)　無罪判決………………………………………………252
　　(3)　官吏侮辱罪の廃止…………………………………………252
　　(4)　言論統制法の改廃…………………………………………253

第12章　法典論争と免許代言人

Ⅰ　民法典・商法典の編纂………………………………………………254
　1　民法典の編纂………………………………………………254
　2　商法典の編纂………………………………………………256
Ⅱ　法典論争――延期派と断行派の攻防……………………………258
　1　社会的背景………………………………………………258
　2　法典論争の発端――法学士会の意見………………………259
　3　法学派の争い………………………………………………259
　4　両派の具体的論争――免許代言人の活躍…………………260
　　(1)　イギリス法学派の施行延期論…………………………260
　　(2)　フランス法学派の施行断行論…………………………264
　5　議会における論戦…………………………………………268
　　(1)　商法の延期戦…………………………………………269
　　(2)　民法の延期戦…………………………………………272
　　(3)　法典論争の性質………………………………………275

(4)　法学派の興亡 …………………………………276
　6　ボアソナードの帰国 …………………………………276
Ⅲ　新法典の編纂と現代の民法商法改正 …………………278
　1　新民法典 …………………………………………………278
　2　新商法典 …………………………………………………279
　3　不平等条約の改正 ………………………………………279
　4　法典調査会等における弁護士の活躍 …………………279
　5　現代の民法・商法改正 …………………………………281
　　(1)　民法改正 …………………………………………281
　　(2)　商法改正 …………………………………………282

第13章　司法権の独立
——大津事件と免許代言人

Ⅰ　ニコライ皇太子遭難 ………………………………………285
　1　事件の概要 ………………………………………………285
　2　事件後の推移 ……………………………………………288
　　(1)　大審院諸判事の刑法解釈 ………………………288
　　(2)　大津地方裁判所の予審開始 ……………………288
　　(3)　検事正の予審中止請求 …………………………288
　　(4)　三浦判事の管轄違いの決定 ……………………289
　　(5)　児島院長の予審判事任命 ………………………289
　3　児島院長の対応 …………………………………………290
　　(1)　松方総理と児島院長の面談 ……………………290
　　(2)　3大臣による4判事の個別面談 …………………291
　　(3)　土井判事の予審意見 ……………………………291
　　(4)　担当判事の会議と決定 …………………………292

(5)　山田司法大臣の告示 …………………………………292
　　　(6)　穂積・添田の来訪 ……………………………………292
　　　(7)　担当判事と院長の大津出張 …………………………293
　　4　児島院長の決断 ………………………………………………293
　　　(1)　諸判事への説得 ………………………………………293
　　　(2)　内閣への通知 …………………………………………295
　　　(3)　山田・西郷両大臣による最後の干渉 ………………296

Ⅱ　法廷論争 ……………………………………………………………299
　1　公判の状況 ……………………………………………………299
　2　検察官の論告求刑 ……………………………………………301
　　　(1)　三好検事総長の論告 …………………………………301
　　　(2)　川目検事の補充論告 …………………………………301
　　　(3)　検察官の求刑 …………………………………………302
　3　弁護人の弁論 …………………………………………………302
　　　(1)　弁護人の経歴 …………………………………………302
　　　(2)　谷沢弁護人の弁論 ……………………………………304
　　　(3)　中山弁護人の弁論 ……………………………………305
　　　(4)　弁護人の卓越した弁論 ………………………………306
　4　大審院の判決 …………………………………………………307
　5　判決後の動向 …………………………………………………311
　6　法的問題点 ……………………………………………………312
　　　(1)　管轄権問題 ……………………………………………312
　　　(2)　裁判官の説得問題 ……………………………………313
　7　児島惟謙の人間像 ……………………………………………314
　　　(1)　児島の生立ち …………………………………………314
　　　(2)　裁判官になる …………………………………………315
　8　大津事件はなぜ大事件となったのか ………………………316
　9　その後のニコライ皇太子 ……………………………………316

17

目　次

　　10　司法権の独立が問題となったその後の事件⋯⋯⋯⋯⋯⋯⋯316
　　　　(1)　立法権との関係⋯⋯⋯⋯⋯⋯⋯⋯⋯⋯⋯⋯⋯⋯⋯⋯⋯317
　　　　(2)　司法権内部の関係⋯⋯⋯⋯⋯⋯⋯⋯⋯⋯⋯⋯⋯⋯⋯⋯317
　　11　司法消極主義⋯⋯⋯⋯⋯⋯⋯⋯⋯⋯⋯⋯⋯⋯⋯⋯⋯⋯⋯318

第14章　免許代言人・弁護士の巨人

Ⅰ　山崎今朝彌の弁護士大安売⋯⋯⋯⋯⋯⋯⋯⋯⋯⋯⋯⋯⋯⋯⋯320
　　1　自由人山崎今朝彌⋯⋯⋯⋯⋯⋯⋯⋯⋯⋯⋯⋯⋯⋯⋯⋯⋯320
　　2　山崎の初仕事と渡米⋯⋯⋯⋯⋯⋯⋯⋯⋯⋯⋯⋯⋯⋯⋯⋯321
　　〈コラム〉駆け出し弁護士の法廷実務⋯⋯⋯⋯⋯⋯⋯⋯⋯⋯322
　　3　弁護士開業と面白広告⋯⋯⋯⋯⋯⋯⋯⋯⋯⋯⋯⋯⋯⋯⋯323
　　4　結婚通知書⋯⋯⋯⋯⋯⋯⋯⋯⋯⋯⋯⋯⋯⋯⋯⋯⋯⋯⋯⋯324
　　5　新聞紙法違反弁護事件⋯⋯⋯⋯⋯⋯⋯⋯⋯⋯⋯⋯⋯⋯⋯324
　　6　上告趣意書──全国の司法官は皆偉大なる低能児の化石
　　　なり⋯⋯⋯⋯⋯⋯⋯⋯⋯⋯⋯⋯⋯⋯⋯⋯⋯⋯⋯⋯⋯⋯⋯325
　　7　山崎弁護士懲戒裁判⋯⋯⋯⋯⋯⋯⋯⋯⋯⋯⋯⋯⋯⋯⋯⋯326
　　8　上告弁護士⋯⋯⋯⋯⋯⋯⋯⋯⋯⋯⋯⋯⋯⋯⋯⋯⋯⋯⋯⋯328
　　9　法律事務所の旗印⋯⋯⋯⋯⋯⋯⋯⋯⋯⋯⋯⋯⋯⋯⋯⋯⋯329
Ⅱ　多くのエピソードを残した免許代言人・弁護士⋯⋯⋯⋯⋯⋯330
　　1　免許代言人・弁護士の自由民権精神⋯⋯⋯⋯⋯⋯⋯⋯⋯330
　　　　(1)　青木徹二⋯⋯⋯⋯⋯⋯⋯⋯⋯⋯⋯⋯⋯⋯⋯⋯⋯⋯⋯331
　　　　(2)　足立進三郎⋯⋯⋯⋯⋯⋯⋯⋯⋯⋯⋯⋯⋯⋯⋯⋯⋯⋯331
　　　　(3)　石黒涵一郎⋯⋯⋯⋯⋯⋯⋯⋯⋯⋯⋯⋯⋯⋯⋯⋯⋯⋯331
　　　　(4)　菊池侃二⋯⋯⋯⋯⋯⋯⋯⋯⋯⋯⋯⋯⋯⋯⋯⋯⋯⋯⋯332
　　　　(5)　岸清一⋯⋯⋯⋯⋯⋯⋯⋯⋯⋯⋯⋯⋯⋯⋯⋯⋯⋯⋯⋯332
　　　　(6)　澤田正泰⋯⋯⋯⋯⋯⋯⋯⋯⋯⋯⋯⋯⋯⋯⋯⋯⋯⋯⋯333

(7)　高木益太郎……………………………………………333
　　　(8)　鯰江貞継………………………………………………334
　　　(9)　野平穣…………………………………………………334
　　　(10)　鳩山和夫………………………………………………335
　　　(11)　増島六一郎……………………………………………335
　　　(12)　森作太郎………………………………………………336
　　　(13)　山田喜之助……………………………………………336
　　2　民事・刑事裁判の道を拓く………………………………336

・【資料】　代言人・弁護士関連年表………………………………339
・あとがき………………………………………………………………345

序 説

　日本人が新しい国づくりのために懸命に努力したのが明治時代である。徳川の古い大樹が倒れ、そこから維新の若木が生え陽に向かい精一杯背伸びして成長した日本の青春時代であった。この時代に生きた人々は、法・政治・経済産業・学術教育・科学技術・軍事・鉄道通信造船などあらゆる分野で新しいものをつくり出し近代国家をつくっていった。彼らはできるだけ早く欧米先進国に追いつき、幕末に結んだ不平等条約を改正し、対等の国際的地位を確立しようと頑張ったのである。

　法の分野では、これまでにない西洋法を導入し、その中で免許代言人（のちの弁護士）が生まれた。すなわち、西洋法を導入してわが国の法制度をつくり、新しく生まれた免許代言人は、民事代理・刑事弁護の道を切り拓き、自由と人権の保障を求めて積極的に自由民権運動に取り組み、自由民権裁判の弁護活動を行い、議会で活躍し立法事業に携わった。本書は、①明治期の法制度、②自由民権運動に取り組んだ免許代言人、③自由民権裁判の弁護活動を行った免許代言人、④立法事業に携わった免許代言人、⑤司法権の独立がかかる裁判で活躍した免許代言人に関する事項を主たるテーマとして取り上げ検討しようとするものである。

　弁護士増員時代の今日、全国各地の弁護士、弁護士会、そして日本弁護士連合会は、基本的人権の擁護と社会正義の実現を使命とする弁護士の活動範囲の拡大に力を入れようとしている。一からはじめ活動分野を広げていった免許代言人の積極果敢な行動は、現在の弁護士の課題を解決するために多くの示唆と勇気を与えるであろう。

　なお、明治時代の法令や文献は、カタカナ文語体で句読点もないものが多い。本書では読者の便宜を考慮し、これをひらがなで表記し、適宜句読点を付したことをお断りしておく。

第 1 章　民事法制・刑事法制の近代化への萌芽

▶本章の概要◀

　幕末の動乱以降、民事・刑事の紛争は増加する一方であった。維新政府は、その解決基準となる新法を制定する時間がなく、とりあえず先例や慣習など旧慣に従って裁判するよう府藩県に指示し、急を要する刑事関係の立法に着手した。
　ここでは、幕末の封建的思想と維新の新潮流が混在する不安定な情勢の中で、法制の近代化に向け取り組み始めた明治前期の立法事情をみてみよう。

I　民事法制

1　民事の法規範

　民事の新法制定には相当の時間が必要であった。そこで、政府は、明治2 (1869) 年3月、実際に民事裁判を行っている府藩県に対し、当分の間、旧慣に従って裁判するよう指示を出した。

2　民事裁判手続

(1)　糾問的な手続

　江戸時代においては、庶民は「恐れながら御訴訟申し上げ奉り候」と恐縮

1　慶応4 (1868) 年4月21日の「政体書」で府藩県三治の制が定められ、地方は府藩県に分けられていた。これは明治4 (1871) 年7月14日の廃藩置県まで続き、それ以降は府県となった。

しておかみ（奉行所）に目安（訴状）を提出した。下々の者がお上にお裁きをお願いし、お上はお情けをもってこれを裁くという封建的な訴訟観が支配していたから、奉行の審理もしばしば糾問的になり、訴訟関係人を威嚇し、笞杖を加え、逃亡予防のため「宿預け」を命じ、あるいは勾留するなど刑事的強制を加えていた。宿預けは身柄を公事宿に預けることであり、勾留は留置場にとどめおくことである。

(2) 民事裁判手続の近代化

府藩県は旧慣に従って裁判をするよう政府の指示を受けていたから、地方官は江戸時代と同じように民事裁判で訴訟関係人に笞杖を加え、勾留するなどしていた。

現代においては、国民は法的紛争を解決するため、訴えを起こし公平な裁判所で裁判を受ける権利を有する。民事裁判で笞や杖を振るい勾留するなどということは到底考えられないことであるが、明治の初期にはこのように糾問的な訴訟審理が行われていたのである。

司法省は、これまでの旧慣による裁判を改めさせることにし、明治4(1871)年8月、民事裁判で笞杖を使用することを禁止した。さらに、同9(1876)年1月、勾留を禁止する指示を出した。そのほか、同3(1870)年11月に民事裁判における代人の範囲を広げ、同5(1872)年8月、「司法職務定制」を定めて訴訟代理人である代言人を認めた。同年5月には新聞出版人に民事裁判の傍聴を認め、同年10月には白洲（法廷）における身分差別を廃止した。このように順次民事裁判の手続を近代化する改革を行った。

(3) 法典なき時代

政府から招聘を受けて明治6(1873)年9月に来日したお雇い外国人ボアソナードが民法典の起草を開始したのは、同12(1879)年からであり完成までに実に満10年の歳月を要した。商法その他の近代的な法典の完成にも長期間を要した。

それまではこれらの法典はなく、今からみればまさに暗黒時代である。私人間の取引は信用できず、契約は守らない、身勝手が横行し、社会は乱れ、

百鬼夜行の状態であったとしてもおかしくない。しかし、そのようなことにはならなかった。人民は倫理道徳を守り、社会に正義が行われることを望んだのである。

民事の紛争が裁判所に持ち込まれた場合、裁判官は、明治8（1875）年6月8日の太政官布告第103号「裁判事務心得」3条（「民事の裁判に、成文の法律なきものは習慣に依り、習慣なきものは條理を推考して裁判すへし」）に従って裁判をしていた。

単発的な布告や達はあっても、民事事件に全般的に対応できる民法典はなく、旧慣は次第に否定され新慣は育っていないから、司法省下の「明法寮」（法学校）でフランス人のブスケやボアソナード等から法学教育を受けて裁判官になった者は、条理の名において、フランス民法や法理を準用していた。

II 刑事法制

1 刑事の法規範

政府は、刑事裁判についても暫定的に旧幕法による処分に委ね、また単発禁令などを出していたが、増加する犯罪行為に全般的に対応可能な刑法を早急に整備する必要に迫られていた。そこで、政府は幕府刑法や藩刑法を参考に急いで律令系の刑法を制定した。最初に制定したのが明治元（1868）年10月の「仮刑律（かりけいりつ）」である。次いで、「新律綱領（しんりつこうりょう）」（同3年12月）、「改定律例」（同6年6月）を制定した。これらは笞・杖・徒・流・死など過酷な刑罰を定めた反面、士族、僧侶、官吏などには寛大な閏刑（じゅんけい）を定めていた[2]。敵討もまだ認められていた。これらの刑法は、いずれも儒教思想に基づく封建的な身分を重視する身分刑法であった。

---

2 たとえば、庶民の死刑に対し士族では自裁、流罪は士族では辺戍（へんじゅ）（辺境の守備）、杖刑は閉門、笞刑は謹慎であった。

> **コラム**　筋違の敵討

　明治3年3月24日、水戸藩士住谷七之允、同住谷忠次郎兄弟が、父住谷寅之介の敵である高知藩士山本旗郎を、東京神田旅籠町の筋違というところで敵討をした事件があった。住谷兄弟は水戸藩預けとなったが、やがて放免された。七之允は名を毅と改め、明治4年に設置された司法省に出仕した後、判事となり、宇都宮区裁判所判事を最後に官を辞し、同地で代言人となった。

　本件は仮刑律・新律綱領の許す即時敵討ではないが、事前に水戸藩に敵討願いを出し許可を得ていたことから、寛大な処置で済んだのであろう。

2　刑事裁判手続

　政府は、刑事裁判手続法として「獄庭規則」（明治3年5月）、「司法職務定制」（同5年8月）、「断獄則例」（同6年2月）を制定した。いずれも刑事裁判上公然と訊杖（杖を用いて尋問）や算盤責め（重い石板を膝の上に置く）の拷問による自白の強要を認める古い思想をもっていたが、司法職務定制は初めて検事の職制を定め、断獄則例は新聞発行人や戸長の傍聴を認め、法廷における身分的差別を廃止し、皆同じように柵欄の下に立たせるなど新しい思想も取り入れていた。

> **コラム**　岩倉具視襲撃事件

　明治7年1月14日夜、土佐の武市熊吉（元陸軍少佐）・岩田正彦（元陸軍曹長）・下村義明（元陸軍少佐）ほか元軍人5名は、岩倉は征韓に反対した張本人であるから、これを殺害して再び征韓論者による政権を樹立しようと企て、仮皇居を出て霞ヶ関の自邸に帰る途中の岩倉を赤坂喰違で彼を襲撃した。岩倉は負傷し闇の中を道端から濠の中に転落したため、

襲撃者らに見つからず、彼らは「どこへ行ったのか、残念じゃ、死んだろう」などと言いながら立ち去った。岩倉はからくも一命を取りとめた。

事件の後、武市ら全員が逮捕された。明治6年の断獄則例は、自白させるため公然と拷問することを認めていた。彼らは、毎日算盤の上に座らされ石板を3枚ないし5枚乗せられる拷問を受けた。臨時裁判所は被告人ら全員に対し、除族のうえ斬罪を申し渡した。新律綱領・改定律例には国事犯の規定がなかったが、主従の区別なく全員を斬罪にしたのは、政府要人を狙ったことに対するみせしめであり、政治的判断による処刑であった。

3 まとめ

明治維新という政治的な大変革の時期においては、政府は統治の機構を整えるのが精一杯であった。民事・刑事の紛争にはとりあえず旧慣により裁判をするよう府藩県に指示し、刑事関係では急遽制定した律令系の刑事法を適用させた。

現代の権利中心の民事法の体系に比べると、明治初期の民事法は法典もなくもっぱら先例や慣習によるもので未成熟な状態であった。また、刑事法は、儒教思想に基づく身分重視の封建的なもので、現代の人権尊重と刑罰権行使の公正を保障する刑事法からみると対極にあるものであった。

しかし、民事・刑事の裁判手続については、布告や達を出し、少しずつ近代化に向けて改革を始めた。法制の近代化は、明治10年代から驚くほどの進展をみせるのである。

第2章　西洋法の導入と裁判所の設置

▶本章の概要◀

　幕末に欧米列強と結んだ不平等条約を改正し、外国人居留地の治外法権を撤廃して関税自主権を回復することは、維新政府の最重要課題であった。欧米列強は、日本の封建的な法制度や裁判制度を理由になかなか改正交渉に応じようとしない。そこで、政府は文明開化政策を推進しながら、列強の要求する「泰西主義」(西洋主義)に基づいて法制度を整備することにした。

　ここでは、近代的法治国家形成のため先人がなした立法努力の足跡をたどり、法制度の近代化が急速に進んだことを検討したい。

Ⅰ　西洋法の導入

　西洋法の導入は、まずフランス法典の翻訳から始まった。次に法律家を招聘してフランス法の指導を受け法典を編纂し、法学校をつくって法律実務家を養成した。その後、次第にドイツの法制を取り入れるようになるのである。

1　フランス法典の翻訳

(1)　箕作麟祥の訳業

　箕作麟祥(みつくりりんしょう)は、慶応3 (1867) 年1月、幕府から将軍慶喜の名代で実弟徳川民部大輔がフランスの万国博覧会に出張した際に一員として加わり、フランスに滞在した。明治維新となり、新政府に命じられて帰国した後、明治2 (1869) 年4月、翻訳御用掛となり、フランス刑法の翻訳を命じられ、これ

にとりかかった。しかし、当時はフランス法の註解書もなければ、辞書もなく、教師もいないという有様で、五里霧中で刑法、民法、商法などを翻訳していった。

　江藤新平（佐賀藩出身）は、明治5（1872）年4月25日、岩倉使節団出発後の留守政府の人事で、司法省の最高責任者である司法卿に就任した。江藤は、直ちに司法省に法典編纂局を設け、本格的に民法・商法・民事訴訟法・刑法・治罪法の五法の法典化に取り組み始めた。江藤は良しと確信することは、積極果敢に決行する性格であった。箕作が翻訳に難渋していると、江藤は「誤訳もまた妨げず、ただ速訳せよ」としきりに催促した。

　フランス民法の翻訳過程で初めて「民権」という言葉が生まれた。箕作は、ドロアー・シヴィル（droit civil）という語を「民権」と訳してこれを会議に付した。その時、委員から「民に権があるとは何のことか」とその意味を解しかねて議論が沸騰した。箕作は懸命に説明したが、議論は容易におさまらなかった。江藤は、これを仲裁して「活かさず殺さず、しばらくこれを置け、他日必ずこれを活用する時あらん」と言ったので、このひと言によってかろうじて会議を通過することができた。

　江藤のひと言で生き残った「民権」という二字は、江藤が佐賀の乱で世を去った後、間もなく自由民権運動が勃興し、自由と民権の伸張が最も重要な目標となり、全国に知れ渡る有名語となった。

(2) フランスの法典

　日本がモデルにしようとしたフランス法は、1789年のフランス革命の後に制定された法典である。ナポレオン自身が法典編纂に熱心で積極的に参加し

1　大槻文彦『箕作麟祥君傳』100頁。
2　大槻・前掲（注1）89頁、102頁、穂積陳重『法窓夜話』214頁。
3　穂積・前掲（注2）215頁は、江藤が救ったこの「民権の二字を他日に利用して憲政発達のためにその鋭才を用いるに至らず、不幸征韓論に蹉跌して、明治の商鞅となったのは、実に惜しいことである」としている。商鞅とは、中国の戦国時代の秦の政治家で、法治主義の統一国家秦の基礎をつくったが、主君孝公の死後、反対派によって車裂きにされた。佐賀の乱で梟首にされた江藤はこれによく似ている。

て制定したことから、ナポレオン法典といわれる。1804年に民法が制定され、1806年に民事訴訟法、1807年に商法、1808年に治罪法、1810年に刑法が制定された。いずれもフランス革命を通して市民が獲得した権利を保障し、活動の自由を確保しようとする思想が明確に表現されていた。

(3) フランス民法を日本民法へ

江藤は、「フランス民法を翻訳して日本民法とする」という考えであった。この考えは必ずしも突飛なものではない。たとえば、ベルギー民法やオランダ民法はフランス民法をほぼそのまま採用しているし、トルコの民法はスイス民法を翻訳したものである。現在、ラテン法系の諸国として、イタリア・スペイン・ポルトガル・南米諸国ではフランス法の影響が強く、世界の法系の大きな一分野を形づくっている。

箕作は、翻訳中に疑問が生じると、フルベッキ（Guido Herman Fridolin Verbeck）のところに行って質問したが、彼は専門の法律家ではなかったので要領を得なかった。箕作は困って「フランスに行って調べたい」と江藤に申し出たところ、江藤は「1人を彼地に派して調査せしめんよりは、寧ろ彼地より法律家を聘して箕作の質問に答へしめ、傍ら学生を募りて之を教授せしめば一挙両得ならん」と言った。こうしてフランスの法律家を招聘することになったのである。

---

4 滝沢正『フランス法』78頁。
5 穂積陳重は、「江藤の勇断急進主義よりみると、敷き写し主義によってほとんどそのままに日本民法としようとせられたようである」と言っている。穂積・前掲（注2）210頁。
6 内田貴『民法Ⅰ〔第4版〕総則・物権総論』24頁。
7 三ヶ月章『法学入門』75頁。
8 フルベッキは、オランダ系アメリカ人でオランダ改革派教会の宣教師として、安政6（1859）年11月に来日し、長崎の英語伝習所（済美館）・致遠館で英語・政治・経済などを教えていたが、明治2（1869）年3月、政府の招聘を受けて、正院の翻訳局と左院（のちの元老院）に出仕した。彼は初期の近代化政策遂行に大きく貢献した。田中彰『岩倉使節団「米欧回覧実記」』24頁以下、梅渓昇『お雇い外国人』72頁以下。

2　法律家の招聘

(1)　ブスケ

　明治5（1872）年2月、招聘を受けたフランス人のアヴォカ（弁護士）ジョルジュ・ブスケ（George Bousquet、26歳）が来日した。[9]

　ブスケと箕作は、廊下でつながった家に住み、互いに行き来して勉強した。

　ブスケは、明法寮（法律実務家養成の法学校）で学生にフランス法を教授するとともに、司法省民法会議で民法草案の起草にも参加した。滞日期間は約4年で、明治9（1876）年5月に帰国したが、彼はフランス法の道案内役として大きな役割を果たしたのである。

(2)　ボアソナード

　明治6（1873）年9月、フランスの大学教授ボアソナード（Gustave Emil Boissonade de Fontarabie、48歳）が来日した。箕作は、ボアソナードの指導を受け、フランス法の理解をいっそう深めることができた。こうしてフランス法の研究も進み、翻訳書の校正も終わった。当時、活版印刷が始まり政府に印書局が設けられたので、その第1号に、箕作の校正した民法・商法・民事訴訟法・刑法・治罪法を印刷することになり、5法上下2巻の洋装本が出版・公表された。

　箕作は、江藤新平のわが国を早く法治国家にしたいという熱意と励ましにより、苦心惨憺してフランス法典を翻訳した。その成果である『仏蘭西法律書』は、明法寮（司法省法学校）、私立法律学校の学生の教科書として用いられ、裁判官は裁判の有力な判断資料として活用したのである。

　9　大槻・前掲（注1）121頁。政府が先にお雇い外国人として来日していた軍事教官で翻訳官のジ・ブスケに相談し、同人がフランス本国に連絡してあっせんによりジョルジュ・ブスケが来日することになった。

3 法典の編纂

(1) 刑　法

(ア) 律令刑法から近代刑法へ

　江藤司法卿の下、箕作を中心にフランス法典の翻訳が進み、ブスケが来日するに及んでフランス法の研究は急速に進んだ。

　江藤が下野した後、大木喬任司法卿の下でボアソナードを中心に名村泰蔵、鶴田皓らが委員となり、フランス刑法を範とする刑法典編纂事業が進められた。

　この編纂事業が実り、明治13（1880）年7月17日、「刑法」（太政官布告第36号、いわゆる「旧刑法」）が公布され、同15（1882）年1月1日に施行された。

(イ) 刑法の特徴

刑法の主な特徴としては、以下の4点があげられる。
① 　1810年のフランス刑法を模範にしたものであり、全文430条からなる本格的な近代刑法である。フランス刑法の編成を参考に公益に関する犯罪、身体財産に関する犯罪、違警罪に分け、前二者について重罪と軽罪を区別している。
② 　律令系の刑法にみられた残虐な刑罰は廃止され、法定刑はおおむね軽く、その幅は比較的狭い。その意味で、裁判官の量刑上の裁量権が制限されている。
③ 　士族・官吏などを特別扱いする差別的な閏刑を廃止している。
④ 　罪刑法定主義を採用している。

刑法はこれらの特徴を有するが、この中で特筆すべきことは、フランス刑

10　名村泰蔵、鶴田皓は江藤司法卿に推挙されて明治5（1872）年9月欧州の司法制度の調査に出かけ、フランスでボアソナードに会って教えを受けた者であり、名村は日本から招待聘を受けたボアソナードを伴って同6（1873）年9月に日本に帰ってきた。
11　石井良助編『法制史』315頁。

法の思想である人民の人権保障を基本とする「罪刑法定主義」を取り入れていることである。

〔刑　法〕

> 第2條　法律に正條なき者は、何等の所為と雖も之を罰することを得す。
> 第3條　法律は頒布以前に係る犯罪に及ほすことを得ず。若し所犯頒布以前に在て未た判決を経さる者は、新旧の法を比照し、軽きに従て処断す。

　罪刑法定主義（2条）は、人権保障の見地から刑罰権の発動を法律によって制約する原則であり、さらにその内容の1つである刑罰法規不遡及の原則（3条）をあわせて明記している。

　新律綱領や改定律例が定めていた断罪無正条(つみをだんずるにせいじょうなし)（処罰規定がなくても類推解釈して処罰する）、不応為(ふおうい)（人情と道理に反する行為を処罰する）は、罪刑法定主義に反するから、これを排除した。また、士族・官吏などを特別扱いする差別的な閏刑も廃止した。

　罪刑法定主義は、明治24（1891）年5月に起きた「大津事件」で、弁護人により主張され、俄然、脚光を浴びることになる。

　この刑法は、律令系の刑法から近代刑法へ転換した重要な法典である。

　　(ウ)　刑事弁護必要論の登場

　明治12（1879）年6月、司法省修補課起草委員の磯部四郎は、[12]「刑事代言人を許すの儀」を発議し、司法省内で議論が行われた。磯部意見書を要約すると、次のとおりである。[13]

　詞訟（民事訴訟）の関係するところは、多くは財物金銭の得喪にすぎないが、刑獄（刑事訴訟）は死生が別れるところ、一度裁判を誤れば罪なくして獄につながれ、そのはなはだしいときは首を刎(は)ねられる極めて重大な結果と

---

[12] 磯部四郎は、明治9（1876）年7月、司法省学校正則第1期卒業生で、同省よりフランス留学を命じられフランス法を学び帰国、司法省に勤務し大木喬任司法卿の下でもっぱら法律の制定・法律問題の疑義裁定などを担っていた。加太邦憲『自暦書』103頁以下。

[13] 磯部の意見書は、穂積重遠『続法窓夜話』98〜100頁に全文の紹介がある。

なる。検察官は、堂々たる官吏で学力知識に富むが、被告人は、大概愚昧卑賤の民であり、とらわれて獄庭に至れば恐れて自ら言葉を尽くし事情を明らかにして検察官の論難することを破ることは萬に一を望むことはできないから、その呑恨泣冤をなくすために代言弁護を必要とすることは切実なものがあり、それは詞訟の比ではない。今わが国では民事のみ代言が許されているが、いまだ刑獄にはこれを許されていないのは、一大欠点と言わなければならない。よって、刑事代言人を差し許すべきである。

理路整然と民事と刑事の違いを指摘し、刑事裁判の重大性から刑事弁護の必要性を説いており、何らの異議も出ないはずであったが、意外や10人の起草委員中、8人が反対し、賛成は箕作ほか1人だけで、結局、8対2で否決された。

反対意見の言うところは、今代言人を許せば、おそらくその弁護は罪囚の冤枉を述べその屈辱をそそぐというよりは、その強戻狡猾を媒助する好具たらんとするだけであるというのであった。明治9（1876）年2月に、すでに免許代言人制になっていたが、反対派はいまだ代言人に信頼をおいていなかった。当時の司法省の全体の意見は、刑事弁護に反対であった。

ところが、驚くべきことに、わずか1年後の明治13（1880）年7月、「治罪法」に磯部の刑事弁護必要論が取り入れられ、266条に「被告人は弁論の為め弁護人を用ふることを得」と定められた。わが刑事裁判史上、まさに画期的な規定がおかれた。この急変は一体なぜであろうか。治罪法は、ボアソナードの起草になる刑事訴訟法である。穂積重遠は、次のようにこの謎を解いている。

思うに、これは治罪法起草者たるボアソナード氏が、磯部博士の説を賛成したからであろう。当時の大官連は、開国当時に泰西の新文明に魂消た余習が仍

14　大野正男「職業史としての弁護士および弁護士団体の歴史」（大野正男編・弁護士の団体（講座現代の弁護士(2)）19頁。
15　穂積・前掲（注13）102〜103頁。

ほ存し、且つ鋭意彼の長を採って我文化を進めやうとの熱心にも駆られた結果、非常なる外国人崇拝者であったから、御雇外国人の云ふ事なら、殆んど一も二も無く尤もと考へて鵜呑にするを例としたから、磯部博士は日本人なるが故に前年に反対せられ、ボアソナードは外国人なるが故に翌年に賛成せられたのであらう。

　日本人がいうのは反対だが、お雇い外国人がいうのは賛成であるというのは、司法省がいかに無定見であったかを示すものであったが、当時の司法省は、司法制度の推進に熱心であった江藤司法卿が下野した後、十分に機能しておらず、ボアソナードの意見と指導がなければ前に進まなかったのである。

(2) 治罪法

　司法省において、明治9（1876）年頃から新しい刑事手続法の編纂が始まり、同13（1880）年7月17日、ボアソナードの起草による「治罪法」が公布された（太政官布告第37号）。わが国最初の近代的な刑事訴訟法である。治罪法は、同15（1882）年1月1日より施行され、従前の刑事手続を定めていた断獄則例は廃止された。

　治罪法は、フランス治罪法を中心にドイツ・オーストリア法等を参考にして編纂された[16]。第1編「総則」、第2編「刑事裁判所の構成及び権限」、第3編「犯罪の捜査、起訴及び予審」、第4編「公判」、第5編「大審院の職務」、第6編「裁判執行、復権及び特赦」からなる体系的編成がとられている。治罪法と同時に施行された刑法とともに、明治時代の刑事関係法制が、第2期に入ったことを示す象徴的な法典であった。

(ア) 弾劾主義

　断獄則例では、判事・解部（とき べ）（下級の裁判官）が被告人を厳しく究訊し、自白しない者には拷問を加えるという「糺問主義」がとられていた。被告人は処罰の客体であったから、被告人を弁護する者は想定されていなかった。

　しかし、治罪法は、検事と被告人が法廷で対審の形で争い、弱い立場の被

16　石井良介編『明治文化史2　法制』436頁。

告人に弁護人を付けることにより両者を対等にし、判事が中立の立場で判断する「弾劾主義」を採用した。裁判の公正・被告人の人権尊重という見地から弾劾主義がすぐれていることはいうまでもないが、これは律令系の刑事手続法の中からは生まれなかったもので、裁判の公正と被告人の人権を重視するフランス法系の治罪法によって初めて生まれたものである。

　(イ)　**刑事弁護**

　治罪法が弾劾主義を取り入れたことにより、代言人による刑事弁護が始まった。治罪法は、次のように定めている。

〔治罪法〕

> 第266條
> 　被告人は、弁論の為め弁護人を用ふることを得。弁護人は、裁判所所属の代言人中より之を選任す可し。

　これはわが国の刑事裁判史上画期的なことであった。自由民権運動から派生した多くの国事犯事件をはじめ、全国各地の刑事裁判で、免許代言人が被告人の人権擁護のため華々しく活躍することになるからである。

　(3)　**ドイツ法の影響**

　明治16（1883）年頃からお雇い外国人としてドイツ人法律家が増加し、彼らの活躍によりドイツ法が影響を与えるようになった。

　ヘルマン・ロエスレル（Hermann Roesler）、アルベルト・モッセ（Albert Mosse）、ヘルマン・テッヒョー（Hermann Techow）、ウィルヘルム・ヘーン（Wilhelm Höhn）、オットー・ルドルフ（Otto Rudorff）などである。

　ロエスレルとモッセは「明治憲法」の起草に参加した。さらにロエスレルは「商法」を起草し、モッセは地方制度の確立に貢献した。

　テッヒョーは「民事訴訟法」を完成し、ヘーンは警察制度の整備に寄与した。ルドルフは「裁判所構成法」を起草した。

　(4)　**現代の法律との関係**

　地層が積み重ねられて現在の地表があるように、明治期に制定された多く

15

の法律は改正を重ねながら現代の法律に至っている。

　たとえば、刑事訴訟法についてみてみよう。ボアソナードの治罪法は、裁判所の構成と権限について定めていたが、これらは明治23（1890）年2月に制定された「裁判所構成法」に移された関係で改正が必要となり、同年10月、もっぱら刑事手続を定める「刑事訴訟法」となった。大審院の特別権限に属する事件のほか、控訴・上告が認められ、哀訴の制度は廃止された。その後、大正11（1922）年5月にドイツ刑事訴訟法を参考に改正が行われた。改正された刑事訴訟法（いわゆる「旧刑訴法」）は、大正デモクラシーを反映し、被告人の当事者としての地位を強化し、被告人尋問に黙秘権を認め、未決勾留期限の制限、予審で弁護人の選任を認めるなど民主的な内容を有していたが、戦時中は、治安維持法、国防保安法、戦時刑事特別法等による職権主義、刑事手続の簡略化、捜査検察権限の拡大強化などにより、刑事訴訟法の本来の趣旨と乖離した運用がなされた。

　第2次世界大戦後、新憲法の人権尊重の理念とアメリカ法の影響を受け、昭和23（1948）年7月、戦前の旧刑事訴訟法は大幅に改正された。新刑事訴訟法は、被疑者・被告人の弁護人選任権、予審の廃止、起訴状一本主義、伝聞証拠禁止の原則、不利益供述の強要禁止など、当事者主義、弁論主義を強化し、ドイツ型とアメリカ型の中間型といわれる刑事訴訟法になった。その後部分的な改正を経て、平成16（2004）年に改正があり、公判前争点整理手続、証拠開示の拡充、事案が明白で軽微な事件の即決裁判手続、重大事件の勾留段階からの国選弁護人の選任などが定められた。最近の刑事裁判の最も大きな動きは、同年5月に制定された「裁判員の参加する刑事裁判に関する法律」（裁判員法）により、一般国民が裁判員として刑事裁判に参加する制度を創設したことである。刑事裁判に国民の健全な社会常識を反映させる民主的な裁判制度であり、現在、全国の地方裁判所で裁判員裁判の実績が積み重ねられている。

　このように明治期に創出された刑事訴訟法は、その後改正を重ねながら現代の刑事訴訟法につながっているのである。その他の法律についても同様で

ある。

4 法学教育のための学校開設

(1) 明法寮の開設

明治4（1871）年9月27日、司法省の下に、フランス法の教育を目的とする「明法寮」を開設した（同8年5月4日、「司法省法学校」となる）。そして、フランス語に通ずる学生20名を募集した。

(2) フランス法に基づく法学教育

ブスケやボアソナードは、この明法寮でフランス法に基づく法学教育を行った。ボアソナードは、自然法の原理を説き、民法・刑法をフランス語で講義した。[17]彼は、実定法の根本には自然法があると考えていた。各国の法律はそれぞれ異なっているところがあるが、その根本は自然法、すなわち、普遍的な法に基づいている。したがって、自然法を根本にもつフランス法を模範として日本法を編纂することは十分可能であると考えていたから、刑法・治罪法・民法の立法事業に積極的に従事するとともに、フランス法を熱心に学生に教授したのである。

加太邦憲は、明治5（1872）年8月、明法寮に入学した。[18]彼は、ブスケやボアソナードの授業を受け、同9（1876）年7月、司法省法学校正則第1期生として卒業し判事となったが、ブスケやボアソナードの授業について、次のように述べている。[19]

> 明治9年5月ブスケー任満ちて帰国す。茲に我々法学教師ブスケー、ボアソナード両師の教授法を対比せば、ボアソナードは多年本国にて教授たりし経験ある上大家なれば、教場に臨むに一の法律書をも携帯することなく素手臨場して前日講義せし末尾の一項を学生に尋ね其続きを講ずると云ふ次第にて、其蘊

---

17 吉野作造編『明治文化全集(8)（法律篇）』24～25頁、梅渓・前掲（注8）84頁。
18 加太といっしょに入学した者は、井上正一、栗塚省吾、熊野敏三、磯部四郎、木下廣次、岸本辰雄、宮城浩蔵、小倉久などであった。加太・前掲（注12）88頁。
19 加太・前掲（注12）101頁。

第2章　西洋法の導入と裁判所の設置

蓄する所豊富なるが故に講じたき廉々脳中に簇出し止まる所を知らざるを以て、自ら秩序なく時には横道に入り遂には本道へ戻り道を失することありて、到底初学の者には了解し難く即ち学士以上の大体法律に通する者に聴かしむる方法なれば、我々最初は困却したり。之に反してブスケーは、年若く従て学問未だ深からざれば講義の事項を予め調査し覚書を作りて講ずることなれば、秩序ありて初学の者にも解し易かりき若しブスケー一年有半の薫陶なかりせば、我々迚もボアソナードの講義は予等に了解し能はざりしならん故に、ブスケーに後れてボアソナードの来朝せしは我々の為め大幸福なりき。

　明法寮で教えた教師は、普通学（仏語を用いる）のリブロール（1872年来日）、ムーリエ（1876年来日）、アッペール（1880年来日）など、いずれもフランス人であった。ボアソナードは、司法省の法律顧問として日本の立法作業に従事し、明法寮、司法省法学校、東京大学で教鞭をとり、また、和仏法律学校、明治法律学校でも、学生にフランス法を教授し、私立法律学校の基礎づくりに協力したのである。

Ⅱ　裁判所の設置

　歴史的にみると、古くはどの国においても行政機関が裁判権を行使していた。わが国においても、律令制度以来、行政機関が裁判をしてきた。江戸時代における奉行所は行政機関であったが、聴訟（民事裁判）断獄（刑事裁判）事務をも扱っていた。明治維新後、各府藩県が引き続いて聴訟断獄事務を行っていた。明治4（1871）年に新設された司法省は、各府藩県が行使している裁判権を国に統一する政策を実行するのである。

1　司法省による裁判権の統一

(1)　聴訟断獄事務を扱う

　司法省は、明治4（1871）年7月9日、これまで刑部省と弾正台が扱っていた断獄事務をすべて引き継ぎ、同年9月14日、大蔵省（以前の民部省）が

扱っていた聴訟事務も引き取った。こうして司法省が、聴訟断獄事務を一手に扱うことになったのである。司法省はこの機会に府藩県が有する裁判権を接収しようとしたが、各府藩県は人民統治の手段として裁判を行ってきた経緯があり、反対する者が少なくなかった。熊谷県権令河瀬秀治（のちの内務大書記官）も反対者の一人であった。江藤司法卿は、これを聞いて河瀬の上京を待ち、自邸に招いて以下のように諭した。[20]

> 　今日の急務は、国家独立の要素たる司法権独立の基礎を確立し、法治国の組織を完整するに在り。司法権独立の基礎を確立し、法治国の組織を完整するは、条約改正の目的を貫徹するに在るのみ。而して条約改正の目的を貫徹せんと欲せば、不完全ながらも、唯速に法典を編纂し裁判所を設置し、人権を尊重し海外各国をして我独立国たる真価を認識せしむるより急且切なるは無し。是れ余が日夜寝食を忘れ、断然身を挺して百難を冒し群議を排し、裁判所を設置し、司法権の統一と独立とを期する所以にして、其目的は、条約を改正し独立国の基礎を確立するに外ならざる也。熱誠面に溢れ、言々皆肺腑より出でしかば、河瀬深く南白（江藤）の精紳に服せりという。

江藤は、近代的な裁判所を創設することにし、明治5（1872）年8月、フランスの司法制度・裁判制度を取り入れた全編22章108条からなる「司法職務定制」（太政官無号達）を制定した。

(2) 全国法憲を司り各裁判所を統括

司法職務定制は、「司法省は全国法憲を司り各裁判所を統括す」と宣言した。各府藩県の裁判権を接収し司法省が全国の裁判権を統括することを明確にしたのである。そのうえで、全国に裁判所を設けていった。

20　的場半介『江藤南白下』143〜144頁。河瀬は後年「自分はその当時不幸にも江藤と政治的意見を異にしたが、江藤の人格とその精神とは今の政治家を以って自任する大臣輩の能く企て及ぶところならんや」と人に語ったという。

第2章 西洋法の導入と裁判所の設置

2 司法職務定制による裁判所

司法職務定制は、司法省臨時裁判所、司法省裁判所、出張裁判所、府県裁判所、各区裁判所の5種類の裁判所を創設した。司法省の名を冠しているように上級裁判所は、司法省が直接裁判を行うもので、行政と司法が一体になっていた。

これらの裁判所間には上下関係があり、初めて審級制度を取り入れている。区裁判所の裁判に対しては府県裁判所へ、府県裁判所の裁判に対しては司法省裁判所へ上訴し覆審を求めることができるとされた。このように5種類の裁判所と上訴制度をもつしくみは、これまでなかったことで、まさに画期的なことであった。

司法職務定制は、近代的な裁判所制度の出発点となる立法であり、裁判官制度のほかに、検察官制度と代言人制度の新設も含んでいた。

3 大審院諸裁判所職制章程による裁判所

政府は、明治8（1875）年5月24日、「大審院諸裁判所職制章程」（太政官布告第91号）および「控訴上告手続」（太政官布告第93号）を制定し、裁判所を再編することにした。この章程により「大審院」[21]が創設され、従来の司法省臨時裁判所、司法省裁判所、出張裁判所は廃止された。

下級裁判所として「上等裁判所」と「府県裁判所」が設置された。

(1) 全国法権の統一を主持

大審院は、民事刑事の上告を受け、上等裁判所以下の審判の不法なるものを破棄し、「全国法権の統一を主持する所」とした（大審院章程1条）。

全国法権の統一を主持するのは、司法省ではなく、大審院になった。司法

---

[21] 大審院は、東京丸の内の司法省に隣接する区域にあった。レンガ造の4門柱があり、中央右側門柱には「大審院」の大文字が刻まれた立派な門がまえで、建物はモダンな洋風の木造2階建てであった。1階は大法廷と小法廷があり、2階には事務関係室・裁判官室・院長室があった。

省から裁判権が分離されたのである。

　府県裁判所は、明治9（1876）年9月、廃止され、「地方裁判所」が設置された（太政官布告第114号）。管内が広い地域の便宜を図るため、裁判所支庁仮規則により、「裁判支庁」をおくことができた。裁判支庁は、その後「区裁判所」となった。

(2) 地方官による裁判の廃止

　明治10（1877）年2月、「諸裁判所職制章程」が改正され、地方官が判事を兼任することを廃止した。大審院の下にある裁判所が全国各地に行き渡ったからである。これにより、それまで併存していた地方官による裁判は廃止された。地方でも行政と裁判の分離が行われたのである。裁判権は、大審院以下の裁判所に専属することになった。

　これらの裁判所間には上下関係があり、民事裁判は三審制で、刑事裁判は二審制であった。

コラム　火災になった裁判所

　東京裁判所は、司法省に隣接する区域にあり、上等裁判所や司法省法学校、寄宿舎も近接した場所にあった。司法省法学校の学生であった加太邦憲は、その『自歴譜』の中で、「明治9年6月3日夜11時頃、東京裁判所より失火、上等裁判所（後控訴院と改称）に延焼し何れも全焼せり。それは余等の寄宿舎に近接したる所より発火したることとて我々が右庁員に先立ち発見したれば、一同直ちに駆付け多数の書類を取出し喞筒方の援助をも為したる」と述べている。喞筒というのは、消火用のポンプのことで、司法省法学校の学生が書類の持出しと消火活動を行ったのである。

4　治罪法による裁判所

ボアソナードによる「治罪法」は、明治15（1882）年1月より施行された。この法律は、刑事裁判の手続のみならず、裁判所の構成および権限についても定めていたので、裁判所の改革が行われた。

「大審院」はそのままであるが、上等裁判所は「控訴裁判所」、地方裁判所は「始審裁判所」、区裁判所は「治安裁判所」とそれぞれ改称された[22]。また、重罪事件については、始審裁判所または控訴裁判所が重罪裁判を行うこととされた。フランス法に倣い特別裁判所として「高等法院」がおかれた。高等法院は、皇室に対する罪、国事に関する罪、皇族の犯した重罪、勅任官の犯した重罪などを扱う裁判所である。明治15（1882）年12月に起きた福島事件、翌16（1883）年3月に起きた高田事件は、国事犯事件として高等法院で裁判が行われた。

裁判所は、治安裁判所、始審裁判所、控訴裁判所、大審院、高等法院である。刑事裁判は三審制である。ただし、始審裁判所または控訴裁判所が行った重罪裁判に対する上告は大審院にするものとされ、二審制であった[23]。明治17（1884）年に起きた群馬事件、加波山事件その他の国事犯事件は重罪裁判とされ、控訴審はなく、上告審があるだけであった。上告した者については、大審院が裁判を行った。高等法院は、取り扱う事件の性質上、第一審かつ終審裁判であった。

5　裁判所官制による裁判所

明治19（1886）年5月公布の「裁判所官制」（勅令第40号）により、控訴裁

---

[22]　最高裁判所事務総局『裁判所百年史』23頁、中村英郎「近代的司法制度の成立と外国法の影響」早稲田法学42巻1号277頁、控訴裁判所・始審裁判所・治安裁判所の名称は、フランスの裁判所の名称の直訳的移入であったとする。

[23]　ボアソナード原案には、重罪について陪審制が設けられていたので、控訴が認められていなかったが、審議の過程で陪審制が削除されたにもかかわらず、控訴できる手当てをしなかったため控訴は認められなかったのである。

判所は「控訴院」と改称された。

　裁判所は、治安裁判所、始審裁判所、控訴院、大審院、高等法院となった。重罪裁判、高等法院の裁判を除き、三審制であった。

6　裁判所構成法による裁判所

　オットー・ルドルフ[24]は、政府から委嘱を受け「裁判所構成法」を完成した。これは元老院・枢密院で審議され、明治23（1890）年2月公布（法律第6号）、同年11月より施行された。この法律はドイツ法系である。

　裁判所の名称は、大審院と控訴院はこれまでと同じであるが、治安裁判所は「区裁判所」、始審裁判所は「地方裁判所」と改められた。高等法院はこれを廃止し、その権限事項を大審院に移した。

　裁判所は、区裁判所、地方裁判所、控訴院、大審院である。これらの裁判所間には上下関係があり、民事・刑事裁判は三審制となった。ただし、皇室に対する罪、内乱罪等に関する裁判は大審院が行い、これは一審かつ終審であった。

　近代的な司法裁判所を体系化したこの裁判所構成法は、明治38（1905）年から昭和20（1945）年までの間に部分的な改正は行われたが、基本的な事項は変わることなく、第2次世界大戦後までわが国の裁判所の組織権限等を規律したのである。

　明治憲法は、裁判所構成法による司法裁判所とは別に、行政事件を扱う行政裁判所をおき（61条）、特別裁判所をおいた（60条）[25]。

7　裁判官の身分保障

　明治5年の司法職務定制以来、司法卿が裁判官の人事監督権を掌握してい

---

[24] オットー・ルドルフは、東京大学でローマ法、公法を講ずるために、お雇い外国人として明治16（1883）年に招聘され翌17年1月に来日した。司法省顧問も務め、裁判所構成法の起草にあたった。

[25] 軍人の犯罪事件を扱う軍法会議、皇室相互の民事事件を扱う皇室裁判所は、特別裁判所とされた。

たから、裁判官の身分保障はなかったが、明治19年の裁判所官制は、刑事裁判または懲戒裁判によるのでなければ、裁判官はその意に反して退官および懲罰を受けることはないと定め、初めて裁判官の身分保障が認められた。ただ、転所転官停職免職減俸についてはふれていなかった。

明治憲法は、「裁判官は刑法の宣告又は懲戒の処分に由るの外其の職を免せらるゝことなし」（58条2項）と定め、裁判所構成法は、「その任官は終身」とし、「その意に反して転官転所停職免職又は減俸せらるることなし」（73条1項）と定めた。長い間懸案であった裁判官の身分が保障されたのである。ただし、「身体若しくは精神の衰弱により職務を執ること能はさるに至りたるとき」は、控訴院または大審院の総会の決議により、司法大臣は退職を命じることができるとされた（74条）。

8　現代の裁判所

第2次世界大戦後、裁判所構成法に代わる法律が制定された。「裁判所法」（昭和22年4月、法律第59号）である。この法律は、日本国憲法の「すべて司法権は最高裁判所及び法律の定めるところにより設置する下級裁判所に属する」（76条）との規定を受け、下級裁判所は「高等裁判所」、「地方裁判所」、「家庭裁判所」、「簡易裁判所」とする（裁判所法2条1項）と定めている。そして、これらの裁判所が「一切の法律上の争訟を裁判する」（同法3条1項）のであるから、従来の民事・刑事事件に加えて行政事件も扱うことになった。審級制度は、いずれの事件についても三審制である。

裁判所には、違憲立法審査権が認められている（憲法81条）。特別裁判所は設置することができない（同法76条2項）。このように現代の裁判所の権限は、戦前の司法裁判所に比べて、著しく拡大・強化されている。

さらに司法権の独立、裁判官の職権の独立と身分保障が憲法上定められている（76条〜78条）。こうして、裁判官が良心に従い独立して裁判を行うことができる条件が制度的に保障されているのである。

明治時代から戦前に至る裁判所や裁判官のことを考えると、まさに理想的

な姿が実現されているといわなければならない。司法職務定制により近代的な裁判所が設置されて以降、名称、権限、審級制度、行政と司法の一体化から行政と司法の分離など変遷を重ねながら、司法権の独立、裁判官の職権の独立と身分保障が確保された現在の裁判所に至っているのである。

第3章　代言人の登場

▶ 本章の概要 ◀

　明治時代に入っても、民事裁判は本人訴訟であり、訴訟代理は認められていなかった。しかし、明治5（1872）年、ついに訴訟代理をする代言人が生まれた。同年制定の「司法職務定制」が代言人を認めたからである。これは、民事裁判のあり方を変える画期的な立法であった。政府は、司法職務定制により、全国に裁判所を設け、代言人制度、検察官制度を新設するなど、司法制度の近代化を進めていった。

　他方で、法廷における裁判官への尊敬を強要する官尊民卑の立法もあった。こうした時代の中で、民間では代言人を養成する法律研究所が設立され、法律学の研究が進んでいくのである。

I　代言人法制

1　公事師と代言人との関係

　弁護士界の大方の見方は、明治時代に導入された西洋法系の代言人と江戸時代の公事師（くじし）とは、全く関係がなく、断絶しているという。

　確かに法体系は異なるし、公事師には代理権はなく、幕府から課せられていた賦役も独特のもので、これは異質のものといわざるを得ない。

　しかし、本人訴訟が原則という制約のある中で、公事師は複雑な訴訟書類を作成し、公事のやり方を教え、あるときは内済（和解）による解決のあっ

せんをするなど、代言人に類似する機能を果たしていた。

　維新後の明治5（1872）年8月3日に西洋法系の「司法職務定制」が制定され、代言人制度ができたが、幕末の公事師はおおむね代言人となった。両者には類似するところがあったからである。したがって、公事師と代言人は、法体系は異なるが、機能面では部分的にしろ通じるところがあったといえる。

2　証書人代書人代言人職制

(1)　証書人・代書人・代言人

　前記「司法職務定制」は、証書人代書人代言人職制について定めている。これは人民に身近なところで法令にかかわる職務を行う者という広い意味での在野法曹に関する最初の法制を定めたものである。

〔司法職務定制〕

第10章　証書人代書人代言人職制
第41條（証書人）
第1　各区戸長役所に於て証書人を置き、田畑家屋等不動産の売買貸借及生存中所持物を人に贈与する約定書に奥印せしむ。
第2　証書奥印手数の為に、其世話料を出さしむ。
第42條（代書人）
第1　各区代書人を置き、各人民の訴状を調成して其詞訟の遺漏無からしむ。但し代書人を用ふると用ひさるとは、其本人の情願に任す。
第2　訴状を調成するを乞う者は、其世話料を出さしむ。
第43條（代言人）
第1　各区代言人を置き、自ら訴ふる能はさる者の為に、之に代り其訴の事情を陳述して冤枉無からしむ。但し代言人を用ふると用ひさるとは、其本人の情願に任す。
第2　代言人を用ふる者は、其世話料を出さしむ。

1　瀧川政次郎『公事師・公事宿の研究』112頁。

第3章 代言人の登場

　証書人は、公証人にあたるもので、不動産の売買・貸借・贈与の証書に奥印することを職務とする。

　代書人は、司法書士にあたるもので、訴状を作成し訴訟で遺漏のないようにすることを職務とする。

　代言人は、自ら訴えることのできない者のために、これに代わってその訴えの事情を陳述し、冤枉無からしむことを職務とする。「冤枉無からしむ」というのは、罪のない人が罰せられないようにするという意味であるが、明治15（1882）年1月に治罪法が施行されるまでは、代言人の刑事弁護は認められていなかったため、ここで「冤枉無からしむ」というのは、民事裁判において真実を曲げることのないようにするということである。代言人の職務を見事に言い表したすぐれた言葉である。

　この司法職務定制により、わが国に初めて訴訟代理人としての代言人が登場した。これまで訴訟代理人という観念も制度もなかったから、まさに画期的なことであった。

　証書人・代書人・代言人はいずれについても、依頼者から世話料を受けることを認めているから、職業として行われることが予想されていた。

　(2)　**フランスにおける証書人・代書人・代言人**

　この当時、フランスには、公正証書を作成する職責を有するノテール（notaire）がおり、訴訟書類等を作成するアヴーエ（avoué）がいて、裁判所の法廷で弁論する名誉ある自由業としてアヴォカ（avocat）が活躍していた。[2]

　司法省はこれを取り入れるに際し、ノテールを「証書人」と名づけ、アヴーエに「代書人」という言葉をあて、アヴォカに「代言人」という訳語をつけたのである。フランスの法学者ドラクルチーの『仏国政典』によれば、三者の職務は次のとおりである。[3]

2　三ヶ月章ほか『各国弁護士制度の研究』（小山昇）296頁。フランスのアヴォカ（弁護士）は、訴訟制度が十分に機能するように公開の法廷で弁論を行い、裁判官を啓発し判決の準備に資する極めて重要な職務を担当していた。

3　家永三郎編『明治文学全集(12)（大井憲太郎ほか）』25〜26頁。

ノテール（証書人）は、公正証書を作成し日付をつけてこれを預かり、その証書の原書または写しを交付するが、生存中の贈与の証書、婚姻の契約書、書入質の証書等は、ノテールが認（したた）めたものでなければ公正なものではないとされ、不動産売買の証書のように大切な書類は、ノテールに依頼して認めるのが善策である。

　アヴーエ（代書人）は、裁判所で訴訟を行う原告被告のために、本人に訴訟の手続を指示し本人の名で弁論書を作成してこれに調印し、そのほかすべて訴訟に必要な書類を作成する。

　アヴォカ（代言人）は、民事裁判所または刑事裁判所に出席して原告被告のため弁論する特権を有する者で、法律学「リサンシエー」（学士）以上の級に昇って宣誓をした者が、代言人の職を行うことができる。

　これをみると、司法職務定制が、フランスの証書人・代書人・代言人制度を参考にしていることがわかるのである。

(3) 代言人登場の意義

　明治時代に入っても、裁判官は民事裁判で当事者に笞杖を加え勾留するなど、江戸時代の出入筋のやり方をそのまま踏襲していた。また、裁判官の命令には従わなければならず、許可なく発言することも許されなかった。このようなとき、当事者の立場に立って事実を陳述し「冤枉無からしむ」職務を有する代言人が登場したのである。

　司法職務定制が代言人を認めたということは、江戸時代以来長きにわたって行われてきた民事訴訟における「代訟禁止の原則」を廃止し、「訴訟代理の原則」をとることを明らかにしたものである。これは、わが国の民事訴訟のあり方に関する一大転換であった。

コラム　司法職務定制──維新の劈頭を飾る宝典

　江藤新平は、明治5年4月に司法卿に就任した後、わずか数カ月で「司法職務定制」を完成させた。

　法制度の著しく発達した今日からみれば、条文の体裁は整っていない

し、司法制度を完備するものとはいえない。しかし、このフランス法系の司法職務定制は、律令系の法律しか頭にない時代に、人権保護の精神を盛り込んだ大胆かつ斬新で、最も進歩した内容をもち、当時の人たちには全く意外の法律であった。司法職務定制は、近代的な裁判所を設置し、代言人制度や検察官制度を新設するなどが国最初の近代的法典であり、維新の劈頭(へきとう)を飾るにふさわしい宝のような法典であるということができる。

3 代人規則による代人

「司法職務定制」に続いて、明治6 (1873) 年6月18日、「代人規則」が制定された（太政官布告第215号）。この規則は、商業およびその他のことにつき代人をもって契約取引等をすることを認めたものである。

〔代人規則〕

第1條　凡そ何人に限らす、己れの名義を以て他人をして其事を代理せしむるの権あるへし。
　　　　但し本人幼年等にて其事理を弁し難き時は、其後見人及ひ親族の者協議の上代人を任するを得へし。
第2條　凡そ他人の委任を受け其事件を取扱ふ者は代人にして、其事件を委任する者は本人なり。故に代人委任上の所行は、本人の関係たるへし。
第3條　凡そ代人は、心術正実にして21歳以上の者を撰むへし。

代人には、総理代人という本人の身上諸般の事務を一般的に代理する者と、部理代人という特に委任された部内の事務を制限的に代理する者との区別があった。この代人には委任状が必要であった。なお、21歳以上とあるのは、明治9 (1876) 年4月、満20歳以上と改められた（太政官布告第44号）[4]。

---

[4] 太政官布告第44号をもって明治6年6月第215号布告代人規則3条を次のとおり改正した。
「第3條　凡代人は心術正実にして満弐拾歳以上の者を撰むへし」。

司法職務定制が定める代言人は、訴訟代理をする者であるが、代人規則の代人は、訴訟以外の代理をすることを本来の趣旨としていたのである。

4 訴答文例並附録による代書人・代言人

(1) 訴答文例並附録

政府は、「代人規則」に引き続いて、明治6 (1873) 年7月、「訴答文例並附録」(太政官達第247号) を制定した。江藤司法卿の司法制度発展のための熱意の表れであった。

この訴答文例並附録は、これまでの種々雑多な申立てを整理して書式を定型化することにより、裁判所の審理の合理化・迅速化を図ろうとしたものである。フランス法の影響を受けた立法が多い中で、この訴答文例並附録は、英米法の影響を受けた近代的な民事手続法であった。判例法主義をとる国から法制を導入することは難しい面があるが、この訴答文例並附録と明治6 (1873) 年11月制定の「出訴期限規則」(太政官布告第362号) は、英米法系の法制を取り入れたものである。[5] 出訴期限規則は、訴訟の対象により出訴期限を6カ月 (宿泊料、飲食料、運送費等)・1年 (医師の診察料、薬料、商人より非商人への売掛代金等)・5年 (土地・家屋の賃料、小作料金、物品の賃料・損料等) と定めていた。

訴答文例並附録は、全文50条からなり、訴状・答弁書など訴訟書類の作成方法やその書式文例、代人人・代言人に関する規定などをおいている。この訴答文例並附録は、明治23 (1890) 年4月、「民事訴訟法」が制定されるまで、民事訴訟手続の基本法として重要な役割を果たした。

(2) 代書人

訴答文例並附録は、第1巻「原告人の訴状」第2章に「代書人を用ふる事」と題し、訴訟書類を作成する場合の規定をおいている。

---

[5] 中村英郎「近代的司法制度の成立と外国法の影響」早稲田法学42巻1号275頁は、「訴答文例並附録」は英米法の訴答 pleading の影響を受け、「出訴期限規則」(太政官布告第362号) は英米法の limitation of action の影響を受けていると指摘している。

第3章　代言人の登場

　原告人[6]が訴状をつくるには、必ず代書人を選び代書させ、自ら書することはできない。訴訟中、訴状に関係する事件につき、被告人と往復する文書もまた代書人に代書させ、かつ代書人が氏名を記入することを要する。代書人に疾病や事故があり改選するときは、即日依頼者より裁判所に届け、かつ相手方に報告しなければならず、裁判所に届けず被告人に報告しなければ仮令(たとい)代書しても代書人とみなすことができない。

　訴訟関係書類の作成は、代言人によらなければならないという「代書人強制主義」をとったのである。

(3) 代言人

　訴答文例並附録は、第1巻「原告人の訴状」第10章に「代言人の事」と題し、原告人が代言人を選任する場合について定めている。

〔訴答文例並附録〕

> 第30條　原告人の情願に因て代言人をして代言せしむることを許す。代言人を用ふる者は、其訴状の奥書に代言人に依頼したる旨を記載して原告人及ひ代言人の連印を為す可し。若し連印なけれは、代言せしむることを許さす。
>
> 第31條　原告人代言人をして代言せしむる時、訟廷に同席することは其情願に任かす。
>
> 第32條　訴訟に関係する書類は、代言人又は保証人の類と雖も原告人の証と為る可き者は原告人の撰ひたる代書人をして代書せしめ其代書人の氏名を記入せしむ可し。原告人の自書を用ふることを得す。
>
> 　書面の末に署する氏名は、其本人の自筆を用ひ代書人をして代書せしむへからす。若し本人自書すること能はされは、其旨を氏名の肩に記すへし。但第2章但書を見るへし。
>
> 　訴訟中原告人又は代言人の疾病事故に因て仮りの代言人を出す時は、原告人又は代言人より、仮りの代言人に依頼するの証書を出すへし。若し証書なけれは、仮りの代言人と為すことを許さす。

6　この当時、民事事件では原告のことを原告人と称し、被告のことを被告人と称した。

司法職務定制は、自ら訴えることができない者のために代言人を選任できること、代書人が訴状を調成できることを定めていたが、被告人については明確でなかった。

そこで、訴答文例並附録は、第2巻「被告人の答書」第3章「代言人の事」と題し、被告人もまた代言人を選任できることを明記した。

〔訴答文例並附録〕

> 第35條　被告人の代言人を用るも亦其情願に任す。然れとも必す本人自ら同伴して訟庭に出席し、其結局は本人より決答を為す可し。
> 第36條　被告人代言人を出す時は、答書の奥書及ひ連印等の方法第30條に照す可し。
> 第37條　答書に関係するの書類は、代言人又は保証人の類と雖も被告人の証と為るへき者は被告人の撰みたる代言人をして代書せしめ且つ代言人の氏名を記入せしむ可し。被告人の自書を用ふるを得す。
> 　書面の末に署する氏名は、其本人の自筆を用ひ代書人をして代書せしむ可からす。若し本人自書すること能はさる時は、其旨を氏名の肩に記す可し。

これらのことをまとめると、原被告人は双方とも任意に代言人を選任できる（代言人任意主義）が、原告人の訴状、被告人との往復文書、訴訟に関する書類、被告人の答書、答書に関係する書類は、原被告人がそれぞれ選任した代言人が作成しなければならない（代書人強制主義）ということである。

司法職務定制では、訴状を作成する代書人の選任は任意であったが、訴答文例並附録では代書人強制主義をとったから、訴訟における代書人の重要性を認識させるものとなった。

司法職務定制は、フランスのアヴォカ（avocat）とアヴーエ（avoué）の二元主義を取り入れ、訴答文例並附録は、イギリスのバリスター（barrister）とソリシター（solicitor）の二元主義を取り入れている。フランスやイギリスのそれぞれの二元主義は、もともと同じ起源をもつローマ法のアヴォカート（avocato）とプロクラトーレ（procuratore）からきており、この当

時、わが国も訴訟に関し代言人と代書人の二元主義を採用したのである。

　この訴答文例並附録の制定により、代書人や代言人の活動が活発になってきた。同文例並附録が示している「書式文例」は、代書人による訴訟書類の作成を容易にし、代言人にもまた書式に沿う事実の陳述等訴訟活動上便利になったからである。

　このように明治6（1873）年7月当時、訴訟書類の作成については「代書人強制主義」がとられていたのである。

　ところが、代書人に資格要件はなく誰でも書けるということから、強制することは意味がないということになったのであろうか、政府は、1年後の明治7（1874）年7月、「訴答文例中代書人の件改定」（太政官布告第75号）を出してこの強制主義を廃止し、代書人を選任するかどうかは当事者の任意とし、元の任意主義に戻した。

〔訴答文例中代書人の件改定〕

>　1　原告人被告人訴状答書及ひ双方往復文書を作るに代書人を撰み代書せしむる共、又は代書人を用ひすして自書する共、總て本人の情願に任すへき事。
>　2　原告人被告人にて代書人を用ひさる時は、親戚又は朋友の者を以て差添人となし訴状答書等へ連印せしむへき事。
>　　但訴答文例中本文と相抵触する廉々は、總て廃止の儀と可相心得事。

　この改定では、代書人を用いない場合は、親戚または朋友の者をもって差添人とし、訴状答書等へ連印することとしているが、明治8（1875）年2月には、訴答文例中訴訟手続に差し支えない者は差添人を要しない（太政官布告第13号）、と改めている。

　司法職務定制や訴答文例並附録のいずれにおいても、代言人と代書人の二

7　三ヶ月ほか・前掲（注2）（田中秀夫）21頁。イギリスはバリスター（barrister）とソリシター（solicitor）の二元主義をとっている。バリスターの社会的地位は高く裁判所で弁論を行うが、ソリシターは事件の依頼者との交渉や訴訟書類の作成等を行う者であって、それぞれ職能を異にするが両者の関係は対等である。

8　日本弁護士連合会『日本弁護士沿革史』8頁。

元主義をとることを示しながら、代言人や代書人の資格要件については何の定めもしていない。明治6（1873）年6月制定の「代人規則」（太政官布告第215号）においても「心術正実にして21歳以上の者」（のち20歳以上の者と改正）であれば、委任状を提出することにより、訴訟の代理をすることができると解釈されていた[9]。

したがって、誰でも代言人や代書人になることができ、1人で2つの役割をすることも差し支えなく、また、代言人と代人を区別してはいるが、代人も訴訟代理ができると解されたから、形式的には代言人・代書人・代人の区別をしながら、それぞれの資格要件・職務範囲などについての考慮が足りなかったため、三者間には格別の差異もないことになった。新しい制度が始まったばかりのことで、三者間の調整不足が課題として残った混乱期であったといえる。

司法職務定制が掲げる代言人は、本人を代理して事実を陳述し「冤枉無からしむ」職務を有する者である。しかし、それにふさわしい人材に乏しく素人や幕末の公事師、さらにはもぐり公事師が代言人になって法廷に出るという状況で、代言人と称してはいるが、法的素養もなく風体も悪く品位を欠く者が少なくなかった[10]。明治時代前期において各地の裁判所に出入りする代言人の多くはこのような者であった。

5　裁判官・検察官の任用

(1)　自由任用制

明治5（1872）年の「司法職務定制」で裁判官・検察官の職制が定められた。これにより急遽任命された裁判官・検察官は、いまだ法学教育を受けておらず縁故採用されることの多い自由任用であった。彼らは法的素養を欠く即製官僚だったのである。そのため裁判官は、民事訴訟において原被告間の争点を整理することを知らず、争点外のことを勝手に持ち出して意外の裁判

---

[9] 日本弁護士連合会・前掲（注8）7頁、林屋礼二ほか編『明治前期の法と裁判』102頁。
[10] 瀧川・前掲（注1）112頁、林屋ほか・前掲（注9）102頁。

をすることがあり、採証の法理も知らない者が少なくなかった。

(2) 裁判所取締規則

板垣退助、江藤らは、明治6 (1873) 年10月、征韓論争で下野した。板垣は、翌7 (1874) 年1月、愛国公党を結成し、民撰議院設立の建白を左院に提出した。その後、高知に帰り、同年4月10日、「立志社」を設立し、自由民権運動を開始した。司法省の元警保頭・大検事島本仲道も下野して立志社の中に法律研究所を設け、代書代言を行う代言人養成の教育を始めた。江藤は、同年2月、佐賀の乱を起こし、岩倉具視、大久保利通らが実権を握る政府の打倒を目標とする一連の内乱の先鋒となった。

自由民権運動と武力行使による藩閥政府批判が公然化した政治状況の中で、司法省は、明治7 (1874) 年5月、裁判所の法廷における取締規則（司法省甲第9号達）を制定した。

〔裁判所取締規則〕

第4條　凡進退動作は軽躁に渉らす、言語は憤怒高激に渉らす、諄々として其事情を陳述し且裁判官に対して尊敬を致すに注意すへし。

第5條　前條に記載したることを守らす裁判官に対し尊敬を欠く者あるときは、裁判官直ちに譴責を加う可し。若し之を再犯する者は、違式の軽重に問ひ相当の罰金を科す可き事。
但右譴責等は、断獄課に付するに及はす、其裁判官直に申渡す可し。

第6條　譴責又は罰金を科すへきものある時は、其裁判を中止して其犯則に関係なき者は一旦扣所に退かしめ、然後犯則の者に譴責又は罰金を申渡す可き事。但其言渡書は、其出席人の扣所(ひかえじょ)に10日間貼附すへし。

第7條　裁判官を罵る者ある時は、前條の如く其裁判を中止し、之を断獄課に付し本律を科すへき事。

第8條　總て裁判は衆人公聴を許すと雖も、人々皆沈黙敬聴す可し。
但裁判官審問の際、公聴の者若し紛閙(ふんどう)にして審問の妨礙ありと思量する時は、便宜を以て訴訟口詰に命し公聴の者を退かしむ可き事。

この規則の1条は、呼出しを受けた当事者は礼儀をわきまえ静かに入廷す

べきことと定め、2条および3条は、法廷における審理開始の礼から原被告人の発言の順序を定めている。これらは、法廷における倫理規定ともいうべきもので、特に異を唱えるほどのものではない。

しかし、4条後文や5条以下の規定には問題があった。4条後文は裁判官を尊敬するよう要求し、5条および6条は裁判官に尊敬を欠く者があるときは、裁判官は直ちに譴責を加え、再犯者には相当の罰金を科すべきこととし、譴責または罰金を科すには断獄課に付するに及ばず、その裁判官が直ちに申し渡すことができるとした。犯則者に対する譴責または罰金の言渡書は、その出席者の控所に10日間貼付し、控所に出入りする公衆の目にさらすとしていた。

さらに7条は裁判官を罵る者があるときは、その裁判を中止し、これを断獄課に付し刑事裁判により本律を科すべきこととしていた。本律を科すとは、新律綱領・改定律例により刑事罰を科すという意味である。

この取締規則は、法廷における監督権を裁判官に与え、裁判官に対する尊敬を強要した。[11]このような立法は、今日では考えられないことである。法的素養を欠く即製裁判官であっても、この規則を盾に威張る者が少なくなかった。

他方、司法職務定制下で、当事者以外で代言人として法廷に出入りしていたのは、素人や幕末の公事師、もぐり公事師など雑多な人間であった。民間にはいまだ法律学を学ぶ所はほとんどなかったから、代言人に至ってはその法的素養は論外であり、ただ迎合盲従するばかりでその評価は当然低かった。しかし、天賦人権論を掲げる自由民権運動が始まり、人権意識が強く政府に批判的な民権家代言人が出始めた。

そこで、司法省は、明治7（1874）年10月、司法省達甲第19号を出して、

---

[11] 官尊民卑の風潮は、明治日本の近代化が官僚制度を重点的に整備し官僚を優遇したことによる。裁判所取締規則は裁判官の尊重を強要し、讒謗律や刑法の官吏侮辱罪でも、官吏尊重を強要し侮辱した者を処罰した。思想的には統治者が人民を支配するに適した儒教思想が影響していた。

第3章 代言人の登場

当初の5条と7条の規定にはなかった代言人に対する取締りを、但書で追加する改正を行った。

〔裁判所取締規則の一部改正〕

> 第5條
>   但代言人此を犯し譴責を受しときは、其事件に付代言人たることを得す。
> 第7條
>   但代言人此を犯すものは、本律を科するの後3月より多からさる時間代言人となりて裁判所へ出ることを得す。

 この結果、代言人が法廷で裁判官を批判したとき、当の裁判官は直ちに譴責を加え、譴責を受けた代言人はその事件につき代言できなくなった。裁判官を罵り刑事裁判で本律を科された代言人は、その後3カ月より多くない期間、代言人となって裁判所に出ることができなくなった。

 明治7（1874）年の取締規則は、司法職務定制下の裁判所が同5（1872）年にできて間もない裁判所草創の時期であり、法廷の威厳と秩序を維持するために訴訟関係者を啓蒙する趣旨であったのだろうが、代言人を明示する規定を追加したことからも明らかなように、藩閥政府や官僚に批判的な代言人を取り締まるためのものでもあった。これは、同8（1875）年6月に讒謗律・新聞紙条例を制定して自由民権運動を抑圧し、政府および官僚批判を封じ込めようとする動きと同じやり方であった。

 当時の代言人は、訴訟の当事者と同じ扱いで、裁判所の門の出入りは厳重であった。

6　代言人の民事代理

 司法職務定制下の代言人は、総じてお世辞にもすぐれた能力を有しているとはいいがたい者が多かったが、前島豊太郎、児玉淳一郎、中定勝のようにすぐれた人権感覚をもつ代言人もいた。

(1) 前島豊太郎

　幕末に東海道を通行した4～5人の大名から、静岡の100人ほどの百姓・労働者が徴用されて4～5日荷物を運搬したが、賃金の支払いがないまま明治4（1871）年頃になってしまった。静岡の代言人前島豊太郎は、これらの者から委任を受けて、旧大名を被告として裁判所に訴えを起こし、この問題の解決に尽力した。

　前島は、明治9（1876）年5月、第2回代言人検査を受けて合格し、免許代言人となった。彼は翌年静岡で法律研究所「択善社」を開設し代言業務を行うとともに、積極的に自由民権運動を行い、静岡の代表的な免許代言人となった。[12] 彼は、自由民権思想の啓発普及に努め、盛んに政談演説を行ったが、これが讒謗律違反に問われたこともあった。

(2) 児玉淳一郎・中定勝

　児玉・中の両代言人は、明治7（1874）年2月、三谷三九郎より委任されて代理人となった。三谷三九郎は、油を扱う三谷組を経営していたが、オランダ商社総代ピストリウスより油を担保に借入した金十万円の支払請求を受け、事件は司法省裁判所に係属していた（第一審は神奈川裁判所）。

　両代言人は、三九郎を同伴して弁論期日に司法省裁判所に出向いた。両代言人は、法廷において別の東京商社を被告として訴えを起こすからその事件が落着するまで、本件の審理は中止すべきであると主張し、ピストリウスが異議を述べなかったので、裁判所は審理を中止した。そして、両代言人は三九郎を代理して、東京商社を被告とする違約金請求の訴えを司法省裁判所に起こした。第一審管轄裁判所は東京裁判所であったが、その手続を経ないでいきなり司法省裁判所に出訴したのである。司法省裁判所は管轄違いで移送するか却下すべきであるのに、被告が異議を言わなかったとしてこれを受理した。

　両代言人は、被告東京商社の取引方法を非難し違約の行為を種々指摘し、

12　座談会「弁護士制度百年の歩み」自由と正義26巻8号41頁の前島豊太郎に関する鈴木信雄の談、大蔵敏彦「静岡の免許代言人第一号前島豊太郎の生涯」自由と正義27巻第8号48頁。

第 3 章　代言人の登場

損害賠償を請求したが、その論が難解で玉乃権大判事はこれを煩わしいと思い、直ちに三九郎本人の出廷を求めた。両代言人はその必要がないことを説き、玉乃はついに三九郎出廷に及ばずとの結論を出した。

　ところが、数日後他の判事の名で三九郎に出廷を命じ、三九郎が期日に出廷しなかったので、令状を発して三九郎を勾留した。ここにおいて、両代言人は敢然として三九郎の人身保護請求をし、さらに裁判官の忌避申立てを行った。人身保護法はなく裁判官忌避の前例もないのに、どのように訴訟活動をしたのであろうか。奥平昌洪は、児玉・中両代言人の活躍を以下のように記している。[13]

> 　是において児玉は人身保護の上願書といふを作り福沢諭吉の添削を得て之を東京府知事大久保一翁に呈し、玉乃権大判事は三九郎の出頭を要せずといへるにも拘はらず、他の判事に於て其出頭せざるを罪ありとして獄に投じたるは、裁判所に二頭ありて其処置を異にする嫌あり。甚だ謂れなき次第なれば、速に三九郎を放免すべき手続を為し以て人身を保護せられんことを請ふとの旨趣を陳べたり。高等法衙の処置に対する不服を地方行政庁に訴ふるが如きは、是れ謂ゆる甚だ謂れなき次第なれども、当時行政司法の権限未だ截然たらず殆ど混沌たる状況に在りたれば、知事は之を受理し上願の趣を司法卿及び太政大臣に伺い出でたりしが、三九郎は直に帰宅を許されたり。

　これによって両代言人の意気は大いにあがり、今度は令状を発して三九郎の勾留を命じた裁判官を忌避することを考え、係り替えの上願書を作成して司法省裁判所に提出した。その様子は以下のとおりである。[14]

> 　曩（さき）の裁判官は訴答文例第20条末項に謂ゆる曲庇圧制の嫌あれば掛官を替へて審判せられたしとの旨を述べたり。是は今の民事訴訟法に謂ゆる判事の忌避にして実に忌避の嚆矢なりとす。裁判所は司法省と協議の末、上願を聴き寧ろ近頃新に落着し此間の消息を知らざる権少判事中村元嘉をして担任せしむるこそ

13　奥平昌洪『日本弁護士史』66頁。
14　奥平・前掲（注13）66〜67頁。

> 却て的当なるべけれとて、中村権少判事を主任とし以て該事件の審理を続行せしめたり。

　両代言人の係り替えの上願は効を奏し、裁判官を交替させた。彼らは、人身保護法もなく、また、民事訴訟法の整備も不十分な時代に、代言人として知恵を尽くして取り組み、本人を釈放させてその人権を擁護し、さらに裁判の公平を期するために裁判官を忌避するという2つの先例を切り拓いたのである。彼らの積極的な取組みは、現代の弁護士も見習うべきところがある。
　児玉、中は、代言人として活躍した後、いずれも大審院判事となった。

コラム　フルベッキが見た維新当時の日本

　フルベッキは、幕末の日本にきた。篠田鉱造『明治百話』では、フルベッキと思われる外国人が、世相の変わりようを次のように語っている。

　来日した当時、大体の人は髭がなかった。あるのは隠者山伏ダルマくらいであった。ところが、今は全国で盛んに髭を生やしている。洋服、石油、ジンリキシャ、新聞もなかったが、今は全部ある。隠密、オカッピキ、メアカシがいなくなり、今は警察があり警部がいる。
　一橋御門外の寂しいゴジンの原で斬られた人の死体を2度ほど見た。1人の身分の軽い役人と2人の人足がきて、ゴザに包んで片づけていた。人の生命が軽かった。今の日本は立派になった。むやみに人を刺すことができない。刺せばすぐ裁判になる。
　法律のことは裁判官のほか誰も知らない。公事師というのがいて頼みに行けば知恵をつけていた（その後、代言人ができた）。

　文明開化していく日本の姿を目撃した外国人が、驚きとおかしさを感じている様子が伝わってくる。

Ⅱ 法律研究所と法律学研究

1 島本仲道の法律研究所

　江藤司法卿の下で司法省三等出仕大検事兼警保頭であった島本仲道（旧土佐藩士）は、明治6（1873）年11月、征韓論争の際、辞職して下野した。島本は、板垣と相前後して高知に帰り、同7（1874）年4月、板垣、片岡健吉らの「立志社」の結成に参加し、人民の志気を高めることに努めたが、彼らが法令に疎く、知らないうちに刑法にふれて罪に陥り、あるいは財産を失い破産するに至るのをみるにつけ、憫然の情に耐えられず、法律を教え代書・代言する者を養成して人民の権利を伸張擁護する必要を感じた。

　そこで、島本は最初高知の立志社の中に法律研究所を設け、次いで、大阪にも賛同者を得て法律研究所を開設した。

　この法律研究所の目標とするところは、「公明正大官庁を欺かす私利を謀らす勉めて人民の権利を伸暢し強弱平等の福祉を保有するを得しめんことを欲す」というものであった。島本は、この精神をもって法律研究所の名を「北洲舎」と名づけた。島本および北洲舎の精神については、「今日の弁護士倫理のめざすところを、当時すでに宣言をしていたことは驚嘆に値する」と評価する声もある。[15]

　島本は、いっしょに官を辞した北田正董、寺村富栄らとともに、明治7（1874）年6月、大阪に設立した「北洲舎」で舎長を務め、舎員の代書・代言事務を督励した。当時はまだ民法典はなく、民事に関する単発的に発せられる法令は、太政官布告や司法省達によっており、これらは裁判所に送られていたから、北洲舎は、舎員を裁判所に派遣してこれらを謄写させた。民事代言の依頼があれば、舎内で合議し法令に照らして訴答の準備をし、代言人

15　日本弁護士連合会・前掲（注8）10頁以下。

Ⅱ　法律研究所と法律学研究

を裁判所に出廷させた。北洲舎の代言人は、訴答の趣旨を述べ裁判官と議論し、人民の権利の伸張を図るということで、大阪で評判をよび事件を依頼する者が多かった。[16]学生には法律学の研究や代書・代言事務を訓練し、代言人試験を受けさせた。大阪では北洲舎のことを代言会社といったという。今日のローファームの先駆けである。

　大阪の北洲舎で学び免許代言人となった者は、地方に法律研究所を設けて活躍した。北洲舎出身の免許代言人の菊池侃二、木村恕平は、但馬豊岡に「豊岡法律研究所」を設けて地域の事件に取り組むとともに、分所として丹後宮津に「宮津法律研究所」をもち、丹後伊根浦の漁場・入会に関する数村の争いの和解のあっせんをし、あるいは訴訟代理をするなど解決に努力した。[17]菊池と木村は、明治10（1877）年、大阪に戻り、自由民権運動の中心的な働きをしたが、伊根浦の有志とのつながりは引き続き維持され、伊根浦の有志もまた自由民権運動に積極的に参加したという。

　島本は、明治7（1874）年8月、東京に移り東京の「北洲舎」をもって本舎とし、大阪を分舎とした。東京北洲舎の代書代言規則によると、[18]原被告の依頼を受け、その訴答の事実について、維新以来公布された民事・刑事・商事に関する規則等を研究し、代言人の名称でその職務を行い、「上み官権を妨害せず下も民権を保全すべきである」と定めている。北洲舎の職制は、舎長・庶務課・書記課・受付課・会計課・代言人からなり、代言は一等代言から五等代言に分けるなど本格的な組織になっていて、ここで学ぶ学生は30名にも及んでいた。北洲舎が、代言業務の充実発展と代言人の養成・地位向上に果たした役割は大きかった。

16　奥平・前掲（注13）109頁。
17　飯塚一幸「裁判制度形成期の代言人と地域」（朝尾教授退官記念会編・日本社会の史的構造——近世・近代——）337頁以下。
18　奥平・前掲（注13）119頁以下。

2　元田直の法律研究所

　元田直(もとだなおし)は、明治 2（1869）年 8 月、制度取調局および記録局で大史として勤務し、江藤新平の下、箕作麟祥(みつくりりんしょう)や横山由清などとともに法典編纂にあたった。同 4（1871）年12月、岡山県権参事に任じられたが辞退して下野し、「法律学舎」を開設して学生に法律学を教え、また、代言業務に従事した。法律学舎では、元田が刑律を講義し、名村泰蔵が仏国民法、沼間守一が英国法を講義した。[19] 法律学舎で学んだ学生は、その後代言人試験に合格し免許代言人として世に出た。元田は人望があり、東京代言人組合の初代会長にも就任した。

　同学舎で代言業務に従事していた免許代言人伊藤修は、明治13（1880）年 4 月、「東京法学社」（現在の法政大学）の創立に参加した。

　北洲舎、法律学舎などに続いて先進的な代言人が各地に法律研究所を設け、代言業務に従事しながら、学生に法律学を教えたのである。

　明治 5（1872）年の司法職務定制下の代言人は、免許制になる前の準備段階として位置づけられよう。民間の法律研究所や明法寮で法学教育が始まり、ここで教育を受けた人たちが、明治 9（1876）年の「代言人規則」により、法律専門家である免許代言人として登場するのである。

19　奥平・前掲（注13）152頁以下。

第4章　免許代言人・代言人組合

►本章の概要◄

　大審院および下級審裁判所が設置され、司法制度がひとまず整備された。これに伴い、司法省は、裁判所に出入りする代言人のレベルを引き上げるため、明治9 (1876) 年に「代言人規則」を制定し、代言人試験に合格した者にのみ免許を与えることにした。これにより、今日の弁護士の起源である免許代言人が誕生したのである。
　当初の免許代言人の職務は、民事代理に限られていたが、のちに刑事弁護も認められるようになり、プロフェッショナルとしての活躍が始まるのである。

I　明治9年代言人規則

1　代言人規則

　司法省は、明治9 (1876) 年2月22日、「代言人規則」（司法省達甲第1号）と「代言人規則中手続」（司法省達第25号）を制定した。
　司法職務定制下では誰でも代言人になることができたが、代言人規則は、今後、代言人になるためには、代言人試験を受けて合格し、免許を得なければならないとしたのである。
　(1)　**免許状の交付**
　代言人規則は、フランスの代言人規則を模範にしたものであるが、免許状

の交付についてはフランスの代言人規則には定めがなかった。そこで司法省は、免許状を交付することの可否について、ボアソナードに諮問した。

ボアソナードはこの諮問を受けて、「フランスにおいては、法律学の第2級に昇りその証書を得た者が代言しようとするときは、裁判所の代言局に申し出て、代言局でその学術品行等の審査を受け合格した後、裁判所で宣誓し、その誓書の謄本を所持し3年は見習いの名義でし、3年が経過した後は裁判所の代言人名簿にその氏名を登録すれば、真の代言人としていずれの裁判所でも自由に代言できることになっている。しかし、今の日本には、これらの手続がないので、代言人免許状を交付することよりほかにないだろう」と回答した。

法律学の第2級に昇りその証書を得た者とは、法律学リサンシエー（学士）の級を修め証書を得た者である。フランスでは代言人になるためには、法律学を修め学士となることが必要であった。

ボアソナードの答申を得て、司法省は意を強くし、代言人試験の合格者に免許状を交付する制度を設けた。明治9（1876）年2月の司法省達の前文では、今般「代言人規則」を設けたので、来る4月1日より以後は免許を受けていない者へ代言を頼むことはできないことを明らかにしている。

〔司法省達の前文〕

> 今般、代言人規則別紙の通相設け候條、来る4月1日より以後は、右規則通り免許を経さる者へ代言相頼候儀不相成候條、此旨布達候事。

ところが、この司法省達には、次の但書が付いていた。

> 但4月1日以後代言人無之且本人疾病事故にて不得已場合に於ては、其至親の内之に代るを得へく、若し至親無之者は区戸長の証書を以て相当の代人を出

---

1 奥平昌洪『日本弁護士史』176頁。
2 高木豊三編『代言至要』316頁。

> す亦不苦。

　明治 9（1876）年 4 月 1 日以降無免許者へ代言を頼むことはできないとされたが、代言人がいないところでかつ本人が疾病事故でやむを得ない場合は、至親（父子兄弟または叔姪）が本人に代わることができ、もし、これらの者がいない場合は、区戸長の証書をもって相当の代人を出すことができるとされた。相当の代人、すなわち、免許のない代人は、代人規則に基づき委任状と代人届けを裁判所に提出することにより、その事件の代言をすることが認められたのである。

　免許代言人を原則としながら、この例外規定により、多くの無資格者たちが営業として代人となる、いわゆるもぐり代言人、三百代言を生む結果となった。[3]

(2) 代言人試験

　代言人試験と免許状に関する代言人規則の定めは、次のとおりである。

〔代言人規則〕

> 第 1 條　凡そ代言人たらんとする者は、先つ専ら代言を行はんと欲する裁判所を示したる願書を記し、所轄地方官の検査を乞ふへし。地方官之を検査するの後、状を具して司法省に出す。然る後其許すへき者は、司法卿これに免許状を下付す。
> 第 2 條　代言人を検査するは、左の件々に照すへし。
> 　1　布告布達沿革の概略に通する者
> 　2　刑律の概略に通する者
> 　3　現今裁判上手続の概略に通する者
> 　4　本人品行並に履歴如何

　この代言人規則に基づいて各府県の地方官が、代言人検査（試験）を行うことになった。明治 9（1876）年 4 月 1 日、東京府は第 1 回の代言人試験を

3　林屋礼二『明治期民事裁判の近代化』234頁。

行った。出願者は30名であった。奥平昌洪によれば、その試験問題は、以下のようなものであった。

1　新吉原三業の規則を心得居るか。
2　何規則は何年何月何号の布達なりや。
3　明治六年太政官第300号の布告如何。

　出願者は、北洲舎、法律学舎など名のある法律研究所で学んだ者が多かったから、この問題をみて大いに激高し「このような問題で試験しようとするのは出願者を馬鹿にするものである」と検査係を罵倒した。東京府の検査係は大いに狼狽し、試験は中止となった。ある府県の問題の中にも「住宅前の道路は何人が掃除すべきや」などというものがあったという。

　東京府は、同年4月17日、東京府庁であらためて30名の出願者に5問を出し4時間内に答案を作成して提出する試験を行った。その問題は、以下のようなもので、急に難しい試験になったといえる。

1　甲あり某省某局の文書を偽造し之を乙に差入れて金を借らんとす。乙其偽造なることを知りて官に告ぐ。却て甲より金10円を受けたり甲乙両名の刑如何。
2　甲或夜乙を伴ひて街上を散歩す。丙なる者乙に怨あり刀を抜て乙を斬殺す。甲之を知りて官に告ぐ。甲及ひ丙の刑如何。
3　甲は金50両を乙に貸し其証書を受取り之を丙に売渡す。甲の死後丙は乙に対して金を請求せしに、乙は既に甲に返金したりとて甲の受取証を出して答弁す。此裁判如何。
4　乙あり甲の所有地を擅（ほしいまま）に丙に質入し自ら証人となり証書を作り甲の印鑑をも添へて丙に渡し金100円を借受く。甲は之を知らす。其後乙は右の事情を甲に明かして詫入り且迷惑を掛けさる旨証書を差入れ、右期限に至り丙は甲に対して返金の催促を為したるに、甲は乙よりの証書を出して答弁す。此

4　奥平・前掲（注1）182〜184頁。
5　砂川雄峻『法曹紙屑籠』1頁。
6　奥平・前掲（注1）189〜191頁。

> 裁判如何。
> 5　懲役終身の囚人逃走し外に在りて財額75円25銭のものを窃盗す。右改定律例第302条に依り絞に処するは擬律相当なりや。若し相当ならされは如何なる処断を為すへき歟。

　大阪・神奈川・兵庫・堺・宮城・置賜・名東の各府県においても、地方官がそれぞれ試験問題を出して代言人試験を行った。各府県を通じて明治9（1876）年の合格者は174名であった[7]。

　北洲舎・法律学舎など名のある法律研究所で法学教育を受けた学生たちが、代言人試験に合格し免許代言人となった。

2　免許代言人──弁護士の誕生

　免許代言人は、訟廷においてその訴答往復書中の極意を弁明し裁判官の問いに答え（代言人規則8条）、裁判官の許可を得て訟廷上原被告双方互いに弁論する職務を有する（同規則10条）。

　代言人規則は、免許代言人は自ら訴訟書類を作成し、訟廷で弁論を行うという一元主義をとった。彼らは法学教育を受け法律知識や素養を有し試験に合格した者であり、これが十分できるからである。免許代言人制度の発足により、代言人の資質は飛躍的に向上し、プロフェッショナルとしての歩みを始めた。

　今日の弁護士はいつから始まったかについて、フランス法を導入した明治5（1872）年の「司法職務定制」からとする説、同9（1876）年の「代言人規則」からとする説があり、弁護士会で議論のあるところである。第二東京弁護士会、名古屋弁護士会（現在の愛知県弁護士会）などは前者をとり、日本弁護士連合会は後者をとっている[8]。

　法律知識も素養もない素人でも誰でもなれる司法職務定制の代言人をもっ

---

[7]　日本弁護士連合会『日本弁護士沿革史』403頁の、代言人・弁護士数の統計によれば、明治9年の代言人数は174名、同10年の代言人数は457名であったとされる。

て今日の弁護士の始まりとするのは妥当ではない。代言人規則による免許代言人は、法律学を修め代言人試験に合格し免許を受けた者が法律専門家として代言業務ができるというものであった。これは、司法試験に合格し法曹資格を得た者だけが弁護士になることができるという点で今日の制度と共通しており、明治9年の代言人規則による免許代言人が、今日の弁護士の始まりというべきである。

なお、明治12（1879）年5月19日、「無試験免許代言人諸規則」が制定され（司法省達甲第7号）、東京大学法科の卒業生（当時は極めて少なかった）[9]は、その卒業証書を証として代言営業の出願をしたとき、代言人規則2条1項〜3項に係る検査（布告布達の沿革の概略・刑律の概略・現今裁判上の手続の概略）を受けなくても免許状を授与するとされた。その最初の者が、高橋一勝・大谷木備一郎・磯野計・山下雄太郎ら学士代言人である。彼らのような初期の卒業生は、自由主義精神を強くもっており、明治憲法制定後に天皇の官僚（役人）となり軍国精神に支配された後輩たちとは明らかに違っていた。また、明治14（1881）年2月16日、司法省付属代言人制度が廃止された時、同省付属代言人は無試験で免許状を授与された。

学士代言人や司法省付属代言人は、専門的な法律学教育を十分受けているとされたのである。この2つが例外としての無試験免許代言人であった。

免許を得た者は、司法省および代言を行う裁判所に備えた「代言人名簿」に登録した。免許代言人の住居は、当該裁判所の所在地区内に限られていた。

免許は1年限りで、引き続き職務を行うためには、満期に再度免許を得る必要があった。また、免許のつど免許料10円の支払いが必要であった。[10]

8　荻山虎雄ほか「弁護士制度百年の歩み」自由と正義26巻8号37頁、荻山虎雄「弁護士制度百年の変遷」自由と正義26巻8号30頁。

9　髙梨公之「五大法律学校の創立と代言人たち」自由と正義26巻8号22頁によれば、東京大学法科の卒業者は、明治11（1878）年6人、同12年9人、同13年6人、同14年9人、同15年8人であり、極めて少ない。

10　大野正男「職業史としての弁護士および弁護士団体の歴史」（大野正男編・弁護士の団体（講座現代の弁護士(2)））11頁。

3　免許代言人の統制

(1)　免許と統制

　代言人規則は、当時玉石混交であった代言人を試験によってふるいにかけ、合格者に免許を授与し統制を強化したのである。

　試験というふるいにかけることにより、法的素養のない旧来の代言人は排除された。旧来の代言人は、恐慌を来し「代言人規則」による地方官の試験に怖じ気づいてこれを受けようともしなかった。神奈川県には100人近く旧来の代言人がいたが、試験日が近づいた3月10日になっても1人の出願者もなかったという。[11]

　試験に合格し免許を得た代言人には、代言人規則上の統制が行われた。免許代言人は「告達諸規則のことに付裁判官に向て旨趣を陳述するを得へしと雖も、其是非及ひ立法の原旨を論議するを得す」（11条）と定め、太政官布告や司法省達その他諸規則についてその是非や立法の原旨を論ずることができないとし、官の天下り的解釈を強要した。[12] さらに、裁判所取締規則に定めていた代言人の取締条項は、明治9（1876）年4月10日、司法省達第40号をもって廃止され、「代言人規則」の中に新たに懲戒規定がおかれた。

(2)　懲戒規定

　「訟庭に於て国法を誹毀し及ひ官吏を侵凌する者」（14条1号）や「訟庭に於て臆察詐欺の弁を為す者」（同条2号）など7項目の懲戒事由に該当する場合、裁判官はその軽重を量り、直ちに譴責・停業・除名の裁判ができる。譴責は今の戒告にあたり、停業は1月以上1年以下、除名は代言人名簿から除外し3年を経た後でなければ、また代言人となることを許さないとするものである。そして、その罪の重い者は、刑律によってあわせて処罰することも妨げないとした（14条後段但書）。

　裁判官は、法廷の監督権者であり、直ちに懲戒の裁判ができるという一方

11　奥平・前掲（注1）182頁、林屋・前掲（注3）137頁。
12　荻山・前掲（注8）31頁。

4 免許代言人のプライド

(1) 星亨

星亨（ほしとおる）は、明治元（1868）年7月、何礼之（かのりゆき）の英学塾で英法を学び、明治2（1869）年に和歌山藩の洋学助教を務め、同年8月、横浜の英学校修文館の教師となった。明治5（1872）年3月、陸奥宗光の引き立てで大蔵省租税寮雇いとなり、英国証印税法を翻訳した。その後、同7（1874）年には租税権助・横浜税関長を務め、ブラックストーンの英国法律全書を翻訳して刊行した。同年7月、租税本寮外事課長に転任した後も横浜の税関顧問のイギリス人ラウダーに英法を学んだ。

彼は、明治7（1874）年9月、太政官より、イギリスへ派遣する旨命令を受けて留学し、ロンドン法学院ミドル・テンプルで本格的に法律学を修めバリスターの称号を得て、同10（1877）年末に帰国し、官尊民卑の風潮の強い裁判所の状況の中で司法省付属代言人となった。[13]

当時本格的に法律学を学んだ法律専門家は稀であったから、彼の自負は相当なものであった。彼は、イギリス帰りの新知識と司法省付属代言人という特権的地位をもって判検事と対等にわたり合った。

大審院時代になっても依然として官尊民卑の風潮は強く、代言人は当事者と同じ扱いであり法廷においても名前は呼捨てであった。法廷における事件は、廷丁（今の廷吏）が声高らかに四角ばって呼び上げていた。星はこれに強く反発したが、象徴的なエピソードとして、次のものがある。[14]

治罪法により免許代言人が刑事弁護するようになったある日、代言人である星が出廷し、後方の長椅子に掛けて待っていた。

13　中村菊男『星亨』22頁、47頁以下、野沢雞一編『星亨とその時代(1)』128頁、136頁以下、奥平・前掲（注1）217〜237頁。

14　小林俊三『私の会った明治の名法曹物語』6頁、伊達利知＝岩田春之助『巨匠弁護士を語る』14〜15頁。

> 被告人の氏名が呼び上げられ、被告人が裁判長の前に立ってお辞儀をした。続いて「弁護人星亨」と廷丁が呼んだ。その時星は立たなかった。廷丁はまた呼んだ。また星は立たなかった。裁判長は星を壇上から見つめて「星弁護人は席に就かないのか」と言った。すると星は何喰わぬ顔をして弁護人の席に就いた。裁判長は星を見おろして「弁護人は廷丁が呼んだら直ぐ席に就いてもらいたい」と言うと、直ぐ星は「弁護人は刑事裁判を構成する一人である。被告人とは違う。氏名を呼捨てにするならば本職は決して席に就かない」と言った。

　星が立って席に就いたのは、たまたま裁判長が「星弁護人」と言ったからである。「弁護人星亨」であったならば、星は後方の席にいたまま抗議したであろう。星が裁判長に言った「弁護人は刑事裁判を構成する1人である」という言葉の意味を、裁判長を含め法廷にいた者はどれほど理解したであろうか。彼は、治罪法による刑事裁判は、従前のような糾問主義ではなく弾劾主義に基づくものであり、その中で弁護人は被告人の人権を擁護するため検察官と対峙する重要な職責をもつ存在である、という趣旨を言ったのである。その職責をもつ弁護人の名前を呼捨てにするとは何事かと抗議した。これが他の代言人にも伝播して裁判所に対する抗議となり、名前を呼捨てにする悪弊をなくしたのである。

　(2)　砂川雄峻

　一般人民はもとより、代言人であっても乗車乗馬のまま裁判所の門内に入ることは許されず、車馬を引き入れることさえできなかった。大阪で乗車のまま裁判所の門内に入ったのは、学士代言人砂川雄峻[15]が初めてである。彼はあらかじめ裁判所に知らせたうえであったというから、まだ紳士的であった。東京では星が乗車のまま強引に門内に入り、門衛をひどく憤怒狼狽させた。

　砂川は、当時の裁判所における官尊民卑の風潮について次のように述べている。[16]

15　砂川・前掲（注5）8～9頁。
16　砂川・前掲（注5）3～4頁。

第4章　免許代言人・代言人組合

> 　明治15年及びそれ以後も裁判所は官尊民卑で、裁判官は決して代言人に相当の敬意を表しない、書記廷丁に至るまで大いに威張ったものであった。その当時目賀田種太郎が代言人となり、地位学識名望ともに高かったが廷丁等は官の威を藉り同人に対しても威張っていたところ、突然同人が判事になった。驚いたのは廷丁で昨日まで眼下に見下していた人に対し、今日は低頭平身しなければならないことになり、実に極まりが悪く困っていた。

　当時の裁判所は、封建時代の余臭がいまだ消えず、門衛はもとより廷吏・書記から裁判官に至るまで横柄で大いに威張っていた。このような裁判所の状況の中で、星や砂川らが初期免許代言人の地位向上のため新生面を切り開いたのである。

Ⅱ　明治13年改正代言人規則

　明治9（1876）年制定の代言人規則は、同13（1880）年5月13日の司法省達甲第1号により改正された。これが「改正代言人規則」である。これとあわせて「代言人取扱手続」（司法省達丙第8号）が制定された。これは試験手続、免許状、免許料、代言人名簿と代言人の移転・廃業・懲罰の登録等について定めたものである。

　当時の政治状況は、国会期成同盟など自由民権勢力が自由民権の伸張と国会開設を要求して攻勢を強め、政権基盤がまだ十分確立していない藩閥政府との対立が顕著になり始めた頃であった。

1　改正代言人規則

　改正代言人規則は、第1款「総則」、第2款「議会」、第3款「懲罰」、第4款「出願」から構成されている。代言人規則の不備を修正補充し、統制を一層強化するものであった。

　この改正代言人規則の特徴は、以下のとおりである。

Ⅱ　明治13年改正代言人規則

①　免許代言人は地方裁判所本支庁ごとに代言人組合を設立し、議会を設け規則を制定し、役員を選任する（14条、15条）。
②　免許代言人は代言人組合に加入することを要し（加入強制主義）、組合は組合員を監督の下におき（5条、17条）、代言人試験は司法省の下にある検事が行う（26条～29条）。
③　免許代言人は1通の免許状により大審院以下諸裁判所で代言できる（3条）。

2　代言人組合の設立

　改正代言人規則が新しく導入したのは、地方裁判所本支庁ごとに「代言人組合」を設立することであった。
　1822年のフランス代言人規則は、代言人組合を定めており[17]、これを参考にしたと思われるが、当時のわが国の事情も反映していた。明治13（1880）年10月1日現在、全国の免許代言人数は799名に達していた[18]。この規模になると、全国各地にいる個々の代言人に対する監督統制は困難になった。そこで、政府は代言人組合をつくらせ、司法省の下にある検事を通して代言人組合と免許代言人を監督統制することを考えたのである。
　代言人組合の規則は、検事の照覧を経る（14条）ことを要し、代言人組合の分合は検事の見計をもってする（同条）。定例議会の延長または臨時会の開催は必ず検事の認可を要し（18条）、代言人規則22条の懲罰規定に該当する者があるときは、各代言人はこれを会長に報告し、会長はこれを検事に告発すべきであるとし、もし、会長が告発を遷延しまたはその所犯会長に係るときは、各代言人より直ちに検事に告発すべし（17条）と定めていた。
　司法省下の検事による監督統制は、当時の藩閥政府の免許代言人に対する

---

[17]　高木・前掲（注2）318頁。
[18]　日本弁護士連合会・前掲（注7）403頁の統計によれば、代言人の数は、明治12年は677名、明治13年は799名、明治14年は818名、明治15年は914名、明治16年にはついに1000名を超え1015名となった。

警戒感の表れであった。なぜなら、免許代言人は毎年増え続け結社や法律研究所をつくり、全国の自由民権運動の重要な担い手として確実に勢力を伸ばしていたからである。そこで、改正代言人規則は、議会・組合外に免許代言人が結社を設けることを禁じ、違反者を懲罰する（22条9号）とした。これにより多くの結社や法律研究所は解散し、免許代言人は代言人組合に集合するとともに、その後は自由民権運動から発展した「政党」に加入するようになった。

また、法律研究所が行っていた法学教育は、免許代言人が創立に参加した「法律学校」が担うことになるのである。

改正代言人規則により、明治13年に、東京代言人組合・大阪代言人組合・仙台代言人組合・広島代言人組合・鳥取代言人組合・新潟代言人組合・佐賀代言人組合・千葉代言人組合が設立され、翌14年には、福岡代言人組合・盛岡代言人組合が設立されるなど各地に代言人組合が結成されていった。[19] 今日の弁護士会の始まりである。

免許代言人中島又五郎によれば、東京代言人組合を設立する際、司法省付属代言人は半官半民であるから別種の代言人であり、この組合に入れるべきではないという議論が沸騰し、当初はこれを除いて規則がつくられた。しかし、検事が司法省付属代言人星亨も組合に入れて規則を制定するように命じたため、司法省付属代言人を組合外に投げ出すことはできなかったけれど、会長には見事落選させたという。[20] 星の名望にもかかわらず、彼は一度も会長に推されることはなかった。

免許代言人に代言人組合をつくらせたことは、他方で代言人の結束・団結

---

[19] 全国各地の初期の代言人組合のうち設立年月日が不明であるものの多くは、戦災で資料を焼失してしまったことによる。貴重な資料が失われたことは実に残念である。たとえば、愛媛の代言人組合は、いつ設立されたのか不明である。明治13（1880）年当時、愛媛県内には免許代言人が6名いたから、これらの人たちにより代言人組合と規則が定められていなければならないが、これを知る資料はない（愛媛弁護士会『愛媛弁護士会』19頁）。

[20] 野沢・前掲（注13）に収録の中島又五郎談話（本人検閲）177頁、大野・前掲（注10）14〜15頁。

をもたらす結果となった。

東京代言人組合は、明治13（1880）年12月、東京裁判所に対して、いくつかの事項を申し入れ、以下の2件につき、願いのとおりと回答させた。[21]

1　呼出状は3日以前に発布相成りたい事
2　呼出状は何日午前第何時若くは午後第何時より何々の事件につき出頭致すべき旨記載されたい事

そして、東京代言人組合の明治15（1882）年の秋期総会では、以下の事項が決議された。[22]

1　代言人免許料廃止の件
2　毎年引続き免許の手続を為すの煩を廃するの件
3　代言人は検事の管轄を離れて司法卿の直轄となるの件

大阪代言人組合総会も、明治15（1882）年4月に以下の事項を決議し、司法卿に建議するに至った。[23]

1　免許1年限りの件
2　免許料毎年10円を納める第7條廃止の件

こうして代言人組合は、結束して代言人の監督取締りの網を少しずつ切り取り始めたのである。

3　試験者の変更

明治9（1876）年の「代言人規則」により代言人試験を実施したのは、各

21　奥平・前掲（注1）332頁。
22　森長英三郎「弁護士自治の獲得と地位向上の歴史」自由と正義26巻8号7頁。
23　森長・前掲（注22）7頁。

府県の地方官であった。当時はまだ地方官が裁判を行っていたからである。しかし、翌10 (1877) 年に「大審院諸裁判所職制章程」が改正され、地方裁判所章程1条は、全国に設置した地方裁判所が「一切の民事及び刑事懲役以下を審判す」と定め、地方官による裁判を廃止した。そこで、代言人試験をする者を、地方官から司法省下にある検事に変更したのである。

司法省は、試験問題をつくって検事に送付した。これにより代言人試験は、司法省による全国統一の試験になった。

(1) **試験科目**

改正代言人規則28条に、以下のような代言人試験科目の定めがある。

① 民事に関する法律
② 刑事に関する法律
③ 訴訟の手続
④ 裁判に関する諸規則

これは民事法・刑事法・訴訟法・裁判関係法に関するものであり、試験に合格するためには、実体法・手続法を含めて相当の勉強をしなければならなかった。

(2) **試験問題——何々の訴状は何色の罫紙に記載すべきや**

砂川は、司法省が試験をするようになった頃の試験問題にまつわる話として、以下のように記している。[24]

司法省で試験をするやうになっても、始めの間は法理問題よりも手続問題が多く、故鳩山和夫君が大學教授を罷めて代言人になった時の試験に、法理問題に対する答案は實に立派なものであったが「何々の訴状は何色の罫紙に記載すべきや」と云う問題に対し、同君は一つ其色を間違へて答案を出し、後に覚って及第を心配して居られたさうである。当時は訴状の種類に依り罫紙の色が定めてあった。

---

24 砂川・前掲（注5）1頁、奥平・前掲（注1）429頁。

Ⅱ　明治13年改正代言人規則

　鳩山和夫は、明治8（1875）年7月、東京開成学校3年生の時、コロンビア大学に留学し、帰国後、東京大学講師となった。彼は、同14（1881）年10月、皇族や各大臣の列席する卒業式の講演の中で、国家の発展や国力の充実のためには国民教育が必要であるが、わが国の教育機関は微々たるもので、これは文部省（当時）の責任であり、大半は金を出さない大蔵省（当時）に責任があると批判した。これが原因で、彼は解職された。その後、彼は代言人になろうとしたが、大学卒業証書がなかったので、代言人試験を受けなければならなかった。彼は試験を受けて、同14（1881）年12月に無事合格し、免許代言人となった。

　彼が受験した時出題された訴状罫紙の色については、明治8（1875）年12月20日の「訴訟用罫紙規則」（太政官布告第196号）に定めがあった。金穀類訴訟は、訴訟物の価額により色と価格の異なる罫紙を用いることとされ、黄色（金1銭）・黄緑色（2銭）・橙黄色（3銭）・緑色（4銭）・黒色（金5銭）の5種類であり、人事訴訟（家督相続・養子・雇人等）は、青色（金1銭6厘）とされ、土地建物訴訟は、紫色（金1銭4厘）で、雑事類訴訟は、紅色（金1銭2厘）であった。いかなる事件か一見してわかるようにするとともに、罫紙の購入が国に対する手数料の納付にもなるというもので、当時としてはなかなか合理的な工夫であった。司法省は、これに関する試験問題を出したのである。

　(3)　5科目の試験問題

　代言人試験は毎年行われ回数を重ねたが、代言人試験として最後のほうの明治24（1891）年10月に行われた試験科目は、民法・商法・刑法・民事訴訟法・刑事訴訟法であった。試験は10月18日から21日まで4日間行われた。第1号は刑法の問題で2問の出題、第2号は刑事訴訟法で2問の出題、第3号は民事訴訟法で3問の出題、第4号は商法で3問の出題、第5号は民法で2問の出題、第6号も民法で2問の出題がされた。代表的なものを1問ずつ記せば、以下のとおりである。

> 第1号　刑法問題
>   継続犯と即時犯の区別如何又此区別は刑の適用上如何なる必要あるや。
> 第2号　刑事訴訟法問題
>   第2審に於ては第1審の判決に於て酌量減軽を与へさるを理由として其判決を取消すことを得るか。
> 第3号　民事訴訟法問題
>   口頭弁論の期日に於て原告欠席し被告が欠席裁判の申立を為したるときは、裁判所は必ず欠席判決を与ふべきや又は或場合に於ては処分を為すことありや。
> 第4号　商法問題
>   為替手形と約束手形との差違如何。
> 第5号　民法問題
>   錯誤強暴及目的の不適法が合意に与ふる効果に差違ありや。若し之あらば詳細に説明論述すべし。
> 第6号　民法問題
>   数多の保証人中、無資力となりたる者あるときは、他の保証人は債権者に対し如何に其義務を履行すべきや。

　代言人試験は回数を重ねるごとに近代的な内容になったが、合格者の割合は少なく、難しい選抜試験であった。合格者に対する免許状は、司法卿より検事に送付され検事が免許料を領収して本人に授与した。免許状には「何某　代言を免許し此證を授く　免許期限　従何年何月至何年何月」と記載されていた。

　代言人になるには、坪内逍遥の『当世書生気質』の一節に、数人の学生が牛鍋をつつきながら、他の学生の噂話をしている場面が以下のように描かれている。

> 須河　　任那君。守山君はどうしちょるかネ。

25　新潟弁護士会『新潟弁護士会史』15頁以下に全試験問題が掲載されている。

任那	守山は相替らず、書物(ブック)と首っ引きさ。……学校へ通ふのと、東光館へ行くのと、折々温泉に浴するのみサ。
宮賀	東光館といふは。
須河	君はまだ知らんのか。法律家が立てた法学校ぢゃ。ネエ任那君。東光館も近来は追々盛大になりましたろうなア。
任那	中々盛んじゃ。
須河	守山君は卒業したら何になるぢゃろうか。
任那	代言人になるとかいってるヨ。

　この後のやりとりは、「守山は謹慎すぎるから、代言人には適しないのぢゃないか」、「馬鹿いいたまえ。中々如才(じょさい)ない男だから、世間の交際は極めて精妙(うまい)ヨ」、「畢竟書生のうちに遊ぶやつは、肝の小さい、おとなしい方で、書生のうちに忍耐の強いやつが、却(かえ)っておとなしくないやつヨ」という結論になった。

　小説の会話から、免許代言人になるためには相当勉強しなければならなかった様子がうかがえる。東光館というのは、免許代言人の高橋一勝や山下雄太郎らが設立した「東京攻法館」がモデルかと思われるが、東京攻法館はその後専修学校に合流した。

4　1通の免許状

　これまでは府県裁判所・上等裁判所とそれぞれ別の免許状が必要で、免許料も別々に納付されていた。改正代言人規則では、免許代言人は1通の免許状で「大審院及ひ諸裁判所に於て代言を為すを得」（3条）と改善された。これにより、全国どこの裁判所でも1通の免許状で活動できることになった。職務区域の普遍性は、政治的・社会的に注目をされる事件について各地の代言人が協力し合うことが可能になり、依頼者にとっても代言人の選択範囲が広がり便利になったのである。今日の弁護士は、全国どの裁判所でも自由に

26　大野・前掲（注10）15頁。

弁護士活動ができるが、その始まりは、この明治13（1880）年の改正代言人規則にある。

5　免許代言人の職務

免許代言人は「法令に於て代言を許されたる詞訟に付て原告又は被告の委任を受け其代言を為す」（1条）ことを職務とした。詞訟とは、民事訴訟のことであり、民事事件について訴訟代理をするのである。この当時はまだ刑事弁護は認められていなかった。刑事弁護が始まるのは、明治15（1882）年1月からである。

6　懲戒規定

明治13（1880）年5月制定の「改正代言人規則」もまた代言人規則と同様の懲戒規定をおいている。

(1)　免許代言人の懲戒

裁判官は、免許代言人の中に「訟庭に於て現行の法律を誹議する者」（22条1号）、「訟庭に於て官吏に対し不敬の所業を為す者」（同条2号）等10項目の懲戒事由に該当する者がある場合、軽重を量り譴責・停業・除名の懲戒をする（23条）。譴責は戒め注意をして業は停めず、停業は1月以上1年以下その業を停め、除名は代言人名簿の名を除き3年を経なければまた代言人になることができず、もし、所犯の情状重き者は終身許さない（25条1項）。さらに罪状の重い者は、法律によって併せ処罰することも妨げず（24条）、懲罰を受けた者があるときは、その旨を裁判所の控所に掲示する（25条2項）、としていた。

裁判官は、法廷の監督権者であり、法律を批判し官吏に礼を欠く者に対し、直ちに懲戒の裁判ができた。法律や官吏に対する批判を無条件かつ一方的に封じ込めようとしたのである。このように裁判官が懲戒権を行使する体制は、昭和24（1949）年6月10日制定の現行弁護士法が施行されるまで続いた。

(2) 懲戒事件

(ア) 星亨弁護人──長たらしい御談義は聞かずとも宜し[27]

　刑事弁護が始まった年の明治15（1882）年7月27日、刑事裁判の法廷で星亨弁護人が、裁判長荒木博臣の許可を得て参考人を尋問していた時のことである。立会検事橋本伴三郎が、治罪法には参考人を尋問できる規定がないとして尋問の中止を裁判長に求めた。これに対し、星が反駁したところ、検事は自説を述べ立てた。星は「長たらしい御談義は聞かずとも宜し」と検事の言うことを批判した。立腹した検事は、公判の中止と弁護人の言辞は不恭であり懲戒すべきであると申し立てた。裁判長は公判を中止し、同年8月7日、合議のうえ、星に対し、その事件の弁護人を免じる裁判をした。

　また、星は、新潟における政談演説が官吏を侮辱したものとして、明治17（1884）年12月18日、新潟軽罪裁判所で重禁錮6月罰金40円を言い渡され、代言人名簿から除名された。

(イ) 立川雲平弁護人──有罪とならば太陽は西より出でん[28]

　立川弁護人は、同じ頃、刑事裁判の法廷で「本件は無罪なること疑ふべからず。若し有罪とならば太陽は西より出でん」と言った。立会検事は、官吏の職務を侮辱したものであるとして起訴し、立川は、重禁錮1月罰金5円、代言停業3月を言い渡された[29]。

III　免許代言人の法律学研究と法律学校の設立

1　免許代言人の法律学研究

　明治時代前期において未開の代言人の道を切り拓いていった人たちに共通

27　奥平・前掲（注1）431頁。
28　奥平・前掲（注1）481頁。
29　立川雲平は、明治法律学校出身の免許代言人で、自由民権運動に取り組み、条約改正交渉に反対した。弁護士法制定後は弁護士となり、長野県から選出され衆議院議員を3期務め、国政でも活躍した。

の特徴は、フランス語や英語を学び欧米の法律書を読み、法律学の研究に極めて熱心で、真の勉強家であったことである。たとえば、大井憲太郎、渋川忠二郎、高橋一勝、増島六一郎の例をみてみよう。

なお、彼らのほかにも、法律学研究に熱心に取り組み、法律研究所を設け学生に法律学を教えながら、免許代言人として活躍した者は枚挙にいとまがない。

(1) 大井憲太郎

大井は、明治元（1868）年11月、神戸洋学校でフランス語や西洋事情を学び、同2年、箕作麟祥が開設した私塾共学社で学び、さらに大学南校で学んだ。その後、箕作の推奨で、生活のため、同4（1871）年11月、兵部省に出仕した。翌5（1872）年10月頃、箕作のあっせんで江藤司法卿からフランス法の翻訳を依頼され『仏国政典』を訳出した。[30]

『仏国政典』は、フランスが国家の権力を立法行政司法の三権に分け互いに分立均衡させ、国民の自由権利を保護する三権分立制をとっていることを明らかにしている。

大井は、続いて『仏国民撰議院選挙法』（共訳、明治7年）、『仏蘭西邑法』（同8年）、『仏蘭西州法』（同9年）、『仏国法律提要』（共訳、同年）、『仏国民撰議院規則』（同10年）、『仏国商工法鑑』（同年）、『仏国政法論』（共訳、同12年）など次々に翻訳した。これらは、政府諸機関がフランス法を知るための重要な資料となった。[31]

彼は、これらの訳業を通してフランス諸法に通じ、その精神である自由人権の思想まで会得しており、この当時、箕作と同様に群を抜いた法律家であった。彼は、すでに明治6（1873）年12月19日の「日新真事誌」において、いまだ政府要人の誰の念頭にもない憲法制定の必要性を主張している。[32]

30　司法省発行の大井憲太郎訳『仏国政典』は、ドラクルチー（Delacourti）著の憲法・行政法・民法・刑法・訴訟法の概説書を翻訳したものである。

31　中村吉三郎「大井憲太郎」（潮見俊隆編・日本の弁護士）20頁、平野義太郎『大井憲太郎』27～29頁。

Ⅲ　免許代言人の法律学研究と法律学校の設立

> 今我国に於て現に希望する所国憲にあり。夫れ国に憲法なきは国たるを得ず。假令野蛮の中に在て幸に国を維持するを得るも是れ啻に僥倖と云う可きのみ。未嘗て眞に一国の躰裁を具有すと云う可からず。我国維新以来大に面目を改むと雖も未だ国憲具備せざるに似たり。啻一大欠典ならず。

　明治7（1874）年1月、板垣退助、副島種臣らが民撰議院設立建白を左院に提出し、国会開設の時期をめぐり論争が生じたが、大井は早期開設を唱え「馬城台二郎」のペンネームを用い、「東京日日新聞」紙上で加藤弘之の「人民の無知無学の現在では時期尚早である」とする時期尚早論に敢然と挑み、熾烈な論争を繰り広げた。彼は、同8（1875）年5月、元老院法律取調局少書記官に抜擢されたが、1年にも満たないうちに同院議官陸奥宗光と対立し、同少書記官を辞任してしまった。同局には中江兆民もいたが、同じく辞任した。その後大井は二度と官に就くことはなかった。[33][34]

　しかし、大井は、加藤との論争を通じて一層法律学の研究を深め、人民の権利を伸張しその擁護を図るため代言人の必要性を感じていたから、明治10（1877）年1月、北畠道龍とともに「講法学社」を開設した。そこでは、大井・箕作・松田正久がフランス法を学生に教え、高木怡荘・牛場卓蔵がイギリス学を、北畠・小松済治がドイツ学を教えた。同11（1878）年、彼は講法学社を離れて新たに「明法学社」を開設し、学生にフランス法を教え指導した。[35]

　彼は、明治14（1881）年に免許代言人となり代言活動をするとともに、国会の早期開設のため自由民権運動を推進し、この運動から派生した自由民権裁判の弁護人として活躍した。そして、大阪事件では自ら裁判を受ける身と

32　家永三郎編『明治文学全集⑿（大井憲太郎ほか）』3頁。
33　平野・前掲（注31）35頁によれば、大井が人権擁護の書物普及のため出版社をつくったことについて、陸奥から戒告を受けたことが原因という。
34　平野・前掲（注31）36頁。
35　平野・前掲（注31）37頁。

65

第4章　免許代言人・代言人組合

なる（第11章 I 2参照）など彼の生涯は波乱続きであった[36]。法典論争では、断行派に属した。彼の進歩的な自由主義代言人としての闘志は、最後まで衰えることがなかった。

(2)　渋川忠二郎

渋川は、明治 7 (1874) 年、フランス人レオン・ジュリが校長の京都府の仏学校でフランス式教育を受けた。彼は、同 8 (1875) 年 3 月に上京し、中江兆民が元老院法律取調局を辞任して設けた「仏学塾」に入り、フランス語やフランスの政治・法律・歴史を学び、ルソーやモンテスキューの著書を読んだ。同年 7 月、大阪上等裁判所ができた際、裁判所書記となり、裁判所においてフランス人リップマン、次いでペイネによるフランス民法等の講義の通訳や講義録の筆記翻訳をした。

渋川の仏語理解力は仏語通訳人の中で最も卓越しその信頼は厚く、ペイネに代わって講義を担当するほどであった。彼のフランス法律学の考え方や知識はこの時一層深められた。

彼は、自由民権運動が高まっていた明治15 (1882) 年 3 月、法律学を教える「大阪法学舎」を設けた。翌16 (1883) 年 2 月に裁判所書記を辞め、同年 4 月、大阪に法律研究所「明法館」を設立し、裁判所書記の経験を活かして契約書・訴状答弁書・請願書等の作成、代言人の選定、訴訟の指導などを行った。同18 (1885) 年に自ら免許代言人となり、自由民権裁判の大阪事件の弁護人として活躍した[37]。翌19 (1886) 年11月、大阪法学舎の学生全員を引き連れて「関西法律学校」（現在の関西大学）の創立に参加した。

36　中村・前掲（注31）19頁以下に、大井の学問歴、フランス法制の翻訳上の貢献、国会早期開設論をもって加藤弘之の時期尚早論に挑み、法律研究所を開設、代言人として自由民権裁判の弁護に活躍し、民権派として政党運動に邁進、大阪事件で被告人となり入獄するなど波乱の生涯が紹介されている。平野・前掲（注31）37頁、朝日ジャーナル編『大井憲太郎』（福島新吾）3～7頁。

37　山中永之佑「渋川忠二郎」（潮見俊隆編・日本の弁護士）33頁以下に、渋川の学問歴、自由民権思想家中江兆民の指導を受けたこと、明法館・大阪法学舎の設立など後進の育成に貢献したこと、大阪事件裁判の弁護などで活躍したことについて紹介があり、大阪で活躍した明治の代言人を知ることができる。

(3) 高橋一勝

高橋は、明治6（1873）年、横浜の高島学校で英語を学んだ後、工部省測量司学校・外国語学校を経て、同8（1875）年、イギリス法系の東京開成学校に入学したが、同校は東京大学に合流し英法科となり、同12（1879）年7月に卒業した。自由主義精神をもつ高橋は、官吏の道ではなく率先して代言人となった。学士代言人の先駆者である。同輩の学士代言人である山下雄太郎や磯野計とともに「東京攻法館」を設立し、学生に邦語や英米語の原書による法律学の講義を行い、増島六一郎や大谷木備一郎も講師としてこれに協力した。[38]

彼は、明治14（1881）年6月1日、東京日報社長福地源一郎を相手とする名誉回復請求訴訟で東京代言人組合の代言人たちに推され、原告として訴訟を遂行した。さらに同18（1885）年7月に「英吉利法律学校」（現在の中央大学）の創立に参加した。

(4) 増島六一郎

増島は旧彦根藩士である。明治3（1870）年、山東義塾で英語を学んだ後、同5（1872）年外務省の外国語学校に入学し英語を学び、東京開成学校を経て東京大学でイギリス人教師のウイリアム・イー・グリスビー、ヘンリー・ティー・テリーやアメリカ帰りの井上良一などから英国法を学び、同12（1879）年7月に卒業し法学士となった。

明治13（1880）年12月、増島はイギリスに留学し、ミドル・テンプルで勉学に励みバリスターの称号を得た後、同17（1884）年6月に帰国した。翌18（1885）年7月、「英吉利法律学校」の創立に中心的な働きをした。彼は同校でイギリス契約法・治罪法・訴訟法などを学生に教え、また、国際弁護士協会の設立に力を尽くした。[39]

38　奥平・前掲（注1）291〜293頁。
39　利谷信義「増島六一郎」（潮見俊隆編・日本の弁護士）68頁以下に、増島の学問歴、英吉利法律学校の設立、同校における講義と法理論、代言人としての活動など詳しい紹介があり、代言人であり教育者であった増島を知るうえで益するところが多い。

2 法律学校の設立

　明治13（1880）年から同19（1886）年にかけて設立された私立の法律学校には、フランス法の流れを汲むものとイギリス法の流れを汲むものとがあるが、これらの法律学校の創立に多くの免許代言人が参加したことが注目される。[40]彼らの法学教育に対する意識は極めて高かった。わが国の法学教育に関する免許代言人の貢献は高く評価されている。

(1) フランス法系の法律学校

(ア) 東京法学社

　明治13（1880）年4月に創立され、免許代言人の伊藤修・金丸鉄が創立に参加した。翌14（1881）年5月に東京法学校となる。ボアソナードや司法省法学校の卒業生（司法官）がフランス法を教授した。同22（1889）年5月、東京仏学校と合流して和仏法律学校と改称した。和仏法律学校は、その後発展を遂げ現在の法政大学となった。

(イ) 明治法律学校

　明治14（1881）年1月に創立され、宮城浩蔵や岸本辰雄、免許代言人斉藤孝治が創立に加わった。宮城・岸本はのちに免許代言人となった。箕作麟祥・ボアソナードが名誉校員として協力した。フランス法学派の代表格であり、法典論争では、断行派の本拠地となった。明治法律学校は、その後発展を遂げ、日本有数の私立大学である現在の明治大学となった。

(ウ) 関西法律学校

　明治19（1886）年11月に創立され、大阪の代表的な免許代言人の渋川忠二郎・砂川雄峻が創立に加わった。フランス人法学者ボアソナードの教えを受けた井上操（大阪事件の裁判長）やフランス法に詳しい渋川が創立に参加していたから、フランス法系であったとみられる。このほか、児島惟謙も協力

40　私立法律学校の創立に多くの免許代言人が参加したことについては、髙梨公之「五大法律学校の創立と代言人たち」自由と正義26巻8号21頁以下に詳しい。古賀正義「日本弁護士史の基本的諸問題」（古賀正義編・弁護士の業務・経営）56頁。

した。関西屈指の私立大学である現在の関西大学である。
　(2)　**イギリス法系の法律学校**
　　(ア)　**専修学校**

　明治13（1880）年9月に創立され、ハーバード大学出身の目賀田種太郎、コロンビア大学出身の相馬永胤が創立に参加した。いずれも司法省付属代言人である。免許代言人の高橋一勝や山下雄太郎も加わった。専修学校は免許代言人を中心にして発足し、英米法を中心に学生に教授した。専修学校は、その後発展を遂げ、現在の専修大学となった。
　　(イ)　**東京専門学校**

　明治15（1882）年10月に創立され、代表的な免許代言人の鳩山和夫や岡山兼吉、山田喜之助、砂川雄峻が創立に加わった。彼らが同校の法科の基礎をつくり、イギリス法を中心に研究教授を行った。わが国私立大学の雄である現在の早稲田大学である。
　　(ウ)　**英吉利法律学校**

　明治18（1885）年7月に創立され、免許代言人の増島六一郎や高橋一勝、岡山兼吉、山田喜之助、渋谷慥爾、磯部訽、元田肇が参加し、のちに免許代言人として活躍する菊池武夫、岡村輝彦、江木衷らも創立に加わった。このように、英吉利法律学校（のち東京法学院と改称）は、免許代言人が創立した法律学校といってよい。法典論争では、延期派の本拠地となった。創立以来多数のすぐれた法律家を世に輩出し続けている現在の中央大学である。

3　法律学校による貢献

　免許代言人は、これらの法律学校で教壇に立ち、学生に対し熱心に法学教育を行った。これらの法律学校がわが国における法律学の普及に果たした貢献には、極めて大きいものがあった。岩田新は、法律学校の貢献に関して、以下のように述べている。[41]

41　岩田新『日本民法史』193頁。

> 之等の私立学校は、その後益々隆盛に赴き、非常に多数の学生を包擁した。此に挙げた四校[42]は、後に出来た日本法律学校と共に、世に五大法律学校と称せられたものであり、吾が国法律思想の普及に貢献したこと、到底官学の及ばざるところである。何れも明治の末に、専門学校令によって大学と改称したが、大正に至って、新大学令による私立大学となった。明治大学、法政大学、中央大学、早稲田大学及び日本大学である。

明治23（1890）年と同25（1892）年に起きた法典論争は、イギリス法系の法律学校であるか、フランス法系の法律学校であるかにより、延期派と断行派に分かれて大論争となった（これについては、「法典論争と免許代言人」として第12章で取り上げる）。

(1) 現在の弁護士・弁護士会との関係

明治9年に今日の弁護士の起源である免許代言人が生まれた。免許代言人になるためには、原則として法曹養成機関である法律研究所や法律学校（のちの大学）で法律学を学び、代言人試験に合格する必要があった。現在、弁護士になるためには、法曹養成機関である法科大学院で法律学を学び（あるいは予備試験に合格したうえで）司法試験に合格する必要があり、さらに司法修習がある。法学教育や試験の内容はもちろん異なるが、法曹を養成し世に送り出すシステムとしては共通のものがある。

また、明治13年に現在の弁護士会の起源である代言人組合が誕生した。代言人組合には、すべての免許代言人が加入しなければならなかった。これは現在の弁護士会もすべての弁護士が加入しなければならないとされているのと同様である。いずれも加入強制主義がとられている。代言人組合は、検事の監督下におかれ組合の自治は認められていなかったが、現在の弁護士会は完全な弁護士自治が認められているところに、決定的な違いがある。

---

42 「此に挙げた四校」とは、当時の明治法律学校、和仏法律学校、東京法学院、東京専門学校のことを指している。

(2) **法律学校と大学・法科大学院**

　法律学校や大学・法科大学院は、法曹のほか多様な人材を世に送り出している。法律学校で学んだ後、官庁、実業界、教育界、新聞社、政界等で活躍した者は多い。それと同じように、現在、大学の法学部や法科大学院で法律学を体系的に学んだ多くの者が、官庁、実業界、教育界、新聞社、出版社等に入り、それぞれ特定分野の実務教育訓練を受け、官庁では法令・条例案の立案、会社では総務部・法務部で社内規則の立案、約款や契約書等の作成、法的な対外交渉等を行い、新聞社、出版社では報道、編集、営業、法律専門書の出版など、それぞれの専門分野で活躍しており、法治国家を支える重要な役割を果たしているのである。

第5章　弁護士・弁護士会

▶ 本章の概要 ◀

　明治憲法が発布され、裁判所構成法・民事訴訟法・刑事訴訟法が制定された。それとの関連で立憲治下にふさわしい新しい弁護士法制の定立が必要となり、政府は弁護士法案を3回にわたって議会に提出した。衆議院議員である免許代言人らは、3回目の弁護士法案のうち官僚的発想による規制部分を大幅に削除修正し、明治26（1893）年3月、ようやく「弁護士法」を成立させた。

　新しく成立した弁護士法は、議会で免許代言人議員らが自らその内容を審議した民主的な手続によるものである。この法律により、弁護士という職名が生まれた。ここでは、議会における審議の模様と、成立した弁護士法の内容をみてみよう。

I　議会における免許代言人議員の活躍

1　明治23年弁護士法案

　明治22（1889）年2月11日に発布された明治憲法は、「裁判所の構成は法律を以て之を定める」（57条2項）と規定していたので、これを受けて翌23年2月に裁判所を新しく体系化した「裁判所構成法」が公布された。同年4月に「民事訴訟法」、10月に「刑事訴訟法」が公布された。

　裁判所構成法には弁護士、刑事訴訟法には弁護人という言葉が使われてお

り、これらの法律との関連で、政府は、明治23（1890）年11月に開会された第1議会に弁護士法案を提出した。

これまでの改正代言人規則は、免許代言人の職務区域について1通の免許状で大審院および諸裁判所において代言することができたが、この弁護士法案は、弁護士に大審院所属弁護士・控訴院所属弁護士・地方裁判所所属弁護士という階級を設け、大審院所属弁護士は全国いずれの裁判所でも職務を行うことができるが、控訴院所属弁護士はその控訴院とその管区内の地方裁判所で職務を行うことができ、地方裁判所所属弁護士はその地方裁判所と管内の区裁判所で職務を行うことができると定め、職務区域を制限していた。

改正代言人規則では、免許料は毎年10円を納めることになっていたが、この弁護士法案では、大審院においては金500円、控訴院では金300円、地方裁判所では金100円を納めるものとし、さらに保証金について大審院所属弁護士は金200円、控訴院所属弁護士は金150円、地方裁判所所属弁護士は金100円を預託するというもので、あまりにも高額の免許料・保証金を定めていた。このような階級的職務区域制限、高額の免許料・保証金を定めることは、いずれも改正代言人規則より大幅に後退する内容であり、弁護士を規制しようとする官僚的発想の弁護士法案であった。

これを知った免許代言人たちは、合理的な理由がないとして猛烈な反対運動を行い、議員に反対を働きかけ、あるいは免許代言人議員自身が別に弁護士法案を起草して議会に提出するなど猛反発した。法律学校で学んでいる学生たちも連合して、この法案は後進の進路の障害になると反対した。

衆議院は、階級的職域制限条項、免許料・保証金条項を削除し、貴族院もまた階級を設けることに反対した。重要条項が削除されたため政府はこれを撤回した。

1　明治23年の弁護士法案は　日本弁護士連合会『日本弁護士沿革史』47頁以下に掲載されている。この法案は、司法次官箕作麟祥がフランス法に倣って起草したといわれる。明治23（1890）年12月4日第1議会の衆議院において、中島信行議長が弁護士法案について、司法次官箕作麟祥が内閣委員として出席することになったと報告している。

73

政府は、同法案に多少の修正を行い、明治24（1891）年11月に開かれた第2議会に再提出したが、衆議院が解散されたため廃案となった。

2 明治25年弁護士法案

政府は、明治25（1892）年12月、3回目の弁護士法案を第4議会の衆議院に提出した。政府委員で司法次官の清浦圭吾は、議場において法案提出理由を次のように説明した。

> 現行代言人規則は、明治23年に司法省布達を以て制定された[3]。その後不足するところは、達や訓令、あるいは布達などで多少の増補をしたが、古い家に修繕を加えたようなもので、代言人を支配する規則としては間に合わせであり、今日以後の弁護士を支配する規則としては不完全であり、その規則のなかには他の法律と調和を欠いている箇条もあり、現在および将来の人文の程度と相容れないおそれも少なくない。既に本院議員の元田君ほか数名より弁護士法案が提出されたと承った。現行の規則のままに放置しておけないことは、賢明な諸君においてもまた必ず認められると信じて疑わない。弁護士法案は、司法機関の一つであり、名誉の華を翳（かざ）すところのものであり、また法廷において重要の職務を行うところのものである。貴重な我われの生命、財産、自由、名誉、これらの権利は実に弁護士に保護され、その安固なことがその発達を得る次第である。これ故に弁護士たる者は、学識経験ともに具備し、品行方正で社会より信用と敬愛を受ける人物でなければならぬ。現今の代言人規則は、これらの目的を達するには甚だ不十分である。それ故弁護士法案を提出するものである。

3 衆議院の審議

政府が衆議院に提出した弁護士法案について、第1読会で免許代言人の藤

---

2 日本弁護士連合会・前掲（注1）53～54頁、日本弁護士連合会調査室編『条解弁護士法』4頁。
3 『帝国議会衆議院議事速記録5』12頁の議事速記録には「現行代言人規則は、明治23年に司法省布達を以て制定された」とあるが、現行代言人規則とは「改正代言人規則」のことであり、これは明治13（1880）年に制定された。明治23年というのは、明治13年のことであろう。

I 議会における免許代言人議員の活躍

野政高議員[4]は、この弁護士法案を調査するため、議長の指名する委員からなる特別委員会を設けるよう動議を提出した。

星議長は、これを議場に諮ったところ、賛成多数で可決されたので、弁護士法案は特別委員会において審議されることになった。[5]

議長は、特別委員として、免許代言人の議員鳩山和夫・元田肇・宮城浩蔵・大岡育造・丸山名政・渡邊又三郎・小笠原貞信・三崎亀之助らを選任した。鳩山を委員長とし、丸山を理事とした。

特別委員会は、政府案の弁護士の職域を所属の大審院・控訴院・地方裁判所にそれぞれ制限した条項を削除した。高額の登録料・保証金の条項も削除した。訟庭において現行の法律を誹議すること、訟庭において官吏に対し不敬の所業を為すことを禁ずる条項もはずした。その他の条項にも多くの削除修正を行った。これらの結果は、丸山理事から第1読会の続会に報告され、丸山理事と清浦政府委員の説明に対する質疑応答が行われたのち第2読会にまわされた。

明治25（1892）年12月14日・15日の両日、第2読会が開かれ、逐条審議が行われた。14日の審議の模様の一部を示すと、次のとおりである。[6]

〈弁護士法案（政府提出）　第2読会〉

議長（星亨）　是より本日の議事日程の第2に移ります。即ち、弁護士法案第2読会――是は朗読を省きます――是より本案の逐条審議に掛かります。
第1条を会議に掛けます。
（異議なしと呼ぶ者あり又修正案の通りと呼ぶ者あり）
議長　　　　　第1条には修正案がない。

4　藤野政高は、免許代言人で松山自由党の指導者、愛媛県選出の衆議院議員である。第1議会から第3議会まで3期務めた。同県選出の衆議院議員で免許代言人高須峯造は、立憲改進党のリーダーで藤野とは競争関係にあったが、明治25（1892）年12月、藤野・高須は連名で「裁判所管轄区域変更法律案」を衆議院に提出している。
5　『帝国議会衆議院議事速記録5』13頁。
6　『帝国議会衆議院議事速記録5』268頁以下。

第5章　弁護士・弁護士会

	（異議なしと呼ぶ者あり）
議長	修正がありますな。
村松亀一郎[7]	修正があります。但書に加はって居ります。
議長	然れば此修正に就いて決を採りますが、修正に就いて別に御議論がなければ修正通り可決したものと見ます。
	（異議なしと呼ぶ者あり）
議長	然らば修正通り可決致しました。第2条を会議に掛けます。
村松亀一郎	第2条修正の通り。
議長	第2条にも修正があるですな。「成年以上」と云ふ。
	（修正の通り異議なし異議なしと呼ぶ者あり）
議長	然らば修正の通り可決致しましたものと認めます。第3条を会議に掛けます。
長谷川泰[8]	第3条に就いて修正の動議を申込んで置きました。
議長	43番此方へ来て。
	（長谷川泰君演壇に登る）
長谷川泰	諸君、本員は此弁護士法案の第3条に就きまして修正の動議を提出致しましたのであります。で其修正は斯の如く致したいと考へます。 第3条　第2条第1項の要件に適し第5条に触れさる者は何人と雖も弁護士試験に応することを得。 第2は斯くの如き箇条を設けたいと考へますのであります。 試験は第1回に於て法律に関する学識を試験し第2回に於て実務を試験す。 第3に斯の如き箇条を設けたいと考へます。 試験は毎年1回之を施行するものとす。 それから第4条は少しく此の原案の字句を修正致しまして試験手続及ひ実務演習に関する規則は司法大臣之を定む。 斯の如く修正を致したい精神でありまする。

7　村松亀一郎は、免許代言人で、仙台市会議長・宮城県会議長を務め、宮城県第1区から衆議院議員に選出され9期にわたり国政で活躍した。
8　長谷川泰は、新潟県第5区選出の自由党に所属する衆議院議員で3期務めた。

この長谷川修正説は、討議の結果、賛成少数で否決され、特別委員会の案が賛成多数で承認された。

> 議長　　　　　（第4条に関連して）小西君のはどう云ふ字を容れるのですか。
> 小西甚之助[9]　「判事検事たる資格を有するもの又は弁護士にして其請求に因り弁護士名簿の登録を取消されたるものは」と……
> 議長　　　　　そうすると五字をいれるのですか――宜しうございます――決を採りませう。
> 　　　　　　　4条の第1の方には委員の修正がありますし、今又修正もあるやうでございますが、決を採らぬで「修めたる」として仕舞ったらどうですか。
> 　　　　　　　（異議なし異議なしの声起る）
> 議長　　　　　それではそうしませう。其方が宜しいやうだ（笑声起る）。

　明治25（1892）年12月15日、衆議院で、引き続き弁護士法案の第2読会の続きが行われた。ここでは、第7条から逐条審議が始まった。政府案には弁護士の職域を制限する12条・13条があったが、特別委員会はこれを削除していた。これについて審議した時の状況を示すと、次のとおりである。[10]

　政府委員清浦奎吾は審議に出席して、弁護士の職域を制限する理由を、次のように説明した。「流行る代言人は手持事件が多く東奔西走し、何日よりどこの地方に出張するため、開廷日に出廷できないと届出るなど手が回りかねて民事・刑事の訴訟遅延の原因となっている。司法大臣は、司法行政の監督上裁判所において訴訟が延滞しないように裁判所に向かって注意を与えると同時に他の訴訟遅延の原因があれば、これを防ぐ方法を講じなければならない義務がある。監督の上からも代言人は地方裁判所の所属となっているから、それが東奔西走するということであれば自然監督も行き届かなくなる。監督は厳粛に行わんとすれば、職域を制限する必要がある」。これがその趣

9　小西甚之助は、香川県会議長を務め、同県第2区から選出された衆議院議員で3期務めた。
10　『帝国議会衆議院議事速記録5』283頁以下。

旨である。

　これに対して、特別委員会の鳩山和夫委員長は、政府委員に反論して、職域制限条項を削除した理由を次のように説明した。「民事訴訟法は合意をもって期日を変更できることを認めており、裁判所は何でもかんでも事件がくればそれを執らまえて裁判をしてしまわなければならぬという昔の主義は捨ててしまって、合意で変更できる原則をとった以上は事務延滞の理由とすることはできない。刑事では被告人は弁護人がいないときは、無罪の証拠立てをなし得る場合であっても、冤罪に服する場合が多い。弁護士が関係すると、被告人に利益な証拠を挙げることに務める。それがためその日に証人を呼び出すということを許さない。48時間経なければ2回目の開廷はできぬというところから延引するのである。政府委員のいうように弁護士が東奔西走するために、民刑ともに訴訟事件が延滞するという証拠立ては事実上・司法上においても、政府委員はこれを為しておらぬ」。

　鳩山委員長はこのように述べ、職域制限条項は特別委員会で十分審議した結果、削除することになったと報告した。

> 議長（星亨）　決を採ります。委員は第12条第13条を削除してありますが、別に御異議がありませぬければ委員の削除した通り致します。
> 　　　　　　　（異議なし異議なしと呼ぶ者あり）
> 議長　　　　　然らば委員の削除した通り第12条第13条は削除されました。

　このように衆議院の第2読会は、特別委員会の案のとおり、削除と決定した。続いて、第14条以下の審議に入った。

> 議長　　　　　是より14条——是は別に修正もありませぬが、原案通りで宜しうございますか。
> 　　　　　　　（異議なしと呼ぶ者あり）
> 議長　　　　　然らば原案通り極まりました。第15条——是は少し修正があります。

	（修正通り異議なしと呼ぶ者あり）
議長	修正通り、異議がなければ即ち修正通り決します。
	（異議なしと呼ぶ者あり）
議長	然らば修正通りに決しました。第16条
	（修正の如く異議なしと呼ぶ者あり）
議長	委員会の修正通りで異議がありませぬか。
	（異議なしと呼ぶ者あり）
議長	然らば委員会の修正通り。第17条
	（原案の通り異議なしと呼ぶ者あり）
議長	然らば原案の通り決しました。第18条――是は委員会で削除になって居る。
	（異議なしと呼ぶ者あり）
議長	18条は委員会の通り削除になって宜しうございますか。
	（異議なしと呼ぶ者あり）
議長	すると原案は否決になった。第19条――別に御議論もございませぬか。
	（異議なしと呼ぶ者あり）
議長	然らば是も原案は否決即ち削除になった訳。第20条
	（修正の如く異議なしと呼ぶ者あり）
議長	然らば修正の通りに決します。

　衆議院では、特別委員会が削除・修正した法案を第2読会でさらに逐条審議し、特別委員会の修正・削除を承認し、あるいは自ら修正を行った後、第3読会にまわした。明治25（1892）年12月16日に開催された第3読会の審議では、廃案にすべきであるという意見も出たが、議長が「大体の決を採ろうと考へます。然らば本案の即ち委員会に於て――第2読会に於て修正せられた案に、賛成の方は起立なすって下さい」と議場に諮り、起立多数で弁護士法案は可決された[11]。

11　『帝国議会衆議院議事速記録5』308頁。

第5章　弁護士・弁護士会

4　両院協議会

衆議院は、削除・修正のうえ可決した同法案を貴族院に送付した。貴族院はさらに修正を行って衆議院に回付したが、衆議院は、明治26（1893）年2月21日、貴族院の修正の中には政府案に戻すようなものがあったので不同意の決議をした。そこで、両院協議会を開き意見の異なった事項の調整を行い成案を得たので、両院に報告了承され「弁護士法」が成立し、同年3月4日法律第7号として公布、5月1日より施行された。

5　免許代言人議員の審議参加

弁護士法は、多くの免許代言人議員が政府案を逐条的に審議し削除修正を行った。貴族院でも削除修正を行ったから、議会で重要な修正を受けて弁護士法（以下、現行弁護士法からみて「旧々弁護士法」という）は成立した。代言人規則は、司法省が定めて一方的に施行したものであるが、弁護士法は、免許代言人議員が直接審議に参加し制定に関与した民主的な手続を経たものである。弁護士法は、その後若干の改正があったが、昭和8（1933）年5月に大幅に改正した弁護士法が制定されるまで、40年余りの長きにわたり弁護士および弁護士会を規律することになった。

II　明治26年弁護士法

弁護士法は、全文38条からなっている。第1章「弁護士の資格及職務」、第2章「弁護士名簿」、第3章「弁護士の権利義務」、第4章「弁護士会」、第5章「懲戒」、附則という構成になっている。

1　弁護士──新しい職名

(1)　弁護士名簿に登録

免許代言人は、旧々弁護士法附則により、同法施行の日より60日以内に弁

護士名簿に登録すれば、試験を要せず弁護士になることができた（35条）。これまで全国各地で人民の自由と民権の伸張のために力を尽くしてきた免許代言人は、弁護士法により新しい職名をもった「弁護士」としてスタートした。

今日の弁護士の職名は、ここに正式に始まったのである。

弁護士は、各地方裁判所に備え置かれた弁護士名簿にその氏名を登録し、登録した弁護士はその地方裁判所の所属となった（旧々弁護士法8条）。刑事訴訟法は、重罪事件などにつき被告人が弁護人を選任しないときは、裁判所は検事の申立てまたは職権をもって弁護人を付すことができる（179条の2第1項）と定めていたから、裁判長はその裁判所所属の弁護士の中から国選弁護人を選任した（同条2項）。

弁護士登録手数料は、明治23年法案に比べて大幅に減額され、20円となった（旧々弁護士法10条1項）。このため弁護士になろうとする者の経済的負担は軽くなり、門戸が広く開放された。いかなる階層の人々であっても、弁護士試験に合格すれば、弁護士になることができる。他の地方裁判所に登録換えをするときの手数料も20円であった（同条2項）。

(2) **弁護士試験**

新たに弁護士になろうとする者は、弁護士試験に合格しなければならない（旧々弁護士法2条第2）。

弁護士試験に関する政府案は、第1回は学識を試験し、第2回は実務を試験するというものであった。しかし、衆議院は別の試験を行うことに反対してこの条項を削除し、「弁護士試験に関する規則は司法大臣之を定む」（旧々弁護士法3条）とした。

旧々弁護士法3条を受けて「弁護士試験規則」（明治26年5月12日司法省令第9号）が制定された。「弁護士試験は毎年1回これを行ふ」（1条）とされ、試験は1回、筆記と口述で、筆記試験は民法・商法・刑法・民事訴訟法・刑事訴訟法の各科目、口述試験は民法・商法・刑法・民事訴訟法・刑事訴訟法のうち、少なくとも3科目につき施行する（8条）とされた。筆記試験は各

控訴院で行われ（便宜により地方裁判所において行うこともある）、口述試験は司法省で行われる（9条）。

試験委員長および委員は、判事検事司法省高等官の中より試験挙行ごとに司法大臣が任命する（弁護士試験規則2条）と定めていた。試験委員の中に弁護士は含まれていない。後輩となる者の選抜に弁護士は関与できなかったのである。明治20年代には判検事を凌ぐ学識を有する弁護士がかなりいたにもかかわらず、官吏のみを試験委員にしたのは、依然として官尊民卑の風潮が強く、弁護士を軽くみていたためである。

旧々弁護士法施行直後の明治26年当時の受験者数は、537人であった。[12] 彼らは法律学校で教育を受けた者が多かった。明治35年頃になると、受験者数は1000人以上となり、受験生中より筆記試験で70〜80名が合格し、口述試験で合格したのは50〜60名であった。[13] 合格するためには相当の勉強を必要とし、筆記試験・口述試験で精選された者が最終合格者となった。

弁護士試験は、このように最終合格者に資格を与えるという資格試験であったが、試験を要せず弁護士になることができる例外を認めていた。それは、判事検事たる資格を有する者、または弁護士にしてその請求により登録を取り消した者（旧々弁護士法4条第1）、法律学を修めた法学博士、帝国大学法律科卒業生、旧東京大学法学部卒業生、司法省旧法学校正則部卒業生および司法官試補たりし者（旧々弁護士法4条第2）である。これらの者は、弁護士としての能力を有していると解されたのである。試験を受けて弁護士になった者は、このような広範囲な特例を認めることに反対であった。これら無試験弁護士がいることが派閥を生む一因にもなった。

(3) 統一試験

弁護士試験は弁護士だけのものであり、判事検事は別の登用試験が行われていた。その後、大正12（1923）年3月に弁護士試験と判事検事登用試験が統合されて高等文官司法科試験となり、弁護士をめざす者も判事検事と同じ

12　岩手弁護士会『岩手の弁護士』31頁。
13　愛媛弁護士会『愛媛弁護士会史』46頁。

司法科試験を受けることになった。試験制度において判事検事と平等になったのである。司法科試験に合格した後、弁護士になるためには、さらに1年6カ月間弁護士試補として実務修習をし、考試に合格することが必要であった。一方判事検事になる者は、司法官試補として実務修習する必要があった。修習期間は、弁護士試補と司法官試補は同じであるが、弁護士試補は弁護士関係の修習であり、判事検事関係の修習はなく、司法官試補は裁判所、検事局において修習をするもので、弁護士関係の修習はなかった。弁護士試補の修習は、弁護士会が担当し弁護士事務所で実務修習をしたが、無給でありその生活は苦しかったという。これに対し、司法官試補は有給であった。このような二元的修習制度は、戦後、司法研修所が設立されるまで続いたのである。

戦後、弁護士、裁判官、検察官になろうとする者は司法試験に合格した後、司法研修所で統一した司法修習を受けいわゆる2回試験に合格すれば、弁護士、裁判官、検察官のいずれかの道に進むことができるようになった。統一試験・統一修習は現在も引き継がれている。こうして弁護士、裁判官、検察官の同質性が確保され、法曹一元制度の基礎が確立したのである。

2 弁護士の職務

(1) 訴訟行為

旧々弁護士法は、「弁護士は当事者の委任を受け又は裁判所の命令に従ひ通常裁判所に於て法律に定めたる職務を行ふものとす」（1条）と定めていた。ただし、「特別法に因り特別裁判所に於て其の職務を行ふ」ことは妨げない（同条但書）。通常裁判所というのは、区裁判所・地方裁判所・控訴院・大審院のことであり、特別裁判所というのは、行政裁判所・軍法会議である。

弁護士は、裁判所において法律の定めた職務を行うとされているのは、当時弁護士の職務は、裁判所で「訴訟行為」を行うことと観念されていたからである。しかし、これは裁判所外の法律事務を行うことを禁じるものではな

く、示談交渉、法律鑑定、契約書の作成なども行っていたから、弁護士の職務は、事実上法律事務の全般に及んでいた。

弁護士の職務が、法律上、裁判所における「訴訟行為」のほか「一般の法律事務」を行うことまで拡大されたのは、昭和8（1933）年の弁護士法（以下、「旧弁護士法」という）からである。

弁護士法案にあった職務制限はほとんど削除されたが、大審院で職務を行うためには、弁護士登録後3年を経過しなければならない（12条）という制限規定が残っていた。これに対する弁護士の反対は強かったから、帝国議会は12条を削除し（明治33年2月23日法律第16号）、弁護士は登録後直ちに大審院でも職務を行うことができるとした。

弁護士は、弁護士会に加入した後でなければ職務を行うことができない（旧々弁護士法24条）。この「加入強制主義」は改正代言人規則のそれを踏襲したものであるが、弁護士会を通して弁護士を監督統制しようとしたものでもあった。

(2) 弁護士の職務に対する認識

旧々弁護士法施行後に弁護士になった者は、自分の職務をどのように考えていたのであろうか。明治35（1902）年7月に弁護士登録をした好野藤馬弁護士は、海南新聞に「弁護士」と題する論文を寄せ、次のように述べている。[14]

> 弁護士は、法律に関する万般の事務を取扱ふことを職として居るものであるが、併しながら其職務たるや決して営利的、商業的のものではなく、全く公共的義侠的の性質を帯び、正善は之を扶け、邪悪は之を懲らし、伸ふべき権利は之を伸べしめ、享くべからざる冤罪は之を免れしむることが即ち弁護士の天賦であって、恰も古昔伊達姿の撥鬢（ばちびんやっこ）奴が義の為理の為めには水火の中をも厭わず身を投じて弱きを助け強気を挫きたると同じ役目を持って居るものである。故に吾輩の事務所では、疾くより貧困者に対しては無報酬を以て訴訟の代理及び刑事弁護を担当することの規則を定めてあるのである。

14　愛媛弁護士会・前掲（注13）46頁。

これが当時の平均的な弁護士の考えである。彼らは、公共的義侠的精神をもって弁護士の職務を行い、貧しい者には無報酬で民事代理や刑事弁護を行っていたのである。

3 弁護士会

(1) 弁護士会の設立

旧々弁護士法は、「弁護士はその所属の地方裁判所毎に弁護士会を設立すべし」(18条) と定めていた。これにより、各地の代言人組合は、明治26 (1893) 年4月中に解散し、5月から各地の弁護士は順次地方裁判所ごとに弁護士会を設立していった。各地の弁護士会は、それぞれ会則を制定した。この会則は、検事正を通して司法大臣の認可を受けることを要した (23条1項)。そして、弁護士は所属弁護士会の会則を遵守しなければならない (23条2項) と定められていた。

(2) 弁護士会の役員

弁護士会には、会長をおく。また、副会長をおくことができる (旧々弁護士法20条)。弁護士会は、便宜により常議員をおくことができる (同法22条) と定められていた。どの弁護士会でも正副会長と常議員がおかれ、重要事項は常議員会にかけて決められていた。

(3) 弁護士会の監督

改正代言人規則の下では、検事が代言人組合の監督をしていたが、旧々弁護士法では、監督者を地方裁判所検事正に変更した。弁護士会は、所属地方裁判所検事正の監督を受け (19条)、会長副会長常議員選挙の結果、総会および常議員会開会の日時場所議題は弁護士会より、これを検事正に届け出なければならず (27条)、弁護士会の会議で法律命令・弁護士会会則に違うものがあるときは、司法大臣はその議決を無効とし、またはその議事を停止することができる (30条) と定めていた。

検事正は、弁護士会の会場に臨席することができ、また会議の結果を報告させることができた (旧々弁護士法29条)。代言人組合の時代において、中央

の組合では役員選挙のたびに騒動が起きたが、それは弁護士会になっても同様であった。代言人組合・弁護士会がもっているこのような体質が、検事正を監督者とする要因にもなっていた。規模の大きい弁護士会の総会において役員選挙で紛糾したとき、別室に控えていた検事正が扉を開け静かに総会場に入ってきて、「弁護士会は本職の監督下にある。弁護士にして品位を傷つけ暴力を振うような行動があれば、いつでも本官は本来の職権を行使する用意がある」と一喝して静かにさせた。これに対し、地方の代言人組合や弁護士会の会員は比較的少なかったから、役員は交代で務めていて騒動が起きることもなく平穏であった。そのため地方の弁護士会では、検事正の監督は名目的なものであった。[16]

(4) 弁護士会長懲戒事件

明治37（1904）年、旧々弁護士法27条・30条に関係する事件が浦和弁護士会で起きた。[17] 同年4月3日に開催された浦和弁護士会通常総会において予定の議事が終了したのち、緊急動議が出され、浦和地方裁判所刑事部長判事古川五郎に対し公判審理の方法につき反省を求める旨決議をした。会長と常議員は、黒田浦和地方裁判所長に面会して具体的に反省を求める理由を述べ、検事正に決議書を届け出たが、これが新聞雑誌に掲載され公になった。検事正は決議を取り消すよう圧力をかけたが、弁護士会はこれを拒否した。すると波多野敬直司法大臣は、5月3日、浦和弁護士会の決議を無効とすると宣言した。浦和地方裁判所検事正に議題を届け出ず議決したという理由である。

これがきっかけで、富倉勇三郎検事正は、磯部康輔弁護士会長を旧々弁護士法27条に違反するとして東京控訴院における懲戒裁判所に懲戒裁判の申立てをした。

15　「弁護士制度百年の歩み」自由と正義26巻8号50頁の小林俊三の談、大野正男「職業史としての弁護士および弁護士団体の歴史」（大野正男編・弁護士の団体（講座現代の弁護士(2)））71頁。

16　香川県弁護士会『香川県弁護士会百年史』41頁。

17　弁護士会長懲戒事件については、高橋修「弁護士の職業倫理の具体的検討」（石井成一編・弁護士の使命・倫理（講座現代の弁護士(1)））229頁。

この事件は弁護士会全体の問題であったから、各弁護士会が一斉に沸き立ち、江木衷・磯部四郎・岸本辰雄・岡村輝彦など一流の弁護士がこの懲戒事件の弁護人となった。

　東京控訴院の懲戒裁判所は、磯部会長は当該総会で会長に選任されたが、会則により会務を掌理し会議の議長として議事を整理した事蹟がなく、届出をしない議題を議決した責任は磯部被告に帰することはできず懲戒しない、という判決を下した。

　当時の弁護士の気風は、在野精神が極めて旺盛で裁判官や検察官を目の仇にしてどこか欠点があればつつく、そういう気概があった。不当な訴訟指揮をする裁判官に対して、浦和弁護士会が反省を求める決議をしたように、各地の弁護士会も種々苦言を呈した。裁判官に対する栄転決議をして地方裁判所所長に提出したところもあった。[18]

(5) 弁護士会の議する事項

　弁護士会が議することができるのは、法律命令・弁護士会会則に規定した事項、司法大臣または裁判所より諮問した事項、司法上もしくは弁護士の利害に関し司法大臣または裁判所に建議する事項（旧々弁護士法28条）に限られていた。

　そのためこれら以外の事項についても自由に審議し、全国的に弁護士の地位向上と活動範囲を拡張することを目的として、明治30（1897）年2月15日、任意の全国的弁護士団体である「日本弁護士協会」が設立された。[19]この協会には、全国の多くの弁護士が参加した。同協会は、創設以来司法制度の改善と弁護士の地位向上のために積極的に活動し、人権侵害事件の調査を行い、録事（機関紙）に発表するなど社会的な影響力をもった。

　日本弁護士協会は、明治33（1900）年4月28・29日の総会で、弁護士会を自治体とする決議をするに至った。「弁護士は自ら治める力を有している。その団体を検事正が監督するのは不都合であり何ら理由がない。弁護士会を

18　香川県弁護士会・前掲（注16）41頁。
19　日本弁護士連合会・前掲（注1）75頁。

自治体とするため、現行弁護士法を改正すべきである」というのである[20]。また、法廷で被告人の人権を擁護するため検察官と闘う立場にある弁護士が、検事正の監督下にあり検事正が懲戒請求権をもつというのは矛盾している。日本弁護士協会や東京弁護士会の後押しにより、弁護士議員は衆議院に、弁護士会の自治、弁護士懲戒権は弁護士会がもつこと、弁護士の職務範囲の拡大、弁護士会の法人化、などの弁護士法改正案を提出したが、いずれも明治時代には成立するに至らなかった。

4 弁護士の懲戒

弁護士が弁護士法または弁護士会会則に違反する行為をしたとき、会長は常議員会または総会の決議により、懲戒を求めるため検事正に申告すべし（旧々弁護士法31条）と定められ、検事正は会長の申告によりまた職権をもって懲戒訴追を検事長に請求すべきであり（同条2項）、懲戒裁判は管轄控訴院において行う（同法32条）と定められていた。

懲戒罰は、譴責（旧々弁護士法33条第1）・100円以下の過料（同条第2）・1年以下の停職（同条第3）・除名（同条第4）の4種類である。懲戒処分については、判事懲戒法（明治23年8月21日法律第68号）の規定により、判事の懲戒裁判に準じて行われた（同法34条）。

(1) 法廷における弁護士

弁護士は、特に刑事事件において、被告人の権利を守る職務と使命を有しているから、法廷において検察官や裁判官と衝突することが多かった。検事の陳述や論告に対し、弁護人は厳しく批判し反論を加える。検事は感情的になり官吏侮辱だといきり立つ。弁護人は判事の不当な訴訟指揮に抗議する。判事は陳述を禁止する。弁護人は忌避申立てをする。判事は却下する。弁護人は憤然として退廷する。判検事は弁護人に対し、法廷の威厳を害し傲慢無礼であると言い、弁護人は判検事に対し、官に威を借りて職権を濫用する、

---

20 島田武夫「弁護士の歴史」自由と正義27巻7号88頁。

司法の重責を担う弁護人を軽視すると憤慨する。

　これらの衝突から、懲戒事件に発展することが少なくなかった。代表的な弁護士今村力三郎、花井卓蔵、原嘉道でさえ懲戒裁判にかけられたほどであったから、他は推して知るべしである。

(2) 今村力三郎弁護士懲戒事件

　今村は、在野法曹の任務は「一にも人権擁護、二にも人権擁護であり、これを離れて弁護士の任務はない」と言った。弁護士は名誉ある天職であり、その職業は「王侯宰相の地位より尊い」と考えていた。[21]

　彼は、明治元 (1868) 年に信州飯田に生まれた。美濃の土岐源氏の一族で戦国時代に飯田に落ち着いたが、一族は皆不屈の精神をもっていた。彼は、同19 (1886) 年3月に、東京控訴院判事の伴正臣家の書生となり、当時官学色の強かった専修学校で勉学中、先輩からまだ1年早いが度胸試しに受けてみないかとすすめられ、代言人試験を受け見事合格してしまった。彼は、1番の成績で卒業し、免許代言人の鈴木信仁事務所に入った。最初に担当したのが、山林盗伐事件で、無罪判決を勝ち取った。これが刑事弁護士の大家となるきっかけとなった。[22]

　今村懲戒事件は著名な事件であるから、ここでふれることにする。

　昭和6 (1931) 年官吏の汚職事件が3つ東京地方裁判所第6刑事部に係属した。裁判長は垂水克己判事であった。他の2件については延期申請により公判期日が延期された。今村弁護人が担当する事件についても、準備の都合上延期申請をしたところ不許可となった。

　そこで、同年6月22日に開かれた公判廷で、今村は、「この3事件は将来併合されるか」、「本件被告人は2個の判決を受けることがあり得るか」など鋭い質問を次々に裁判長に浴びせかけた。裁判長は「いずれもあり得る」と答えた。今村は「併合罪に2個の判決をするというのは偏頗の裁判をする虞がある」と主張し、裁判長は「併合するかどうかは裁判所の職権に属し、2

21　森下澄雄「今村力三郎」（潮見俊隆編・日本の弁護士）124頁。
22　小林俊三『私の会った明治の名法曹物語』120頁以下。

個の判決をしたとしても直ちに偏頗とは言えない」と反駁し、双方譲らず論争の火花が散った。今村は承服せず、「裁判長は偏頗の裁判をする虞がある」と忌避の申立てをした。裁判長は、「訴訟遅延を目的とする不当な忌避申立てである」として却下した。今村は憤然として抗議の退廷をし、以後公判に出席しなかった。

垂水裁判長は、訴訟手続の進行を停止し訴訟を遅延させる目的で忌避の申立てをなし、弁護士法および第一東京弁護士会会則に違反したとして、東京控訴院検事長を通じて東京控訴院の懲戒裁判所に懲戒申立てをさせた。同懲戒裁判所は、今村に対し、譴責の懲戒処分をした。

彼は直ちに大審院に不服申立てをし、頑固一徹に自己の行為の正当性を主張した。この事件は、弁護士の職務にかかわる重大事件であるとして、岸清一・岩田宙造・卜部喜太郎・鹽谷恒太郎・有馬忠三郎・高窪喜八郎・中島松次郎・平松市蔵・島田武夫・伊勢勝蔵・宮城仁男など錚々たる弁護士が弁護人となり懸命に今村の弁護にあたった。

大審院は、昭和7（1932）年2月、忌避申立ては、訴訟を遅延させる目的でなく、申立て却下の決定を不当と確信し、弁護人として公判手続に立ち会わないのが正当と信じたことに相当の理由があり、職務の怠慢はない、として原判決を取り消し処罰せずとの判決を言い渡した。[23] 今村の退廷公判欠席行動は、正当なものと是認され逆転勝訴したのである。

彼が取り組んだのは、明治33（1900）年に起きた足尾銅山鉱毒事件、同38（1905）年の日比谷焼打事件、同43（1910）年幸徳事件等の難事件で、被告人の弁護のため全力を尽くした。

(3) 昭和8年の弁護士法の懲戒

弁護士・弁護士会・日本弁護士協会の大きな運動の結果、昭和8（1933）年5月1日、旧弁護士法が制定された。この旧弁護士法は、法律上の弁護士の職務を拡大し、婦人弁護士を認め、弁護士会を法人化するとともに、弁護

23　高橋・前掲（注17）238頁、柏木博「弁護士倫理の歴史的検討」自由と正義29巻1号17頁。

士会の監督者を検事正から司法大臣に変更した。懲戒については、弁護士が弁護士法または弁護士会会則に違反したときは、検事長は司法大臣の命により、またはその認可を受けて懲戒開始の申立てをなすべし（53条1項）と定め、さらに、弁護士会は会則の定めるところにより、懲戒を求めるため、司法大臣または検事長に申告をなすことを得（同条2項）と定めていた。懲戒裁判所、懲戒処分の種類、判事懲戒法の準用などについては、旧々弁護士法と変わらなかった。

弁護士・弁護士会・日本弁護士協会は、弁護士の懲戒は弁護士会が自ら行い、弁護士会を自治体にすべきであるという運動を続けたが、弁護士会が弁護士懲戒権をもつこと、弁護士会の自治への道のりは遠く、昭和24（1949）年の現行弁護士法を待たねばならなかった。

(4) 現行弁護士法の懲戒

現行弁護士法（昭和24年6月10日法律第205号）は、高度の弁護士自治を確立し、弁護士または弁護士法人の懲戒は、弁護士会および日本弁護士連合会が行うとしている。すなわち、弁護士または弁護士法人の懲戒は、所属弁護士会が行い（56条、58条）、その決定に対し懲戒申立人による異議申出または懲戒処分を受けた弁護士による審査請求があれば、日本弁護士連合会が審査を行い決定するのである（59条以下）。懲戒処分の種類は、①戒告、②2年以内の業務の停止、③退会命令、④除名である（57条）。

弁護士会および日本弁護士連合会は、弁護士法に基づいて弁護士または弁護士法人の懲戒を行っている。他方、日本弁護士連合会は、平成16（2004）年11月、「弁護士職務基本規程」を制定し、非行弁護士の出ないように弁護士の倫理研修に努めている。

---

24 柏木・前掲（注23）17頁。

第6章　免許代言人と言論弾圧との闘い

▶本章の概要◀

　政府は、自由民権運動の全国的な展開は政権を脅かすものと考え、これを抑え込むため讒謗律(ざんぼうりつ)・新聞紙条例・集会条例をつくり、言論・集会を弾圧し違反者を厳しく処罰する強硬策をとった。これに対し、民権家の中には講談師に転じ、聴衆に向かってフランス革命史などを講じ、自由思想を伝えるなど、さまざまな方法で政府に対抗する者が現れた。

　また、各地の免許代言人は、政断演説を盛んに行ったが、特に盛岡の免許代言人は数千人の聴衆を集め、拍手喝采は雷のごとく、といわれるほどの人気を集めた。

I　言論統制法

1　維新政府から薩長藩閥政府へ

　慶応4（1868）年3月の五箇条の誓文「広く会議を興し万機公論に決すべし」をもって出発した維新政府は、数々の封建的な禁制や制限を廃止する一方、文明開化政策を驚くほど積極的に推進し、国内は進取の精神に溢れ活気に満ちていた。

　ところが、明治6（1873）年10月の征韓論政変で、西郷隆盛、板垣退助ら有力参議が一斉に下野した頃から、岩倉具視・大久保利通・木戸孝允らの政府は薩長藩閥色を鮮明にした。薩長出でなければ政府要人になれず、官吏は

I 言論統制法

もっぱら閥族関係者や藩閥に従属する者を登用するという閉鎖的傾向となり、政策も独断専行が多くなったのである。

明治7（1874）年1月の「民撰議院設立建白」は、この状況を「政権の帰する所独り有司に帰す、政令百端、朝出暮改、賞罰愛憎に出づ、言路壅蔽、困苦告ぐるなし、因仍改めず恐らくは国家土崩の勢いを致さん」と評した。そして、これを「振救する道は天下の公議を張る民撰議院を立てるにあるのみ」と主張したのである。

藩閥政府はこの建白を無視したが、「日新真事誌」に掲載されて大きな反響をよび民撰議院設立論争を巻き起こし、これが発火点となり全国に民撰議院の早期開設を求める運動が燎原の火のごとく広がっていった。

政府は、この運動に強い危機感を抱き、これを弾圧するため、明治8（1875）年6月、天皇官吏等を讒毀・誹謗する者を処罰する「讒謗律」と、新聞雑誌による政府・法律批判を禁止し、違反者を罰する「新聞紙条例」を制定した。次いで、同年9月に「出版条例」を制定し、著作・翻訳書の検閲を行った。

政府は、これらの言論統制法に違反した者を容赦なく警察に逮捕させ、裁判にかけて厳しく処罰した。

2 集会結社言論の弾圧

新聞や出版物を通じて西洋並みの文化国家にしようとして活躍していたジャーナリスト・免許代言人・民権家らは、政府の言論弾圧立法により著しい規制を受け、違反者は容赦なく処罰された。当時の代表的なジャーナリスト末広重恭は東京曙新聞の編集長であったが、新聞紙条例違反で禁獄2月罰金20円に処せられ、朝野新聞の局長成島柳北、報知新聞の編集長栗本鋤雲や各地の新聞人らも多数処罰された。

> **コラム　反骨の新聞人**
>
> 政府を批判する記事を新聞に掲載した末広重恭や成島柳北は、新聞紙

93

> 条例違反に問われ鍛冶橋に新しくつくられた十字形2階建ての監獄に入れられた。2人のほかに27人の新聞記者や投稿者も同じ牢に入っていた。柳北の向かい側の牢獄にいたのが、横瀬文彦の「評論新聞」と加藤九郎の「采風」という新聞に属する15人の新聞記者たちである。彼らは罰金や投獄を恐れず、むしろ科された罰金額や投獄回数が多いことを誇りとしていた。これらの新聞社は、記者が投獄されると、同じ政治思想をもつ青年を次々に入社させ、政府を批判攻撃する評論を書き続けた。彼らの反骨の記者魂は実に見上げたものである。(伊藤整『近代日本の文学史』)

　ジャーナリスト・免許代言人・民権家らは、今度は演説会を開いて盛んに「政談演説」をするようになった。これは全国的に普及し、数百人から時には数千人に至るまで多数の聴衆が演説会に詰めかけ、いずれも大盛況であった。言論の力が社会に大きな影響をもち、世の中を動かすようになったのである。

　政府はこれを追うように、明治13（1880）年4月5日、「集会条例」（太政官布告第12号）を制定し、政治結社の警察署への届出と集会開催の認可制を定め、警察官に演説中止権と集会の解散権を与え、演説会を大幅に規制した。今日では考えられない驚くべき集会結社言論の自由の制限であった。

　政府は、明治15（1882）年6月3日には、さらに集会条例の改正を行い（太政官布告第27号）、集会結社言論の規制を一段と強化し罰則を拡大した。

　このような厳しい規制の下にあるにもかかわらず、紋付羽織袴姿の弁士は政談演説会で拳固を振り上げ鋭く正論を吐くと、聴衆は「ヒヤヒヤ」（賛成賛成）と歓声をあげ、政府の誤った政策を指摘したときは「ノーノー」（ナンセンス）というかけ声をかけるなど、どの演説会も大盛況であった。

　臨場警察官が演説中止と解散を命じたときは、聴衆は口笛を鳴らし、手を叩き、「理由を明らかにせよ、抗論せよ、馬鹿、犬」などと激しく野次った。彼らは会場を出て外で待ち伏せ、引き上げる警察官に石の礫を投げつけた。

3 民権家講談師の出現

　警察官にたびたび演説中止を命じられ、あるいは演説を禁止された民権家の中には、講談師に転じた者があった。伊藤痴遊（仁太郎）・奥宮健之・坂崎斌・岡野知荘などである。彼らは自由党員であるが、芸人の鑑札を得て講談師となり、自由と平等を語り、フランス革命史などを演じた。彼らは熱血民権家講談師であるから、いつも熱が入り政府攻撃をして大入りの客を沸かせた。ところが、警察は彼らの講談にまで干渉し、講談に託して政談を行ったとしてしばしば逮捕した。

　集会結社言論出版の自由が、国民の基本的人権として憲法上保障されている現代においては真に信じがたいことであるが、わが国の歴史的事実として明治13年以降の警察力を使った藩閥政府の集会結社言論の自由に対する極度の弾圧干渉は、とても正気の沙汰ではなかった。

　平沼騏一郎は、その回想録の中で、以下のように述べている。[1]

> 　藩閥政府は、薩摩と長州で随分横暴をした。他藩の者でも用いられた役人は、薩長閥に帰化し隷属していた。役人根性は、自由党・改進党など何ができるかというのであった。

　現代では三権分立制が確立しているが、この時代は、行政権と立法権が一体の状況にあり、行政府が自己の政策を実行するのに都合のよい立法を行い、支配下にある裁判所に裁判させていたから、人民の自由人権が頻繁に侵害される事件が起きたのである。

コラム　自由人になりたい

　明治14年11月、茨城県の水戸法学館の宮地茂平と栗村寛亮は、日本政府の支配を受けない自由人になりたいと主張し、茨城県を通して政府に

---

[1] 平沼騏一郎回顧録編纂委員会編『平沼騏一郎回顧録』35～36頁。

> 「脱管届」を出した。同月25日、水戸裁判所から宮地に対する回答があった。「改定律例により、凡そ制に違う者は、懲役100日を申付ける」であった。栗村については、刑を免れたとか、禁獄70日に処せられたとか諸説があって明らかでない。

Ⅱ 免許代言人の政談演説

1 立憲主義国家をめざして

　明治維新を経たとはいえ、成文憲法もなく民意を反映させる国会もなかった。藩閥政府の殖産興業・富国強兵政策により、人民の租税負担は重く、徴兵義務を課されるなど義務や犠牲が強調され、自由や権利は大きく制限されていた。

　明治7年から18年にかけて自由民権運動を担った人々は、彼らが「私擬憲法」で示していたように人民の自由権利を保障し、権力分立制をとり国会を開設することを内容とする憲法を制定し、憲法に基づく君民共治の立憲主義国家づくりをめざしたのである。彼らが強く主張する「自由民権」は、天賦の権利であって、これが保障されることを要求した。「自由民権」は、全国的な運動を展開する標語(スローガン)となった。

2 懸河の弁をもって滔々と説く

　明治9（1876）年2月22日、「代言人規則」が制定され、これにより免許代言人が誕生した。全国各地の免許代言人は、法律の専門知識を活かして事件の解決に取り組むとともに、盛んに演説会を開き政談演説を行った。

　盛岡は陸奥の雄鎮といわれるほど自由民権運動が盛んな土地柄で、明治13（1880）年9月2日、八幡町坂ノ上の芝居小屋で免許代言人の布施長成・[2]

Ⅱ　免許代言人の政談演説

伊東圭介・宮杜孝一が、演説者となって「政談演説討論会」を開催した。討論者は、免許代言人の梅内直曹・福士美武・佐藤道一・岡崎晴正らで、「国会は是や否や」をめぐって討論が展開された。[3]

月末には内丸公園（県民会館付近）の芝居小屋で政談演説会が開かれ、「相変わらず大入りにて、聴衆は土間や上下の桟敷は勿論、花道までも詰めかけ、各々息を飲んで演説を聞き居る」（日進新聞）という盛況ぶりで、特に布施の「花を愛せざる人へ花を与える勿れ」、伊東の「政府人民利害の関係」の演説は、いずれも懸河(けんが)の弁をもって滔々(とうとう)と説き、喝采の音、雷のごとくというほどで、聴衆は2000人を超えていた。[5]

全国各地の免許代言人は、このように政談演説会を開いて自由民権、国会開設を唱え、自由思想の普及啓発に努めたのである。娯楽の少ない時代であったから、聴衆はまるで芝居を観るように会場に集まった。有能な弁士は、聴衆から役者顔負けの人気を博し「何々屋アー」というかけ声がかかるほどであった。弁士は聴衆が何を求め、何を語ってほしいのかを察知し、その期待に答える演説をすると、聴衆から「ヒヤヒヤ」（賛成賛成）と歓声があがり、臨場警察官が中止命令を出す動きをみせれば、さっと身を引き手振りや拳固を振り回すことで余韻を残すなど、駆け引き上手で演説会を盛り上げていった。

多くの免許代言人は、自由党や立憲改進党に参加し、自由民権運動・政党運動をリードする重要な役割を担った（第7章参照）。彼らの多くは、法律研究所や法律学校で、フランス・イギリス・アメリカなど欧米の啓蒙主義的な政治学・法律学・歴史学・文明論等諸学問を学んでいたから、わが国を欧米諸国並みの文明国にしようとして、積極的に自由民権運動・政党運動を推進したのである。

2　岩手弁護士会史編纂委員会編『岩手の弁護士』の歴代会長および年表によれば、布施長成（「求我社」代言局主任）は、明治14（1881）年盛岡代言人組合の初代会長になった。
3　岩手弁護士会史編纂委員会・前掲（注2）13頁。
4　懸河の弁とは、本流のように淀みなく話すことをいう。
5　岩手弁護士会史編纂委員会・前掲（注2）13〜14頁。

第7章　自由民権運動と免許代言人

> ►本章の概要◄

　明治7（1874）年から、同18年（1885）年にかけて明治の歴史に燦然と輝く自由民権運動があった。この運動は、板垣退助らが政府に対し、人民の自由と民権の伸張を主張し、民意を反映させる国会の早期開設を求めて激しい攻勢をかけたものであった。日本には、欧米諸国のように権利獲得のための闘いの歴史がないという学者がいるが、そうではない。自由民権運動は、まさに自由と権利獲得のための闘いであった。

　免許代言人は、積極的に自由民権運動・政党運動に取り組み、やがてこれらの運動をリードするようになるのである。

I　自由民権思想

1　啓蒙思想家の活躍

　維新政府は、積極的な文明開化政策をとりさまざまな西洋文明を導入したが、啓蒙思想家たちは多くの外国思想を輸入し紹介した。フランスの天賦人権論・社会契約論やイギリスの自由主義・立憲主義などは、啓蒙思想家たちによって紹介されたのである。

　ジョン・スチュアート・ミル『On Liberty』の翻訳で自由の重要性や個人の尊重を解く中村正直『自由之理（じゆうのことわり）』（明治5年）、日本中で読まれた福沢諭吉『学問のすすめ』（同年）、民権自由を通俗的に説いた植木枝盛『民権自由

論』(明治12年)、ルソーの社会契約論を訳した中江兆民『民約訳解』(同15年)、加藤弘之『人権新説』(同年)、これに対する反論である馬場辰猪『天賦人権論』(同16年)・植木枝盛『天賦人権辨』(同年)など多くの啓蒙的な書物が多く出版された。

2 啓蒙著作の影響

　明治時代の前期に各地に設けられた近代的な学校の教授陣は、啓蒙思想家が多く、彼らの指導で学生は欧米の啓蒙的な書物を読み、勉学に励んだ。特に植木の『民権自由論』、馬場の『天賦人権論』、中江の『民約訳解』は、大きな影響を与えた。

　天賦人権論は、人間の自由や権利は天賦のものだと説き、社会契約論は、人民の契約によってつくられた政府は人民の思うところに従って政治を行うのであって、これに違える政府は変更できるとする。これらの思想は、長い間封建的身分制度や桎梏にとらわれていた人民に驚きと衝撃をもって迎えられた。これらの啓蒙思想は、人民を開放し、自由民権運動の理論的根拠となった。政治結社や政党の設立趣意書、建白書、激化事件の檄文などは、天賦人権論・社会契約論や立憲政体論などに基づいて自由民権の伸張と立憲政体をとるべきことを強力に主張している。

　福島の民権家河野広中は、三春の川又貞蔵から購入したジョン・スチュアート・ミル『自由之理』を読んで感銘を受け自由思想に目覚め、自由民権運動に邁進するに至った。

　全国的に自由民権運動が盛んになったのは、これら啓蒙思想家たちによる教育や啓蒙著作を通じて自由民権思想を学んだ者が、続々とこの運動に参加したからである。

Ⅱ　自由民権運動

1　自由民権運動の勃興

　明治6（1873）年10月25日、征韓論政変で参議の板垣、後藤象二郎、江藤新平、副島種臣らが辞職して下野した。彼らは、翌7（1874）年1月12日に愛国公党を結成し、同月17日には「民撰議院設立建白」を左院に提出した。この建白は、以下のように、今の政府は有司専制であると批判し、天下の公議のため民撰議院の早期開設が必要であると主張した。

〈民撰議院設立建白〉

> 　臣等伏して方今政権の帰する所を察するに、上帝室に在らず、下人民に在らず、而して独有司に帰す。夫有司、上帝室を尊ぶと曰ざるに非ず、而帝室漸く其尊栄を失ふ、下人民を保つと曰ざるに非ず、而政令百端、朝出暮改、政情実に成り、賞罰愛憎に出づ、言路壅蔽、困苦告るなし。
> 　夫如是にして天下の治安ならん事を欲す、三尺の童子も猶其不可なるを知る。因仍改めず、恐くは国家土崩の勢を致さん。臣等愛国の情自ら已む能はず。乃ち之を振救するの道を講求するに、唯天下の公議を張るに在る而已。天下の公議を張るは民撰議院を立るに在る而已。即有司の権限る所あって、而して上下其安全幸福を受る者あらん。請、遂に之を陳ぜん。

　ところが、明治7（1874）年1月14日に岩倉具視襲撃（赤坂喰違）事件を起こした犯人が、同月17日に逮捕された。これが高知県士族武市熊吉らであったというタイミングの悪さが災いし、同日提出の建白書は無視されてしま

1　愛国公党は、重要メンバーであった江藤新平が、明治7（1874）年2月4日に佐賀の乱を起こしたため崩壊したが、のちに再興されることになる。

2　明治4（1871）年7月の官制改革により、太政官の下に「左院」が設けられ、立法をつかさどり、建白を受け付けていた。

3　江村栄一『憲法構想』67頁以下。

Ⅱ　自由民権運動

った。しかし、幸いなことに、翌18日、その内容がイギリス人ブラックの創刊した邦字新聞「日新真事誌」に掲載され、大きな反響をよんだ。これが加藤弘之、大井憲太郎らの民撰議院設立論争の発端となり、民撰議院設立に関する世論を喚起し、全国各地で起きる自由民権運動の発火点となったのである。

明治7（1874）年3月、高知に帰った板垣は、自由民権運動を推進するために片岡健吉、林有造、谷重喜、島本仲道らとともに、同年4月、「立志社」を設立した。これは本格的な政治結社の最初のものである。立志社の設立趣意書は「我ら人民は、みな同等で、権利を享受し、生命を保ち、自主を保ち、職を勧め、幸福を求め、不羈独立であることは明白である。この権利は威権をもって奪うことができず、富貴をもって圧することはできない天賦のものである」と謳っている。明らかに天賦人権論の影響が強く認められる。[4]

2　各地の政治結社

立志社の影響を受けて、全国各地に相次いで政治結社が結成された。

免許代言人が指導する政治結社には、伊東圭介・宮杜孝一の「盛岡求我社」[5]、重野謙次郎・山下千代雄の「山形東英社」[6]、高橋安爾の「埼玉通見社」[7]、江橋厚の「松本奨匡社」[8]、小林幸二郎の「八王子広徳館」[9]、遠山正和の「丸

4　坂元忠＝柿沼肇編『社会運動と教育』58〜59頁。

5　盛岡求我社の伊東圭介は、可明舎という法律研究所を設立し、明治23（1890）年と同27年に衆議院議員となり、同26（1893）年には盛岡弁護士会会長を務めた。宮杜孝一は同32（1899）年、同42（1909）年に同弁護士会会長、同35（1902）年盛岡市会議長、大正4（1915）年、岩手県会議員となった。岩手弁護士会『岩手の弁護士』425〜447頁。

6　山形東英社の重野謙次郎・山下千代雄は、いずれも免許代言人である。重野は熱血的雄弁家で山形県会議長、山形県選出の自由党衆議院議員として、5期にわたり国政で活躍した。

7　埼玉通見社の高橋安爾は、浦和代言人組合長、埼玉県会議員、埼玉県選出の自由党衆議院議員を2期にわたり務めた。

8　松本奨匡社の江橋厚は、長野県第4区選出の衆議院議員となり2期にわたり務めた。

9　八王子広徳館の小林幸二郎は、八王子警察署乱入事件や大阪事件の刑事弁護などで活躍した。

10　丸亀立志社の遠山正和は、明治15（1882）年11月、土器川原で開いた政談演説会で行った演説が違警罪にあたるとして10日間拘留された。香川県会議長、香川県選出の衆議院議員を3期にわたり務めた。

101

亀立志社」、前島豊太郎の「静陵社」などがあり、全国各地に免許代言人が指導する政治結社が設立され、活発な自由民権運動を行った。そのほか、士族や民権家が指導する政治結社も多数結成された。

(1) 愛国社の結成

板垣・片岡らの立志社は、明治8 (1875) 年1月、全国各地の政治結社の結集を呼びかけた。各地の政治結社は、これに応じて代表が大阪に集まり、同年2月、中央結社として「愛国社」を結成した。その後、板垣が参議に復帰したため、愛国社の活動は休止状態となったが、立憲政体をとることを急ぐ板垣と慎重な大久保とが対立し、同年10月、板垣はまたしても参議を辞職して下野した。

(2) 国会開設を求める建白（立志社建白）

明治9 (1876) 年10月、熊本神風連の乱・秋月の乱・萩の乱が起きたが鎮圧された。同10 (1877) 年1月には国内最大の反乱西南戦争が始まり、民権家のうちにはこれに呼応しようと動いた者もあったが、全体的には武力ではなく言論による政治体制の変革を望み、内乱中自由民権運動は鳴りを潜めていた。しかし、西郷軍劣勢の情報が伝わるや、同年6月、高知の立志社総代の片岡健吉が「国会開設を求める建白」（立志社建白）を持って天皇が滞在する京都行在所(あんざいしょ)[13]に赴いた。政府はこれを受け入れるはずはなかったが、この建白を知った河野広中（福島）、杉田定一（福井）、栗原亮一（三重）など多くの民権家が立志社を慕って続々と「自由民権の聖地(エルサレム)」[14]である高知に入り、互いに熱っぽく自由民権を論じ感動し連携を深めていった。立志社の活動と

---

11 静陵社の前島豊太郎は、静岡の代表的免許代言人で盛んに政談演説を行った。
12 片岡健吉は、明治4 (1871) 年10月、イギリスに渡り、同6 (1873) 年3月、帰国し海軍中佐をしていたが、同7 (1874) 年1月、辞任した。彼はイギリス通であった。西郷の挙兵に呼応して蜂起を計画した林有造とともに逮捕投獄された。出獄後、高知県会議員（議長）となり、第1回衆議院議員に当選して以来第8議会まで連続8期務め、明治31 (1898) 年〜同36 (1903) 年まで衆議院議長を4度務めた。彼はキリスト教徒で第5代同志社長を務めた。
13 行在所は、天皇が外出したときの仮の御所である。
14 尾佐竹猛『日本憲政史大綱(下)』504頁。

この建白が、全国の自由民権運動に与えた影響ははなはだ大きかった。

(3) 国会期成同盟

立志社をはじめ全国の政治結社は、明治11（1878）年9月、大阪に集まり大会を開き愛国社の再興を決定し、同13（1880）年3月、愛国社は発展的に「国会期成同盟」と改称するに至った。国会期成同盟は、国会開設を目標に掲げ、有志らは東奔西走して国会開設請願運動を展開し最高潮に達した。

(4) 北海道開拓使官有物払下げ中止

国会期成同盟の攻勢に危機感を抱いた政府は、明治13（1880）年4月5日、「集会条例」を制定しこれを抑え込もうとしたが、その攻勢を止めることができず、翌14（1881）年7月には北海道開拓使官有物払下げ問題が発覚し、全国で、猛烈な反対運動が起きた。政府は、世論の激しい非難を浴びて、同年10月11日、払下げ中止を決定した。[15]

(5) 私擬憲法

国会開設を求めて請願運動が高揚している中で、今度はいかなる憲法を制定すべきか議論されるようになり、明治13（1880）年に開かれた国会期成同盟大会で翌年の大会に憲法草案を持ち寄ることが決まり、各地で多くの私擬憲法がつくられた。

この当時作成された私擬憲法の中には、「三河交親社」内藤魯一の日本国憲法見込案、「立志社」植木枝盛の日本国国憲案、「嚶鳴社」の憲法草案、「交詢社」の私議憲法など、内容においてレベルの高いものがある。特に植木の憲法案は、議会を設けて人民が国政に参加し、権力を分立させ、自由権利を国家に保障させ、刑事裁判に陪審制を導入するというもので、皇帝の権力を制限する立憲主義の憲法であり、当時の私擬憲法の中では、最も進んだ自由主義原理に基づく憲法案であった。

---

15 伊藤博文（長州）・黒田清隆（薩摩）連合の大隈罷免（明治14年の政変）は、この払下げ問題を大隈重信が新聞に伝えたのではないかとの疑念がきっかけとなった。三宅雪嶺『同時代史(2)』137頁。

(6) 明治14年の政変と国会開設時期の表明

　全国的な国会開設請願運動と多くの私擬憲法の発表の影響を受けて、政府部内でも国会開設時期やいかなる憲法を制定すべきかについて議論が行われた。そして、参議大隈重信の急進的意見と同伊藤博文の漸進的意見が対立し、大隈罷免という明治14年の政変が起きたが、国会開設運動の激しさから、同年10月12日、政府はついに10年後の明治23（1890）年をもって国会を開設するという詔勅を出さざるを得なかった。

　自由民権運動は、北海道官有物払下げに猛烈に反対してこれを中止に追い込み、さらに国会開設時期を明らかにさせたことでその目的を果たし、民権家らは「ついにやった」と喝采を叫び祝杯をあげた。自由民権・国会開設請願運動は大きな成果を収めたのである。[16]

3　政党の結成

(1) 自由党

　明治14（1881）年10月、国会期成同盟の相談会で、今度は国会開設に備えて政党を結成する方針を決め、同月29日、板垣を総理とする「自由党」を結成した。自由党はフランス流急進主義の傾向をもっていた。

　当初の役員は、総理板垣をはじめ高知出身が多かったが、次第に他府県出身の役員が増えはじめ、明治17（1884）年3月の役員改選の際は、総理は板垣、諮問は免許代言人大井憲太郎（東京）・同星亨（同）・片岡健吉（高知）、幹事は杉田定一（福井）・加藤平四郎（岡山）・佐藤貞幹（神奈川）で、ほとんど他府県出身の役員構成となり、自由党は全国組織になっていった。

　大井は関東5県（群馬・栃木・茨城・埼玉・千葉）の常備員、星は千葉・茨城方面の巡回責任者、免許代言人北田正董は神奈川地方の巡回責任者となった。

　免許代言人の中島又五郎・松尾清次郎・山田泰造・渡邊小太郎・武藤直

16　政府は、明治14（1881）年10月12日、北海道開拓使庁に対し「今般其使官有物払下聞届ノ儀及指令置候處、詮議ノ次第有之、取消候条此旨相達候事」と指示し官有物払下げを中止させた。

中・浦田治平・仁杉英・林和一・板倉中・富田精策らも進んで自由党に加入した。また、全国各地で自由民権運動を引っ張っていた免許代言人らも新しく結成された自由党に加入する者が多かった。彼らは法的主張や弁論力、演説力などにすぐれた者が多く、やがて自由党をリードするようになっていった。

(2) 立憲改進党

　明治14年の政変で下野した大隈重信・河野敏鎌・前島密・矢野文雄・小野梓らは、同15（1882）年4月16日、「立憲改進党」を結成した。総理は大隈、掌事は小野、牟田口元学、春木義彰である。立憲改進党は、自由党と政府との中間的な存在でイギリス流立憲主義の傾向をもっていた。

　立憲改進党に参加した免許代言人は、岡山兼吉・砂川雄峻・山田喜之助・鳩山和夫・大岡育造・小川三千三・高梨哲四郎・角田真平・守屋此助・丸山名政らであった。また、全国各地の免許代言人も立憲改進党に加入する者が多くその重要な担い手となった。

　免許代言人は、欧米先進国の啓蒙的な法律学・政治学・文明論等を学んでいたから、日本を自由や権利の尊重される近代的法治国家にしようとしていたところ、天賦の自由と民権の伸張を図ろうとするフランス流の自由党やイギリス流の立憲改進党が結成され積極的に活動するようになったので、免許代言人は、同一の精神をもって活動するこれらの政党に強く共感し進んで加入するようになったのである。

　藩閥政府は、自由党・立憲改進党に対抗させるために、明治15（1882）年3月18日、福地源一郎（桜痴）を党首とする御用政党「立憲帝政党」を組織させたが、社会的基盤がなかったため支持は広がらなかった。

Ⅲ　自由民権運動をリードした免許代言人

1　愛媛の免許代言人

　免許代言人は、愛媛県内でたびたび政談演説会を開催し、多数の聴衆に向かって熱心に政談演説を行った。彼らは自由民権運動の先導役を務めたのである。

(1)　藤野政高——自由党・弁護士法案審議で活躍

　藤野は、明治12（1879）年に松山で代言業務を始めるとともに、政治結社「公共社」に参加して愛媛の自由民権運動を引っ張ってきた代表的な免許代言人で、人の困窮をみると自分の難儀も顧みず救済にあたる性格の人であった。警察の弾圧干渉が強くなった同14（1881）年には、公共社の政談部を独立させて政談演説に力を入れた。この政談部は、やがて「松山自由党」となり、さらに発展して同16（1883）年に広域をカバーする「海南協同会」となった。

　藤野は、愛媛県会の自由党の代表的指導者として活躍した後、愛媛県から選出され衆議院議員として中央政界に進出し3期にわたり務め、弁護士法案のほか重要法案の審議に熱心に参加し積極的に意見を述べた。

　明治24（1891）年5月、「大津事件」が起きた際、報道を規制する緊急勅令第46号が出された。翌年6月、明治憲法8条2項に基づき衆議院でその諾否が審議されたが、藤野は議場において、政府の報道規制を厳しく批判し、学識があり天下の大事を思う新聞記者に自由自在に書かせたほうが、早くわが国の情勢がロシア臣民に伝わり事件も早く解決したはずで、狼狽のあまり巡査津田三蔵の処分について、行政権をもって司法権を蹂躙しようとしたことを隠す目的で報道規制をしたこの不当不正な緊急勅令は、当時のみならず将来においても全く必要のないもので、不承諾とすべきであると熱弁をふるった。多くの議員がこの演説を支持し、衆議院は不承諾の決議をした。

藤野はこの演説をする前に、星亨議長が「235番」を指名した時、「235番より私のほうが早いつもりでありますが、どういったわけでありますか」、と議長に詰めよるなどその性格は剛毅で覇気満々の人であった。権勢に対する闘争心が旺盛で、堂々たる風貌もあって「伊予西郷」といわれた。

> **コラム　星議長の議事進行を注意した藤野政高**
>
> 　明治25年12月14日、衆議院における弁護士法案の第2読会で、星議長が、出席議員が退席して少なくなっても強引に議事を進行するので、藤野は星に対し「定規の数に足らずにやると例になりますぜ」と言って、審議を中止するよう注意した。星は「あります積りですが」と答えると、藤野は「私は足らぬと思う。よく数えて御覧なさい」と言った。彼の注意を受けて、書記官が出席人数を計算すると足りないことがわかった。そこで、議長はやむなく「人が足りませぬと見えますから、閉会の外ない。明日に延会致します」と言い、閉会した。
>
> （『帝国議会衆議院議事速記録5』）

(2)　高須峯造──立憲改進党・海運会社事件

　高須は、慶応義塾で政治・経済を学んだ後今治に帰郷し、明治16（1883）年、愛媛県会議員となった。同年、代言人の免許を得て松山で代言人事務所を開き、県議有志らと「予讃新聞」（のち「愛媛新報」と改題）を発行し、自由民権の論陣を展開した。やがて高須は県会の立憲改進党（以下、「改進党」という）の指導者となり、その後、衆議院議員に当選して、中央政界に進出した。

　中央における自由党・改進党の路線の違いから生じた対立抗争の影響を強く受けた地方では、自由党に属する代言人と改進党に属する代言人が、県政界のみならず、事件をめぐっても激しく対立することがあった。自由党の代言人は、自由党の勢力が強い地域で起きた事件の代理人となり、改進党の勢力の強い地域では、改進党に属する代言人が代理人となった。

伊豫国長浜町に本社をおく海運会社の騒動事件はその例の1つである。海運会社の本社は長浜町にあり、その支店は郡中町にあった。両町は有数の港町で、大阪・東京・門司・鹿児島等に航路をもち、繁盛していた。

支店のある郡中側は、利益の独り占めを策し、密かに長浜側の株の買占めを謀り、内紛が起きた。郡中町は、自由党の地盤であったが、長浜町は、改進党の錚々たる闘士がたびたび演説にきて、勢力を張っていた。郡中支店側は、自由党の免許代言人藤野がついた。長浜本社側は、改進党の免許代言人高須がついた。藤野と高須は、県会においても競争相手であった。

長浜本社側・郡中支店側は、それぞれ多数の侠客壮士たちを雇っていた。長浜側と郡中側は、いずれも結束し、対立は先鋭化していった。長浜側の代言人高須は、郡中側と闘って黒白を決すべきであると主張し、役員らと対抗策を練っていた時、郡中側の侠客壮士たちが、日本刀を抜き放って殴り込みをかけてきた。その騒ぎを聞いて駆けつけた長浜側の侠客壮士たちもまた日本刀を振り回してわたり合い、双方とも多くのけが人が出た。

この喧嘩騒動は、広く世間に知れわたった。事件の結末は、株の買占めに成功した郡中側に凱歌が上がり、海運会社の本社は郡中町に移転し、郡中側が実権を握った。[17]

株式による会社の支配という近代的問題に、会社役員、代言人政治家、侠客壮士ら新旧勢力が入り混じってぶつかり合った時代であった。

このような時代状況であったから、自由党・改進党に所属する全国各地の代言人は互いに対抗意識をもち、顔を合わせても知らん振りで、民事法廷でも論争し合う光景がみられた。同様の対立関係は、大正から昭和の戦前に至る政友会・民政党の対立抗争時代にもみられ、所属政党の異なる弁護士間ではほとんど口を利かず、法廷では当事者本人以上にエキサイトして激しく論争し合った。[18] 免許代言人・弁護士が、政治家を兼ねていた時代の特徴である。

17　水野廣徳『古稀新人高須峯造先生』195頁以下。
18　片岡政雄「わが福島県弁護士会の記」自由と正義27巻8号9～11頁。

(3) 玉井正興——自由党・天下の公人

　玉井は、嘉永4（1851）年、伊豫国久米郡松瀬川村の庄屋玉井光之進の二男として生まれた。安政5（1858）年に早くも庄屋役を命じられ（のち里正となる）、松瀬川村の世話役を務めるようになったが、明治11（1878）年、一念発起し法律学を学び、同15（1882）年、代言人試験に合格し免許を得て、松山で代言人事務所を開いた。彼もまた代言業務を行いながら、自由民権運動に取り組み、同19（1886）年、愛媛県会議員となり政界に進出して自由党に属し、3期連続当選した。自由党の元老として終始一貫してその節を曲げず、久米地方においては、玉井を仰ぐことあたかも師父のようであり、真に天下の公人であった。財界においては、同26（1893）年2月、海南新聞社や伊予鉄道の常議員・相談役・監査役に選ばれ、ますます名声が高まったが、彼自身は慎み深く品性の高い愛媛の代表的な免許代言人であった。[19]

(4) 井上要——立憲改進党・芦屋川水利権訴訟

　井上は、慶応元（1865）年5月、伊豫国喜多郡菅田村で、庄屋有友平衛の嫡男として生まれ、のち井上コンの養子となった。フランス法を勉強して明治18（1885）年に代言人試験に合格したが、政治に関心が強く都市で開業することを考え、大阪の学士代言人砂川雄俊ほか知人らを訪ね、その状況を聞いて大いに希望をもった。さらに上京してイギリス法を研究したいと考え、東京専門学校に入学し、高田早苗・中橋徳五郎・奥田義人らの教師陣からイギリス法を学んだ。免許代言人角田真平にも会い、東京で代言開業することも考えたが、資本が必要なことや危険な面もあり、「家兄の判決書がきて、帰県して松山に代言営業を為すべきことを命じた」ので、「寧ろ地方において地歩を占め、多少政治上に出頭の地歩を占むるに如かず」と考えるに至り、[20]東京専門学校を中退して、松山に帰り代言人事務所を開いた。帰松の翌年、イギリス思想から出た改進党が気に入ったのでこれに入り、根っからの演説好きであったから、自由民権思想の啓発普及のために忙しく遊説に出かけた。

19　愛媛弁護士会『愛媛弁護士会史』16頁。
20　曽我鍛『井上要翁傳』111頁。

そのため代言人の仕事が留守になる始末で、先輩代言人高須と交代で遊説をやろうということになり、高須井上共同事務所を開き交代して遊説に出かけた。

県内には壮士が跋扈し横行する物騒な時代で、遊説の時は、互いに相手政党の壮士が取り囲むことも珍しいことではなかった。井上は、自分にも聴衆にも聞こえない政談演説をしたことがある。その時の状況は、以下のようなものであった。[21]

> 新居・周桑方面の同志応援のため西条へ行った時である。自由党は市の川鉱山の鉱夫を多数に狩り集め、会場にギッシリつめてワーワー大きく喚かすのである。いやもう全く騒々しいこと夥しく一口も物を言ふことが出来ぬ。しかし、苟も改進党の弁士が、野次に恐れて屈服したとあっては、名折れになると思って大いに勇を鼓して、自分自身にさへ何をいっているのやら皆目聞えぬ。まして聴衆に聞えよう筈もないといふ、聞えぬ演説を数十分間もやりとおした。

高須が愛媛県会から衆議院に転出した後、井上は、高須の跡を継いで、県政界の改進党指導者となり5年間県会議長を務めた後、明治35（1902）年に衆議院議員となり3期にわたり務めた。

井上が取り組んだ著名な民事事件として新居郡（現在の新居浜市）の「芦屋川水利権訴訟」がある。[22]これは8年の長期にわたる係争で大審院まで行った事件である。事件の概要は、次のとおりである。

新居郡の芦屋川は、宇摩郡別子山に源を発し、新居浜の海に注いでいる。川に堰を設けて5つの村が引水し、六百余町歩の田を耕作している。5村とは、角野村（幕領）・中萩村・金子村・泉川・新居浜（西条藩）である。5村は協同して法をもって制度を設け管配水していたが、角野村は、上流に位置するため往々専横のうらみがあり他村と紛争が生じ、幕府時代に竹槍をとり筵旗を翻して闘争し、幕領官吏が妥協鎮静化させた因縁のあるところであ

---

21 曽我・前掲（注20）151頁。
22 愛媛弁護士会・前掲（注19）18頁。

った。宝永年間に関係村の慣習を再確認し、以来堰の費用・配水の方法等はしばしば妥協し努めて騒ぎが起きないように苦心して統制していた。

ところが、明治26（1893）年の夏にまた旱魃(かんばつ)があり、角野村と泉川との間で紛争が起き互いに争って数十人の負傷者を出し、泉川の者は爆裂弾のために死亡する惨状となった。角野村は、機に乗じて水を独占したので、中萩村・泉川の村民が憤怒激高して水利権確認の訴えを起こし、争いの曲直を裁判所で決することにした。角野村は、里正（旧庄屋）を分籍して2家とした。東角野・西角野となったから、番水一周中二昼夜配水を受ける権利があると主張し、中萩村・泉川は、角野村の里正分籍のことは一家の私事であり古来の制度を覆すことはできないと主張し、互いに固執して譲らなかった。

第一審から控訴そして上告、紛争は8カ年にわたり、この間多額の費用労力を要した。泉川はその労苦に耐えきれず中途で同盟を脱したが、中萩村の水利委員および有志の熱誠は、旧倍より堅く最後まで闘った。大審院はついに、明治33（1900）年6月、角野村は宜しく古来の慣習に従うべきであるとの最終判決を下した。原告の中萩村が勝利を収めたのである。

中萩村は、この事件の功労者表彰記念碑を建立した。記念碑には、上記経過を記したうえで、中萩村の訴訟代理人弁護士井上は「外に在って之を幇助し、勇往邁進少しも屈撓(くつとう)する所なく」大審院の勝訴判決を勝ち取り、「恰(あたか)も迅雷一撃、快雲妖霧を掃(はら)ふて、始めて青天白日の耿耿(こうこう)たるを観る、数十百年、紛争の根蒂を艾除(がいじょ)し、幾百千人生命の源泉を保全し得たり」とし、その功労は偉大であり、石に記録してその功労を表彰し、その顛末を永久に伝えると讃えている。[23] このように免許代言人（事件当時は弁護士）の訴訟上の功績を記念碑に刻して讃えている例は稀であろう。

井上は、さらに伊予鉄道・松山商業銀行の取締役を務め、松山高等学校（現在の愛媛大学）や松山高等商業学校（現在の松山大学）の創立に参加し、北予中学（現在の愛媛県立松山北高等学校）の運営に携わるなど教育界にも多

23　曽我・前掲（注20）141～142頁。

大な貢献をした。井上は、法曹界・政界・財界・教育界の各分野に偉大な功績を残した愛媛の誇る免許代言人である。

県下の二大政党の指導者は、自由党が藤野政高・玉井正興であり、改進党が高須峯造・井上要であった。このように明治期の県会や中央政界で活躍したのは、免許代言人であった。そのほかにも吉村民也（明治11年免許代言人）、児玉熙（同12年免許代言人）、真鍋佐太郎（同13年免許代言人）、伊藤重雄（同15年免許代言人）、清水新三（同18年免許代言人）らが、代言業務を行いながら、愛媛県民の自由と民権の伸張のために大いに活躍したのである。

明治期の免許代言人・弁護士は、自治体の議員や首長、帝国議会の議員や大臣として活躍した。これは大正・昭和の弁護士にも引き継がれ、現代の弁護士もまた政治家として自治体の議員や首長、国会議員や国務大臣を務めるなど活躍している。これもひとつの伝統ということができよう。

2　静岡の免許代言人

免許代言人は、中央・地方を問わず代言業務に携わりながら、人民の自由民権の伸張のために、政談演説会を開催し、新聞を発行するなど、自由民権運動の先頭に立って活動した。これを規制する藩閥政府の弾圧立法のために処罰投獄された者は少なくなかった。

(1) 角田真平——立憲改進党・不応為罪事件

静岡県沼津の免許代言人角田真平は、自分の行った政談演説について静岡裁判所で讒謗律違反に問われたが、大審院で不応為罪として処罰された[26]。

彼は、明治13（1880）年3月1日、沼津駅丸子神社で公然聴衆を集めて「地方の概況」と題して政談演説を行った。その演説の中で、「沼津区裁判所の勘解は変じて圧制となり、区裁判所の官吏は証拠法の如きも知らず、判決

24　曽我・前掲（注20）527頁以下、愛媛弁護士会・前掲（注19）18頁。
25　愛媛弁護士会・前掲（注19）15頁。
26　手塚豊『明治刑法史の研究(下)』369頁。自由民権運動に伴う事件や裁判に関する文献として、同書や手塚豊『自由民権裁判の研究』があり、いずれもすぐれた研究である。

Ⅲ　自由民権運動をリードした免許代言人

は勝手の分量で勝手な事柄を正理なりと見誤ることもないとはいえない」などと批判した。臨場していた警察官が、この言辞をとらえて告発した。

静岡裁判所は、同13（1880）年5月24日、沼津区裁判所の官吏の職務を讒毀するもので、讒謗律1条および4条に違反したとし罰金10円を言い渡した。

「讒謗律」（太政官布告第110号）は、明治8（1875）年6月28日に制定された全文8条からなる言論統制法である。讒謗（讒毀誹謗の略語で他人の悪口を言うこと）を禁じたものであるが、実際には民権派の言論活動を規制し官僚批判を封じるために用いられた。讒謗律は、以下のように定めている。

〔讒謗律〕

> 第1條　凡そ事実の有無を論せす、人の栄誉を害すへきの行事を摘発公布する者、之を讒毀とす。人の行事を挙るに非すして、悪名を以て人に加へ、公布する者、之を誹謗とす。著作文書若くは画図肖像を用ひ展観し、若くは発売し、若くは貼示して人を讒毀し、若くは誹謗する者は、下の條別に従て罪を科す。
> 第2條　第1條の所為を以て、乗輿を犯すに渉る者は、禁獄3月以上3年以下、罰金50円以上1000円以下（二罰並せ科し、或は偏へに一罰を科す、以下之に倣へ）。
> 第3條　皇族を犯すに渉る者は、禁獄15日以上2年半以下、罰金15円以上700円以下。
> 第4條　官吏の職務に関し、讒毀する者は、禁獄10日以上2年以下、罰金10円以上500円以下、誹謗する者は、禁獄5日以上1年以下、罰金5円以上300円以下。

讒謗律を適用した静岡裁判所の判決に対し、検察側が被告人の行為は讒謗律ではなく、雑犯律不応為罪（律令に正条がなくても条理においてなすべからざることをした者を処罰する）に問うべきで、擬律を誤っていると大審院に上告した。明治13（1880）年当時、刑事裁判は二審制で地方裁判所の判決に対する不服申立ては、大審院にすることになっていた（控訴上告手続28条、29条）。

113

大審院は検事の上告を容れて、明治13（1880）年8月9日、静岡裁判所の判決を覆し、讒謗律には演説をもって人の栄誉を害しまたは官吏の職務に関し讒毀する者を罰する明文の規定がないので、雑犯律不応為罪として不応為重きに問い懲役70日贖（あがない）を聴し贖罪金5円25銭を申し付ける、との判決を言い渡した。[27]

讒謗律制定当時、自由民権運動の手段として用いられたのは、新聞雑誌など出版物であった。演説はいまだ普及していなかったから、讒謗律の構成要件に「演説」は含まれていなかった。明文の規定がないので讒謗律は適用されないが、新律綱領・改定律例に不応為罪があったから、大審院はこれを適用し、角田を有罪とした。

角田は、その後東京に移り、改進党に属する免許代言人として活躍した。

(2) 前島豊太郎——自由党・讒謗律違反事件

静岡の免許代言人前島豊太郎は、讒謗律違反に問われた。

彼は、明治12（1879）年に他の同志とともに「静陵社」という政治結社をつくり、「東海暁鐘（ぎょうしょう）新報」を発行して自由民権思想の啓発普及に努め、頻繁に政談演説を行った。前島は、その後、士族や豪農を加えて「岳南自由党」を創設した。この岳南自由党の中から、免許代言人鈴木音高をリーダーとする最後の国事犯事件といわれる静岡事件（明治19（1886）年6月）を起こす者が出てきた。

この当時の静岡県の免許代言人は、前島豊太郎・深浦藤太郎・高田敬義・近藤壮吉・沢田寧・鈴木貫之らであるが、彼らはほとんど自由民権論者であった。

(ア) 事件の概要

前島豊太郎は、明治14（1881）年10月8日夜、静岡寺町の劇場小川座において約200名の聴衆を集め「事物変遷論」という演説をした。免許代言人深浦藤太郎も「知識交換の説」という演説をした。前島の演説の大要は、次の

---

27 手塚・前掲（注26）（明治刑法史の研究）386頁以下。

とおりである。[28]

> 世間の万事万物は、みな時の流れにより変わっていくものである。古歌に「世の中に変わり易きはあすか川、昨日の淵が今日の瀬となる」とある。天道説が地道説に変ったように人間社会も時の流れとともに変る。宇内万国の政事を見てもイギリスオーストリアなどは君民同治の政体、アメリカフランスは共和政治であり、日本支那ロシアは君主専治の政体となっている。明治元年戊辰3月に五箇条の誓文が出て万機公論に決すべきこととなり、明治8年には断然立憲の政体を確定するとの布告がある上は、最早今日の政体は立憲政体、すなわち、君民同治の政体でなければならず、他に天下の人心を統轄してこれを心服させる策はない。

　この演説の内容は、自然界に対する認識の変化、世界の政治政体の態様、明治初めの五箇条の誓文、漸次立憲政体樹立の詔書を踏まえたもので、全く正当な考え方を示したものであった。

　前島は、君主専治について「和漢古来の歴史に徴するに、天子は賊徒と諸君も知らる蜂須賀小六の騒擾に乗じて一国の太守となられたると大小の別あれども、何れも腕力を以て国を取りたるものなれば、是より君主専治の政体となりたる」と述べた。

　この演説が終わって自宅に帰り、夜11時頃まさに就寝しようとした時、静岡警察分署の巡査2名がきて、「署まで演説の筋書を持参して出頭せよ」と言った。前島は、とりあえず出頭したところ、川上警部は「小川座演説において、その方天子様を一大賊徒なりと演説せしか、その天子様は何れを指すか」と問い質し、前島はその場で讒謗律の乗輿讒謗罪にあたるとして逮捕された。その後、静岡県の宮村監獄本署に連行され「其方儀犯罪のあるを以て未決監に差入る左様心得よ」と言い渡された。

　前島の容疑は、讒謗律2条の乗輿（じょうよ）を讒毀した罪に該当するというのである。

28　前島事件については、大蔵敏彦「静岡の免許代言人第一号前島豊太郎の生涯」自由と正義27巻8号48頁以下、手塚・前掲（注26）（明治刑法史の研究）370頁以下。

乗輿とは天皇のことである。

(イ) 静岡裁判所の裁判

前島は、明治14（1881）年12月21日から3日間、静岡裁判所で裁判を受けることになった。治罪法施行前だから、いまだ弁護人というものはない。彼自身が孤軍奮闘せざるを得なかった。同月21日、看守に護衛されて静岡裁判所の刑事の法廷に呼び出された。

裁判官松岡康孝が正面に着座、その右に検察官高津雄介が着座し、その後ろに警部玉取敷明、その他判事補など数人が着座していた。高津検事は、被告人が乗輿を讒毀するにわたる演説をしたと告げて審理が始まり、松岡裁判長の尋問があった。同年12月23日、早くも以下のような判決言渡しがあった。[29]

〈判　決〉

> 其方儀明治14年10月8日静岡寺町小川座劇場に於て聴衆を集め演説を為したる際、乗輿を讒毀するに涉る事を説述したる覚えは無之旨陳弁すと雖も、現場監臨したる警察官静岡県四等警部香取新之助外2名に於て、其方が事物の変遷と題し乗輿を讒毀するに涉る演説を為したる事を確実に聴取りたる旨証告あり。而して其方は、該演説中蜂須賀小六に比したる神武天皇を指したるものなりと陳供し、且其方は演説を為したる時案頭に置きたる演説筋書中に、老子の所謂盗財者賊国者王等の語ありて警察官の証告に照応するものあるに拠り、右演説中妄誕無稽の臆説を述べ乗輿を讒毀したるものと断定す。依って讒謗律第2条に照し禁獄3年罰金900円申付る。

静岡裁判所が言い渡した禁獄3年罰金900円の刑は、讒謗律2条の法定刑（「禁獄3月以上3年以下、罰金50円以上1000円以下」）をみると、禁獄3年は最高刑、罰金900円もほとんど最高額に近いものであった。

(ウ) 大審院へ上告

前島は、この判決を不服として大審院に上告した。

29　大蔵・前掲（注28）50頁、手塚・前掲（注26）（明治刑法史の研究）387頁。

Ⅲ　自由民権運動をリードした免許代言人

<上告理由要旨>

① 　警部香取新之助外2名の告発状は、演説内容が徹頭徹尾天子を一大賊徒と讒毀したとしているが、冤枉も甚だしい。もし、警官が申立てるように現場において至尊を讒毀したならば、なぜ集会条例に照らして臨場の警察官が演説の中止解散を命じなかったのか。虎岩武の如き青年輩の供述調書や菓子屋の丁稚の供述調書は、警部が自分の言を実践しようとして巧みに冤枉を逞しくしたものである。虎岩武外1名は警部から尋問を受けて差出した体の書面で、到底信用できるものではない。静岡市中に演説を傍聴した196人（傍聴券を数えた時の人数）の多衆に聴いて正否を決すべきであるのに、静岡裁判所は敢えてそれをせず一・二の証人だけを信用し、警察官の冤枉を不問にしたまま、想像の裁判をした不法の処断である。

② 　自分が演場において言った天子とは、神武天皇が腕力で天下を治めたということであって、今上天皇を指すのではない。賊徒とは蜂須賀小六を指すのであり、牽引付会して賊徒の語気を至尊に及ぼしたのは、警官でありこれまた冤枉である。自分の演説は、輿論公議の変遷を証して国会開設を促すことに根本精神がある。至尊を讒毀して国会開設を希望することは、前後矛盾の演説となる。裁判所がこれを無視したのは、偏頗も甚だしい。

③ 　老子の語は、演説筋書には記載していたが、演場において演説したものではない。演説で述べなかった筋書であるのに、これさえ警官の手に入れば讒毀したという。演説と新聞紙上の説とは性質が異なり、筋書に何か書いていたとしても演説で述べなければ、決して律に問うべきではない。静岡裁判所が老子の一語をもって処断したのは、不法の処断である。

<追加の不服申立て>

① 　仮に演説が皇祖を讒毀しているとしても、決して讒謗律を適用すべきでない。同律第一条は著作・文書・書図・肖像の展観・発売・貼布が禁止されているのであって、明文のない演説にこの適用はない。

② 　仮に演説にも讒謗律の適用があるとしても、乗輿とは今上天皇を指すことばであり、皇祖、或いは、御歴代を指すものではない。仮に神武天皇を讒毀したとしても、乗輿を讒毀したことにはならない。

117

前島の上告理由は、いずれも正当というべきである。特に追加の不服申立て①の理由は、讒謗律1条の構成要件に演説は含まれていないと主張している。前記角田真平事件の場合と同じはずである。
　彼が大審院に不服申立てをしたのは、明治14（1881）年12月26日であった。当時はまだ新律綱領・改定律例が行われており、断罪無正条につき援引比附、不応為があった。しかし、わずか数日後の同15（1882）年1月1日、罪刑法定主義を定めた刑法（いわゆる「旧刑法」）が施行された。

　　(エ)　大審院の判決
　前島の上告に対する大審院の判決は、次のとおりであった。[30]

〈判　決〉

　上告の主点を約言すれは、静岡県警部香取新之助外二名の証告書は冤枉の甚しき者なるに、其冤枉たるを究めすして処断せしは不当なりと論弁し、而して其論弁の言を観るに「果たして警官か申立る如く乗輿を譏毀せしものなれは、何そ集会条例に照して解散せさるや今回の冤枉の源因は他に存する所あれとも、今更鄙怯の渉るを以て明言不仕」とありて、相当官吏の証告書に対せし反対の確証を呈供せさる者とす。又上告人に於ては、演説は譏毀誹謗に非す、皇祖は乗輿の外なりと論弁すれとも、共に法律の見解を誤るものとす。故に原裁判所か讒謗律に比擬し処断せしは、不法の裁判と為すことを得す。

　大審院は、明治15（1882）年3月17日、このように述べて静岡裁判所が前島豊太郎に対し言い渡した判決は破棄すべき理由がないとし、上告を退けた。

　　(オ)　大審院判決の分析
　角田事件の演説については、讒謗律の適用を否定し、不応為罪により贖罪金5円25銭で処断した。前島事件も同様であるはずなのに、讒謗律を無理やり適用し禁獄3年罰金900円とした静岡裁判所の判決を確定させた。この判決の大きな違いはなぜ生じたのであろうか。
　天皇皇族に対する罪は、明治3（1870）年の新律綱領にも、同6（1873）

30　手塚・前掲（注26）（明治刑法史の研究）394頁。

年の改定律例にも存在しなかった。ところが、岩倉使節団の帰国組政府は、天皇絶対主義国家を志向していたから、同13（1880）年の「刑法」に、皇族に対する罪（不敬罪）をおいた。

〔刑　法〕

> 第117條　天皇、三后、皇太子に対し不敬の所為ある者は、3月以上5年以下の重禁錮に処し、20円以上200円以下の罰金を附加す。
> 皇陵に対し不敬の所為ある者、亦同し。
> 第119條　皇族に対し不敬の所為ある者は、2月以上4年以下の重禁錮に処し、10円以上100円以下の罰金を附加す。

　大審院は、訴訟係属中の、明治15（1882）年1月1日、この不敬罪が施行されたことを当然意識したに違いない。刑法3条により遡及処罰は禁止されているから、不敬罪は適用できない。不応為罪を適用するとすれば、その刑の差はいかにも大きすぎる。

　この当時の大審院の地位は、北海道開拓使の上ではあるが、諸省より下におかれていた。官制上、司法省は大審院の上にあり、裁判官の監督権と人事権を握っていた。大審院は、疑義ある事項について司法省に伺いを出し、司法省は事案により太政官に伺いを出していたから、大審院は、司法省の意向または司法省を通じて太政官の意向を受けて裁判していた。

　藩閥政府は、自由民権運動を抑え込もうとしており、本件は乗輿を譏毀したという事件であったから、大審院は司法省に伺いを立て、司法省は讒謗律適用の意向を伝えたものと思われる。司法省は、翌16（1883）年1月17日、不敬事件はあるまじき犯罪で容易ならざることであるから、各裁判所は司法省に申し出るよう司法省達を出したくらいだからである。

　大審院は、被告人に合理的な説明ができないまま強引に讒謗律を適用し、

31　参議副島種臣が、新律綱領の編纂中、天皇皇族に対する罪のごとき「不祥（不吉）の条規は全然不必要である」と大喝して削除を命じた。そのため新律綱領にも改定律例にも天皇皇族に対する罪はなかったのである。

前島に対する静岡裁判所の禁獄3年罰金900円という最高に近い刑を言い渡した判決を確定させた。

　刑法の「法律に正条なき者は、何等の所為と雖も之を罰することを得す」（2条）と「若し所犯頒布以前に在て未た判決を経さる者は、新旧の法を比照し、軽きに従て処断す」（3条）によれば、不応為罪の適用であったはずである。大審院は前島事件について、行政権の強い支配の下法律上合理的な説明のできないまま、結局、政治的な判断をしたのであった。[32]

　(カ)　再審の申立て

　前島はもとより納得せず、判例違反を理由に再審の申立てをした。

　明治13（1880）年3月の沼津駅丸子神社で政談演説をした免許代言人角田真平については、大審院は讒謗律の適用を否定し、不応為罪で処断した。同14年10月の自分の事件と年月に先後はあるが、いずれも「演説」であった。しかるに、角田と自分の処罰に天地の差があるのはなぜか。角田事件後1年7カ月の間に讒謗律が改正されたとは聞いたことがない。大審院は天下の法律を統一し、下級裁判所に違法があればこれを破棄するものである。大審院が同じ罪科につき全く相反する処置をとったならば、大審院たる価値はどこにあるか。同一の事件に異なった裁判をすれば、人民の生命財産は何によって守られるか。角田と自分の処罰が違う根拠を明示すべきである。法律外の牽引付会の説によって処罰すべきではない。自分は明治9年以来免許代言人をしており、国法の何ものかを知っているつもりである。再審により処罰の当否公同均一の処断を求めると主張した。

　前島は同じ事件でありながら、大審院はなぜ角田事件と異なる判決をしたのか、その矛盾を鋭く突いたのである。

　しかし、大審院は、「裁判例を援証し再審の訴えを為すと雖も、その陳弁

32　手塚・前掲（注26）（明治刑法史の研究）376頁は、出版物以外には讒謗律を適用しないという正しい見解を堅持してきた大審院が、最後の段階でそれをゆがめたことは惜しまれるが、明治15年当時、「法による裁判」が未熟の状態であったことを示すと同時に、自由民権運動に対する政府の強い姿勢が、裁判を通じて露骨に現われたと考えることができる、としている。

Ⅲ　自由民権運動をリードした免許代言人

する所これを要するに本院の判決に対し不服を鳴らすに過ずして、治罪法第439条の再審の原由なし」とそっけない棄却判決をした[33]。

　大審院は藩閥政府の手先となって、自由民権運動を行う免許代言人前島豊太郎を弾圧したのであった。彼は入獄中一身不乱に読書を業とし、明治18（1885）年2月25日、出獄した。彼はその後も人民の自由と権利を擁護するため力を尽くした。

　自由民権運動は、新聞や出版物、演説を通して人民に自由思想を啓発し、政府に対し自由と権利を要求する闘いであった。この運動をリードする免許代言人らは、不敬罪や言論統制法違反で次々に逮捕されたが、なお運動を続け、何度投獄されてもまた立ち上がった。彼らの信念を曲げない不屈の精神に圧倒される。

コラム　演説会

　明治10年頃から全国各地で演説会が流行し弁士は熱弁をふるうようになった。当時、演説指南書が広く普及し、尾崎行雄の『公会演説法』、『続公会演説法』は、発声（ヴォイス）・身振り（ジェスチャー）・容貌（ルックス）等が重要であることなど演説の仕方を具体的に指南していた。その他にも『雄弁美辞法』、『雄弁大家論』、『日本演説大家集』など多数刊行された。弁士はこれら演説指南書や実際の演説を参考に練習をして聴衆に受ける独自のスタイルを生み出したのである。また、開明的な学校の生徒たちは、教師から演説の仕方を教えられ演説の練習をした。こうして演説することが、免許代言人、民権家らはもとより青少年にまで普及し、演説会全盛の時代になったのである。

---

[33]　大蔵・前掲（注28）52頁。

第8章　自由民権裁判と免許代言人

▶本章の概要◀

　高揚する自由民権運動を抑え込むために警察は取締りを強化し、集会条例違反や不敬罪で逮捕される者が大幅に増えた。免許代言人は、これらの刑事事件で被告人の人権を擁護するために懸命の弁護活動をする。
　西条興風会事件では、免許代言人は見事な証人尋問を行い一審無罪の判決を勝ち取った。新潟の不敬罪事件では、免許代言人は検察官を相手に激しい論戦を行った。ここでは、彼らのすぐれた法廷活動をみてみよう。

I　集会条例違反事件

1　興風会演説会葬事件──警察への抗議行動

　明治18（1885）年5月、警察が「改正集会条例」により、政談演説会の開催を認めなかったことに対し、免許代言人・民権家が抗議行動に出た事件が発生した。愛媛県の西条で起きた政治結社「興風会」の演説会葬事件である。

(1)　興風会の結成

　松山の「海南協同会」は、公共社・松山自由党から発展し拡大した愛媛の最も有力な政治結社で、明治17（1884）年2月29日から3月2日まで、板垣退助ら一行を迎えて、最初に今治で盛大な四国自由大懇親会を開催し、次いで松山においても協同会主催の自由懇親会を開き、多数の参加者を集めその実力と存在感を示した。海南協同会の活発な活動に影響を受け、同年西条に

政治結社「興風会」が結成された。結成わずか1カ月で数百人の会員を擁する勢いであった。

(2) 政談学術演説会の開催

興風会の中心メンバーである免許代言人皆川広済、民権家の小川健一郎・丹正之・渡邊奇秀らは、明治18（1885）年5月1日と2日に、西条東町定小屋で政談並びに学術演説会を開催した。会主は皆川で、事前に演説会開催の広告をしていた。3年以来絶えてなかった政談演説会が開かれるとあって、町中の評判となり人気は上々、初日には大勢の聴衆が詰めかけ、会場は寸地を余さぬほどであった。

海南新聞（5月6日）によると、初日の第1席には10歳の童子村上旭山が登壇し「孝悌忠信の説」を演説し、第2席に登場した民権家小川健一郎は「失望……害を論ず」（「……」部分不明）という演題で滔々と論じ、まさに最高潮に達した時、臨場していた警察官が「治安に妨害あり」と言って演説を中止させ、集会の解散を命じた。それとあわせて2日目の政談演説についても、何の理由も示さず禁止した。聴衆はどよめき「抗論せよ、理由を聞け」と大声をあげる者があり、会主が解散を告げてもこれに応じず、警察官が直接解散を命じてようやく聴衆は解散した。

第2日目は、政談演説はできない単なる学術演説会となった。その演題は、「勉強の説」（村上）、「人の禽獣異なる所以は何ぞや」（皆川）、「自由論」（岩田久蔵）、「権利の思想文明開化は疑惑の働きなり」（小川）というもので、弁士がそれぞれ学術演説をし、前日に劣らず会場は聴衆で溢れ盛況のうちに無事終わることができた。

それにしても残念なことは、初日に大勢の聴衆が詰めかけていたにもかかわらず、政談演説が始まったばかりの時に集会条例違反で中止を命じられ、その後に予定の演説者の政談演説がことごとくできなかったことである。

そこで、興風会は、松山の海南協同会の有力者門田正経を演説者に迎え、初日に中止させられた演説者の分も含めて、あらためて5月28日に政談学術演説会を開催することにした。興風会は西条警察署に対し、5月28日に政談

学術演説会を開催したい旨届出をして認可を求めたところ、警察署は一切認可しないと通告した。すでに演説会開催の広告をし、会場の手配も済ませ、「地方の人士は大旱の雲霓の如く待ちに待っている景況なれば、弁士諸氏も勇みに勇んでいたりしに如何なる都合ありてか」（海南新聞6月4日）、不認可となり思わぬ事態となってしまった。小川ら弁士たちは、大いに激昂しなぜ聞き届けられないのか、数種の演題がことごとく不認可とは全国いまだ聞いたことがないなどと抗議し小言たらたらであったが、いかんともすることができなかった。

　5月28日当日は、会場に多くの聴衆が詰めかけた。会主は、警察が演説会を開くことを禁止したので、真に残念ながら本日予定の演説会は開催することができなくなったと報告した。会場騒然となる中で「この演説会は死したると同然なり。明日正午12時より演説会追善供養および本会葬礼式を執行するにつき、賛成の諸君は新芳原の定小屋まで来会ありては如何」（同新聞）と呼びかけたところ、満座の聴衆が「ヒヤヒヤ」（賛成賛成）の声をあげた。

(3) 演説会葬の挙行

　興風会は、翌日の明治18（1885）年5月29日、集会を禁止した警察署に抗議するため、予告どおり演説会の葬儀を執行した。演説会葬をすると聞いて参加した者や人力車の提供を申し出た車夫、会葬者になることを申し出た芸者衆たちが定小屋に集まった。祭主は皆川、喪主小川、近親総代門田、演説会の柩を担ぐ者、会葬者数十人、僧侶も3人参列するという念の入れようであった。海南新聞は、この模様を次のとおり報道した。[2]

　第一前駆宇高喜代蔵氏、次に背に平権組と貼紙して法被を着したる車夫十数人連花を持ち、次に導師及び僧二人鐘及びチャングワラを持ちて所嫌らはずトンチングワンと打ち鳴らせり、次に平権組の8名は各演題を書き記せし旗8本を押し立てたり。次に小川健一郎氏は白衣を着し頭に大聲院殿不平怒鳴居士と

1　大旱の雲霓とは、長い間雨の降らないときに出た待望の雲と虹のことである。
2　海南新聞明治18（1885）年6月30日（2323号）。

記せし位牌を戴き其葬主たるを知るべく、次に皆川広済氏蓮花を持ち居たりし
は是祭主なり、次に平権組数名（演説会之棺）と書したる棺を舁き、次に門田
正経氏蓮花を持ち、丹正之氏大刀を裏みて舁きしは皆其近親たるを知る。次に
平権組数名立列ひ後には会葬者数十名思いおもいに整列す。斯かることの同地
に珍しければ殆ど市を為せし計りなり。

　大聲院殿というのは、西条の大生院にある愛媛県の管理する輝安鉱山を指
し、不平怒鳴居士というのは、県がこれまで採掘していた地元の業者らすべ
てを排除し、大阪の一業者藤田組に経営を委託したことに対し、地元業者ら
が不平不満を言い怒鳴っていたことを意味している。したがって、大聲院殿
不平怒鳴居士というのは、地元業者らの立場に立って県のやり方を痛烈に批
判したものであった。
　演説会の葬列は、新芳原の定小屋を出発し、本町栄町等を経て南方の山下
に到着した。斎場にはそれぞれ準備がされていて、祭主皆川が祭文を読み、
門田が興風会の親類（海南協同会）総代として祭辞を読み終わると芸者衆が
数弦を連弾し、親類葬祭主とも古詩を吟じ、身体の大きい丹が大刀で見事な
剣舞を披露した。その後、演題「政治の欠点を見よ」・「何故吾們は政談を為
す乎」（門田）、「政治家の徳義」・「豪農兼併の弊今将に起こらんとす」（皆
川）、「政府の終りを早むる便法」（小川）、「西条人の澹泊に驚く」・「自由と
生命といずれが尊きか」（杉甚三郎）、「世界万国の法律上死刑を廃するの可
否」（岩田久蔵）などと書いた幟を火中に順次投げ入れた。それと同時に平
権組は、1里近く街中まで馳せ帰り、車を引いてきて皆を乗せ、先を争って
西条に送り届けた。警察は興風会のこれらの行為を苦々しく思っていた。

(4) 鉱山の山師を訪問

　小川、丹らは、明治18年（1885）年5月30日、宿舎に泊まっていた門田を
散策に誘い、途中で丹の知り合いで愛媛県勧業課出張所雇いの鉱山の山師河
端熊助宅を訪ねた。小川、丹らは酒を入れた瓢箪を持参していたので、河端
宅でいっしょに酒を飲み始め、河端も酒と肴を出して酒宴となった。夕方近

く小川らは、河端宅を辞して帰った。彼らはこの酒宴が逮捕の原因になろうとは夢にも思わなかった。

(5) 興風会メンバーの逮捕と公判

その2日後の明治18（1885）年6月2日、西条警察署は、演説会葬儀と興風会メンバーの河端宅酒宴を結び付け、小川・丹・皆川・岩田・渡邊・門田・宇高喜代蔵の7人を逮捕した。その理由は、河端宅の酒宴の席上、昨日の演説会葬費用の拠出を河端に強要し、金を出さなければ血を見ることになると脅したというのであった。

門田は河端宅を中座していなかったので、不起訴釈放となったが、他の者は「刑法」の恐喝取財未遂罪で西条治安裁判所に起訴された。

〔刑　法〕

> 第390條　人を欺罔し又は恐喝して財物若くは証書類を騙取したる者は、詐欺取財の罪と為し、2月以上4年以下の重禁錮に処し、4円以上40円以下の罰金を附加す。
> 第397條　この節に記載したる罪を犯さんとして未だ遂けさる者は、未犯罪の例に照して処断す。

彼らの弁護団は、愛媛の有力な免許代言人の藤野政高、高須峯造、岩本新造、近藤繁太郎の4人であった。

藤野は松山自由党の代表的指導者であり、高須は立憲改進党の領袖で、岩本・近藤も自由民権運動に積極的に取り組んでいた免許代言人である。門田が釈放されて松山に帰り詳細を話したところ、藤野・高須・岩本らは、「彼らはわれわれと同じ自由主義の朋友であり、代言をもって自認する以上これを黙視することはできない」と言い、西条に直行して弁護の労をとることにした。

本件刑事裁判は、西条治安裁判所の勝野昌盛裁判官係りで行われることになった。弁護人の藤野と高須が法廷において、証人河端（被害者とされる）に対し行った反対尋問は、海南新聞の「公判傍聴記」[3]によれば、次のとおり

である。

> 代藤　被告輩諸人を饗せしは、此の図面中イの部かロか（実測図面を指し示し問ふ）。
> 判問　何れなるや。
> 答　イ印の所なり。
> 代藤　是は弁護人共に確かめたる実測の図面なるが、丈量に依れば本屋即ち事務取扱所とは八間の距離ありて離座敷と本屋との間の空地は三間なり。然るに熊助は二間半と云いしが図面に相違ありや。
> 判問　其れは如何。
> 答　図面の通相違なし。

弁護人藤野の反対尋問に証人がすぐに答えないのか、裁判官がたびたび答弁を促しているが、藤野の尋問によって河端の証言が事実と異なることを少しずつ明らかにし、次の弁護人高須に引き継いだ。証人の名前を呼捨てにしているのが目立つが、当時の法廷における尋問の状況を知ることができる。

> 代高　熊助が警察署に於ての訊問調書と同署に差出したる顛末書とは大なる差違ある様なるが、元来彼の顛末書は何人の手に成りしものか、自ら記せしものなるか。
> 判問　熊助如何や。
> 答　（暫く沈黙して云う）己の意を吐きて三男に書かしめたり。
> 判問　其方は其書面を見たる後警察署へ差出したるものか。
> 答　すっと見ました。
> 代高　然らば熊助の三男は本年何歳なるや。
> 判問　何歳なるか。
> 答　当年まで学校に行き居りたるものにて17歳になれり。
> 代高　被告輩が熊助の宅に行きたる時分今日是非定め呉れたしと迫りたるとは金額のことか、将た出金の承諾をなし呉れとの意なるか。

3　海南新聞明治18（1885）年7月7日（2329号）。

判問	熊助如何や。
答	其は金額に非らず出金の事なり。
代高	当日の模様は、何日那辺にて白石益雄に話したるや。
判問	熊助如何答弁せよ。
答	其翌31日の朝役所にて白石に談せり。
代高	裁判長に問ふ。白石益雄が熊助の申出を聞きて作りたり云ふ告発書の日附は何日とありや。
判答	（書類を閲して）5月30日なり。
代高	了承仕りたり。最早自分は御訊問を請ふべき点なし。

　弁護人高須の反対尋問は見事である。訊問調書と顚末書の違いを突き、酒宴では抽象的な出金話があったにすぎないこと、県勧業課出張所長白石益雄の告発は5月30日であるが、この時はまだ河端の報告は所長になされておらず、被告人らが金銭拠出を強要したというのは、白石所長の創作話の疑いが強いことを明らかにしたのである。

　裁判長は、被告人一同に対し、河端証人の証言について意見があるかと聞いた。被告人らは、それぞれ次のように述べた。

宇高	大いに相違あり。瓢酒は冷ゆえ燗を差上ましょうなどなど大変丁寧なる話にて幾分か尽くすと言ひしもの。
渡邊	出迎の有様も喜ばしげになして酒肴さへ出せし位なれば全く陳述と異なることなり。
岩田	恐喝を受けたるなどなど云ふ場合にあらず。熊助の申分は一切合点行かぬ事なり。試に彼が一身の履歴に見るに彼は山師なり。山師とは気の大なるものにて、予て白目山一件についても拘留の身と成り居りしが無罪となりたれど、未だ其のことも決し居らずとか、人の目に指を入るゝ様な人間が爭でか自分の恐喝を受け驚く等の事あらんや。
丹	葬式の事は、彼れより話を為しゝことにて、（被告人らが）此より公衆のため尽力すべし、金を出さねば去らぬと言ひしことなし。……自身が頻りに酒を勧めたるに拘はらず終始頭を下げ居りしとは有る可き謂われ

> 小川　弁護人の訊ねに対し、自分を一面識なきものとし丹岩田も知己ではなきとなし答へたれども、3人は心易き方にて嘗て丹と共に往来の席西条の店前に尋ねしことあり。
> 皆川　彼より葬式を賛美して出金の事をも承諾する様云ひし。後ち始めて帳面を製したるなり。

　被告人・弁護団は、酒宴の際、演説会葬儀の話を持ち出したのは河端のほうであり、小川・丹・岩田の3人は河端と知り合いであること、金銭の拠出は河端が自ら言い出したことで強要などしたことはなく、また山師稼業の屈強な年長の河端が脅迫されるはずはないこと、事件は告発者白石所長の創作であること、を主張した。

(6)　西条治安裁判所の判決

　西条治安裁判所は、明治18（1885）年6月29日、以下のとおり、証拠不十分で全員に無罪の判決を言い渡した。

〈裁判言渡書〉

> 愛媛懸伊豫国郡新居郡明屋敷村士族無職業
> 　　　　　　　　　　　　　　　小川健一郎
> 　　　　　　　　　　　　　　　23年9カ月
> 大分懸豊前国下毛郡中津村当今愛媛懸伊豫
> 国新居郡大町村寄留士族無職業
> 　　　　　　　　　　　　　　　岩田久蔵
> 　　　　　　　　　　　　　　　満25年
> 愛媛懸伊豫国郡新居郡明屋敷村士族無職業
> 新居郡大町村
> 　　　　　　　　　　　　　　　丹　正之
> 　　　　　　　　　　　　　　　満26年
> 同懸朔日村士族無職業
> 　　　　　　　　　　　　　　　渡邊奇秀

第8章 自由民権裁判と免許代言人

20年8カ月

同大町村士族無職業

宇高喜代蔵

26年7カ月

同懸温泉郡一番町当今同国新居郡本町寄留
平民代言人

皆川広済

24年8カ月

　右被告人の答弁弁護人の弁論各証人の陳述並に相当官吏の作りたる被告人訊問調書被害者告訴調書証人調書関係人門田正経近藤格之助の調書愛媛懸七等属白石益雄告発書等の朗読を聴き、以て被告人小川健一郎外五名は、前の日演説死亡葬儀を営みたる等の費用を市の川鉱山業に従事せるものの内両三輩より恐喝手段を以て出金せしめんと謀り、被告人等一同明治18年5月30日午後2時頃新居郡大生院村字市の川に居住する河端熊助方に至り、同人を恐喝し財物を騙取せんとしたるも、終に其目的を遂げ得さりしとの証憑充分ならすと認定す。因て治罪法第358条の規則に従ひ、被告人六名に対し無罪を言渡し且小川健一郎を除く外は放免する者也。

　被告人小川健一郎は、明治18年5月31日午後10時頃西条栄町旅人宿肴屋こと越智伊平へ他の4名の者と共に立越し同家に止宿する愛媛懸勧業課雇斉藤幾太に対し、現今市の川安賃母尼鉱山事業の得失如何を論議せんと同人居間へ闖入し其場に居合せたる同課雇福島友行なる者に向ひ、君は何者ぞ斉藤の下僕か丁稚か又は盗賊の兄分なりと公然罵言嘲弄したるものと認定す。右所為は刑法第426条12項に依り、2日以上5日以下の拘留に処し又は50銭以上1円50銭以下の科料に処すへきものなり。

　右の理由なるを以て対審の上被告人小川健一郎を拘留5日に処す。

於西条治安裁判所

4　治罪法358条は、次のように定めている。「犯罪の証憑充分ならざる時は、裁判所に於て無罪の言渡を為す可し。又第224条第3以下（免訴・放免の言渡し）の場合においては、免訴の言渡を為す可し。本条の場合に於て、被告人勾留を受けたる時は、放免の言渡を為す可し」。

5　刑法426条本文は、「左の諸件を犯したる者は、2日以上5日以下の拘留に処し、又は50銭以上1円50銭以下の科料に処す」と定め、その第12は「公然、人を罵言嘲弄したる者。但訴を待て其罪を論ず」と定めている。違警罪の1つである。

> 　　　　　　松山軽罪裁判所
> 　　　　　　　　検察官警部補代理巡査原四郎三郎立会す。
> 明治18年6月29日　　　　　　　　　　判事補　　勝野昌盛
> 　　　　　　　　　　　　　　　　　　書記　　　小林信義

2　裁判所の異なる判断

(1)　裁判所の表示

　本件裁判を扱った第一審裁判所の表示には特徴がある。

　明治13（1880）年7月17日に制定された「治罪法」では、治安裁判所は、違警罪を取り扱う裁判所であった（49条、違警罪裁判所）。

　軽罪を扱う裁判所は、始審裁判所であり（54条、軽罪裁判所）、軽罪・重罪について予審の権限をもち、治安裁判所の始審の裁判に対する控訴を裁判する権限をもっていた（同条）。

　本件は、明治18（1885）年5月に起きた事件であり、治罪法は、明治15（1882）年1月1日から施行されているから、罵言嘲弄の罪に問われた小川については、違警罪事件として西条治安裁判所が管轄権をもつが、恐喝取財未遂罪に問われた被告人らについては軽罪事件として松山始審裁判所（軽罪裁判所）が扱うことになったはずである。

　しかし、本件は、「於西条治安裁判所　松山軽罪裁判所」[6]として、松山軽罪裁判所が審理判決した形式をとっているが、実際は西条治安裁判所が行っている。

　政府は、治罪法施行日のわずか3カ月前、明治14（1881）年10月6日に、次のとおり、太政官布告第54号を出していた。

---

[6]　「於西条治安裁判所　松山軽罪裁判所」の表示方法は、明治14（1881）年12月9日の司法省丁第27号の書式雛形によるものである。

131

第8章　自由民権裁判と免許代言人

〔太政官布告第54号〕

> 刑法治罪法実施の儀布告に付ては、当分の内軽罪にして検察官に於て予審を要せずと見込むものに限り、始審裁判所所在の地を除くの外、治安裁判所に於て軽罪裁判所を開き其裁判を為すことを得へし、此旨布告候事。

　治罪法は、刑事訴訟手続や裁判所の構成について進歩的・理想的な内容をもっていたから、はたしてそのとおり実施できるかどうか危ぶむ声が出ていた。始審裁判所は、軽罪事件のみならず治安裁判所の裁判に対する控訴事件も取り扱い、3カ月ごとに始審裁判所または控訴裁判所で開かれる重罪事件をも扱う重罪裁判所ともなり相当の負担が予定されていたので、軽罪につき予審を必要としないと見込まれるものについては、軽罪裁判所がした形式をとって実際には治安裁判所に扱わせることにしていたのである。他方、治安裁判所の違警罪については、明治14（1881）年12月28日の太政官布告第80号をもって、従前どおり警察署の権限とした。

〔太政官布告第80号〕

> 違警罪の儀は、本年第36号布告に拠り、明治15年1月1日より治安裁判所に於て裁判すへき処、当分の内府県警察署及ひ其分署に於て裁判せしむへし。

　違警罪裁判についての治安裁判所の権限を行政官に扱わせることにしたのは、始審裁判所の事件を引き受けることからくる治安裁判所の負担軽減を図る意味もないではないが、明治8（1875）年5月24日、大審院諸裁判所職制章程が制定され「全国法権の統一を主持するの所」の大審院および下級裁判所に裁判権を専属させ、中央の行政権から独立する方向に進み、同章程の明治10（1877）年2月19日の改正により地方行政官の裁判が廃止され、中央・地方の行政権から裁判を分離したことに反するものである。当分の内とはいいながら、違警罪について旧慣によったことは、治罪法が定める違警罪に関する治安裁判所の裁判権を骨抜きにする危険があった。治罪法・刑法という

近代的な二大法典に基づく司法制度の改革をめざしながら、実際の運用は政府や司法省の都合により、太政官布告等の単発法令で変更し、旧慣によるというご都合主義が行われたのである。

　西条治安裁判所は、被告人小川・岩田・丹・渡邊・宇高・皆川らの恐喝取財未遂罪と被告人小川の違警罪である罵言嘲弄の罪の裁判を行った。違警罪について太政官布告第80号によらないで、治罪法の原則どおり行った。罵言嘲弄の罪については、小川は自ら公判において間違いないと認めたので拘留5日に処したが、恐喝取財未遂事件については、小川・岩田・丹・渡邊・宇高・皆川6人全員を無罪とする判決を言い渡した。

(2) 松山始審裁判所の判決

　第一審は治安裁判所であったから、この判決を不服とする検事は、松山始審裁判所（軽罪裁判所）に控訴した。裁判官は、裁判長判事補宮地義成、陪席判事補安井重三・同百島一八であった。傍聴人250余名で寸地も残さず、審理は7日にわたった。藤野ら弁護団の懸命の弁護にもかかわらず、同裁判所は、明治18 (1885) 年8月8日、検事の主張を認め、皆川を除く、小川・丹・岩田・宇高・渡邊5人を有罪とし、小川は再犯のため一番重く重禁錮3年附加罰金20円監視1年6月、丹・岩田は重禁錮2年附加罰金10円監視1年、宇高重禁錮1年6月附加罰金7円監視8月、一番軽い渡邊に重禁錮1年附加罰金5円監視8月の判決を言い渡した。[7]

　この事件は、西条における自由民権運動の壊滅を狙った県・警察のしくんだものであった。西条治安裁判所は正当な判断を下したが、控訴審の松山始審裁判所は政治的な判断をした。明治17 (1884) 年6月から、司法省が差し向ける巡視官が各裁判所を巡回し、民事刑事の処分その他の状況を視察監督していた。裁判官の身分保障も職務の独立もない頃であったから、自由民権運動を弾圧する政府・司法省の支配を脱して人権を守る裁判をすることは、よほど気骨のある裁判官でなければなし得るところではなかったのである。

---

[7] 愛媛県史編さん委員会編『愛媛県史資料編（近代2）』594頁以下に判決全文が収録されている。

(3) 現代の集会の自由

　集会は、人々が集まって情報や意見を交換し、互いに自分の考えを形成し発展させ、対外的に意見を表明するための極めて有力な手段であり、民主主義の根幹をなすものである。基本的人権の尊重を基本原理とする現行憲法21条は、過去わが国において公権力が集会を極度に制限し、集会の自由を侵害したことを深く反省し、「集会、結社……の自由は、これを保障する」と定めている。したがって、演説会・講演会・演奏会・懇談会・勉強会など名称のいかんを問わず、人々が共通の目的をもって集会を開くのは自由である。公権力が国民のこの権利を制限し弾圧することは許されない。集会条例のように集会を認可制とし、警察が集会の目的や内容を調べ、集会を不認可とし、演説内容に干渉してこれを中止させ、あるいは解散を命じることは許されない。集会の自由は、表現の自由と同様に民主主義社会における基本的人権であり、特に尊重を必要とする重要な自由権だからである。

Ⅱ　不敬事件

　明治15（1882）年以前に行われていた新律綱領・改定律例には、天皇皇族に対する不敬罪の規定はなく、免許代言人の角田真平事件や前島豊太郎事件のように、ご都合主義で不応為や讒謗律が適用され処罰されていた。

　ところが、明治15（1882）年1月1日に施行された刑法（いわゆる「旧刑法」）は、薩長藩閥政府の天皇絶対主義国家観に基づいて第2篇「公益に関する重罪軽罪」第1章に「皇室に対する罪」を設けるに至った。不敬罪が、刑法上明記されたことにより、それ以後人民が頻繁に不敬罪に問われる事件が起きた。

1　高知の不敬事件

　高知は、自由民権運動の先進地であったから、政談演説が盛んに行われ、演説者が刑法の不敬罪に問われる事件が頻発した。政談演説会に臨場した警

察官は、些細なことでも不敬であるとして演説を中止させ、集会を解散させた。

(1) 森田馬太郎事件

高知の立志社では、毎週土曜日の夜、演説会が行われていた。

刑法が施行された後の明治15 (1882) 年1月5日、民権家森田馬太郎は、立志社の講堂で「明治14年中最も人心を感動する者」と題し、同年中に行われた天皇の東北巡幸と板垣退助の東北遊説を比較し、板垣のほうが強い感動を与えたと演説した。これが天皇陛下に対し奉り不敬であるとして警察に逮捕され、高知軽罪裁判所で、刑法117条により重禁錮4年罰金100円監視1年の判決を言い渡された。[8]

森田はこれを不服として上告したが、大審院は上告を棄却した。

新聞は、「言論をもって己の任とする者はなるべく過激の言を慎まざるを得ず。嗚呼」（高知新聞）と嘆いた。

(2) 坂崎斌事件

民権家坂崎斌（さかざきあきら）は、司法省14等出仕の官吏であったが、板垣らの自由民権運動に共鳴して官を辞めて高知に帰った。明治13 (1880) 年、高知新聞社に入って民権運動を開始し、県下各地で政談演説をしてまわっていたところ、長岡郡中島村で行った政談演説について警察署によばれ、演説禁止を申し渡され、さらに、県令から1年間の演説禁止処分を受けた。

そこで、今度は講談師の鑑札を受け「馬鹿林鈍翁」と号して、明治15 (1882) 年1月22日の夜、高知の広栄座で講談「羅馬英雄ブラタス小伝」を演じ、「天子は人民より税を絞りて独り安座す。税を取りて上座に位ひするは天子と私の二人なり」と述べたところ、講談に託して政談を行い、天皇陛下に対し奉り不敬の所為ありとして逮捕勾留され、高知軽罪裁判所で刑法117条の不敬罪により重禁錮3月罰金20円監視6月に処せられた。[9] 坂崎は、銭をとって高い所にいる講談師は各国の帝王に似ていると洒落を言ったので

---

[8] 手塚豊『自由民権裁判の研究(下)』6頁以下。
[9] 手塚・前掲（注8）13頁以下。

あるが、頭の固い当局には通じなかった。坂崎は、判決を不服として上告したが、大審院は上告を棄却した。

2 新潟の推古天皇不敬事件

新潟県でも不敬事件が起きた。明治16（1883）年6月、新潟県で発行されている新潟日日新聞の社説が、日本書紀にある推古天皇を侮辱したとして、筆者、編集人、印刷人が不敬罪および新聞紙条例違反に問われたのである。

新潟日日新聞は、明治16（1883）年6月20日から3日間にわたり、その社説に「王室の尊栄と人民の幸福とは両立せしめさる可からす」と題した民権家有田真平の寄稿文を掲載した。その文章の中に、次のような箇所があった。[10]

> 我朝三十三代崇峻帝の御宇に当てや、蘇我馬子擅まゝに政権を握り、王室の尊栄を保つに非らす。唯一己れ一種族の栄利を謀らんと欲するにあるのみ。而して其甚しきに至ては、東漢駒の手を藉て主上を弑し奉り、又従って之を殺し、更に孱弱無智の婦女子を立て政権を壟断するか如きは悪みても尚余りある事どもなり。

この新聞記事は、崇峻天皇から推古天皇に代わる原因となった蘇我馬子による変事を論じたものである。[12]

(1) 被疑者3人の逮捕

検事補須藤槻は新潟日日新聞の社説を読み、馬子が立てた推古天皇を「孱弱無智の婦女子」と記したのは不敬であるとし、巡査を従えてまず印刷人寺田俊吾を勾引し印刷機を押さえた。次いで、編集人志賀広吉を逮捕し、最後に筆者の有田を佐渡で捕えた。

彼ら、3人は不敬事件として新潟軽罪裁判所に起訴され、明治16（1883）

10　手塚・前掲（注8）180頁。
11　原文に三十三代とあるが、崇峻天皇は三十二代である。
12　蘇我馬子が、西暦592年10月、東漢直駒を使って崇峻天皇を暗殺し、馬子の姪にあたる豊御食炊屋比売命を天皇とした。これが推古天皇（女帝）である。

年8月20日から四日間集中審理が行われた。

(2) 新潟軽罪裁判所の公判

裁判長は、新潟軽罪裁判所の判事鈴木政五郎で、立会検察官は検事補泉二郎であった。被告人らの弁護人は、記事を書いた有田について免許代言人の桑田房吉、編集人志賀について稲岡嘉七郎、印刷人寺田について長野昌秀がそれぞれ務めた。

有田は、新潟県佐渡国の平民・質営業・年齢25歳4カ月で、佐渡の代表的な民権家であった。志賀は、新潟県越後国の平民・新潟日日新聞の編集人・年齢26歳9カ月、寺田は、東京府武蔵国の平民・表具師で同新聞の印刷人・年齢21歳7カ月で、いずれも20代の青年たちであった。

明治15 (1882) 年1月から「治罪法」が施行され、刑事裁判において、被告人を弁護する代言人が検察官と対等の立場で法廷において対峙し、裁判官がこれを裁くという「弾劾主義」がとられることになった。他方、職権進行主義がとられていたから、裁判の進行は裁判官が主導しており、被告人や証人に対する尋問も裁判官が多く行い、弁護人の尋問中にも裁判官が頻繁に口を出していた。

被告人有田が不敬罪に問われた社説の文章に関する質問も、裁判官が中心になって行われている。

(ア) 有田真平の公判

新潟新聞の「公判傍聴筆記」によれば、有田に対する裁判官の質問とその答弁の模様は、次のとおりである[13]。文語調で記されており、表現がおもしろい。

判　是より其方の草せる文の不敬罪に当るの一節を読み聞かせん。
書　（朗読す）
判　馬子が専横を逞ふ(たくまし)したりとは、何が為めに来りたると思惟するぞ。
被　何処までも筆誅(ひっちゅう)を加へん為なり。

13　新潟新聞の「公判傍聴筆記」は、手塚・前掲（注8）199頁以下に収録されている。

判　孱弱云々の文字も、馬子の暴虐を明白にせんため、記したるならん。
被　然り。
判　馬子は自己の為に利益なる故に、此女帝を立たる胸算と思ふか。
被　然るなるへし。
判　崇峻天皇を弑し奉りたる馬子の思想は、其方確と知り居るか。
被　詳密に知らされとも、大抵思慮する所あり。
（中略）
判　其方は先刻より道徳上の不敬と云ひ居るが、何なる心得ぞ。
被　如何に奸賊と雖とも筆誅を加ふるの所存より、遂には至尊に向て孱弱無智と不穏に似たる文字を掲記したればなり。故に私は道徳上の不敬なりと思慮す。
判　要するに其方の精神は、尊王愛国にあるへきも、奸賊を筆誅するの勢ひ孱弱無智の婦女子と推古天皇を評したるにあり如何心得るか。
被　実に法官の仰せらるゝところに相違なし。
判　然らば左様にて宜し。
（新聞原稿及ひ掲載したる日日新聞を示さる。）
判　相違なし。其原稿は私か親筆なり。

　翌日の公判でも、有田は「昨日来申立る如く道徳上不敬の文字にて其罪人たるかは知らざれども、法律上の罪人とは夢存せざることなり。故に皇室に対する不敬罪などとは決して服すること能はず」と主張した。
　弁護人桑田もまた、文字の解釈上より推し、有田には悪意はなく無罪であることは論をまたないと彼を弁護した。

　　(イ)　編集人志賀広吉の公判
　志賀は、公判廷において有田より投書があり3回にわたり新聞紙に掲載したこと、原稿も有田のものに相違ないが、この文章を掲載することは毫も妨げないと思ったと述べ、裁判官の質問に対し、次のように飄々とした答えをした。

判　最初新聞に掲くるときは妨けなしと思えしも、今日は皇室に対する不敬罪

と思惟するか。
被　今日に至るも左様に考へず。
判　然らばその考へざる理由を陳述せよ。
被　明了せす。
判　其方明了せすと頻りに云ひ居るか、苟くも新聞紙を編輯するものに不似合の言なり。
被　明了せさる故已むことを得ず。

(ウ) 印刷人寺田俊吾の公判

寺田は、法廷において有田の原書により自ら文字を組み立て印刷したことを認め、裁判官の質問に対し、次のように答えた。

判　其印刷したる文中に屏弱無智の婦女子と推古天皇を評し奉れり如何解し居るか。
被　暗愚又は馬鹿といふことにあらすと解せり。
判　然らは如何。
被　身体虚弱なりと云ふと同一なり。
判　それは屏弱の二字の解に聞ゆるが無智とは如何。
被　強ち事理を弁し得ぬとの意にあらず。他人に比して幾多慮はかり寡なしと云ふ意味に考ふ。
判　然らは思案に乏しと云ふ極意か。
被　先つ然り。
判　何人を指したるか。
被　推古天皇を指し奉れり。
判　其方は不敬の処為と思ふか。
被　私は印刷人のことあれは、有田真平の起稿に係るものにて編輯長より下渡したるなれは、毫も不都合なきものと信し又私も皇室に対して不敬などとは心付かすして新聞紙を印刷せり。

検察官と弁護人は、公判中に何度も激しい論争を行っている。検察官または弁護人が意見を述べれば、他方が直ちに質問し意見を述べるなど緊張感あ

るやりとりをしていることに驚かされる。法律家として相当の力量と十分な事前準備がなければ、即時にこのようなやりとりはできるものではない。

　検察官は、事実について弁駁し、有田が智・無智につき牽強付会(けんきょうふかい)の言を吐き遁辞することを非難し、道徳上の罪人であることを認めた点をとらえて、次のように主張した。

> 検　本人なる真平は過日来道徳上の罪人たるを自白し居れり。然は己れ既に一方に罪あるを甘んするものなり。歴史上の引証は、本職は一抹に付しさるべし。

これに対して、弁護人が直ちに検察官に質問した。

> 代　検察官には真平が罪人たるを自白し居る如く云はれたるは、如何なることか、又歴史上の証例を一抹に付すると云はれたるは何なる理由ぞ。請ふ之を聞かん。
> 検　道徳上の罪人と云ふことと文章に書き載せたることを以て、本職は明かに有罪なる者と認定す。弁護人の聞き違へなるべし。

さらに、検察官は、弁護人が刑法117条の天皇三后皇太子を現存するものに限ると主張し、今日もまた縷々弁論するので一言したいと述べ、次のように反論したが、これに対して弁護人がさらに再反論をした。

> 検　第117條は不敬を加へたるものにて、危害を加へたるものにあらされは、現在(お)在はす方のみを指すものにあらす。ただ不敬とのみある以上は現存せらるゝと否とは無論区別を得す。同條に皇陵に対する云々とあるを見ても、強ち現存と否とを問はさるを知るへし。故に不敬とあるは有形に対して当然為すへき敬礼を欠きたるものをのみ示すにあらす。凡て先代の天皇三后皇太子の御神霊に向ても当然の敬礼を欠きたるものあれは、是れ本條に含蓄するは喋々の弁を要せす。
> 代　検察官は只今皇陵に対することを云々云はるゝのか。

検　否、単に引証したる迄なり。
代　検察官は帰結を皇陵に対したることに取れたるは、是れ推断の法を誤られたるものなり。
検　皇陵云々の引証を弁護人に於て不当と云へとも、無形なる御神霊に対して尚如此なることを明示したるものなり。他は論告するに及はす。
代　只今の論駁は服する能はす。

このように公判の中で、随時検察官の主張と弁護人の弁論が激しく交わされているが、双方の主張をまとめると次のようになる。

(3) 検察官の論告求刑

① 被告人有田が智とは時機を察して巧みに事を処すことであり、無智は尋常普通の知識を有することというが、牽強付会もはなはだしいもので正当の言葉ではない。無学であれば格別、被告人は和漢普通の書および英学をも心得ており、政党に加盟しその党員の一人である。被告人は、社会にあって上位に立つべき者である。無智の解釈を下すにあたって、すこぶる付会の言を吐いている。しょせん逃げ口上にすぎない。無智と評したのは、「愚蒙なり馬鹿なり」というのと少しも異なることはない。

弁護人はしきりに被告人に悪意がないと主張するが、内心のことは知りがたいもので、憶測して事実を曲げて被告人を庇うものである。被告人は、過日来道徳上の罪人であることを自白した。すでに一方に罪あることに甘んじるものである。道徳上の罪人ということと文章に書き載せたことをもって有罪と認める。

② 天皇三后皇太子について、弁護人は、御長逝遊ばされた天皇三后皇太子には及ばないと主張するが、刑法117条は不敬を加えたものであって、危害を加えたものではないから、現在する方のみを指すのではない。ただ不敬とのみある以上は、現存されると否とは無論区別することはできない。

③ 被告人有田は、刑法117条によって3月以上5年以下の重禁錮に処し、

20円以上200円以下の罰金を付加し、120条によって6月以上2年以下の監視に付する処断を求める。

〔刑　法〕

> 第117條　天皇、三后、皇太子に対し不敬の所為ある者は、3月以上5年以下の重禁錮に処し、20円以上200円以下の罰金を附加す。
> 第120條　此章に記載したる罪を犯し軽罪の刑に処する者は、6月以上2年以下の監視に附す。

④　被告人志賀・同寺田については、改正新聞紙条例18条に照らし共犯をもって論じ、有田と同じく処断したうえ、同条例36条によって印刷機はこれを没収すべきである。

〔改正新聞紙条例〕

> 第18條　新聞紙に記載したる事項に関する犯罪は、持主社主編輯人印刷人及筆者訳者は共犯を以て論す。
> 第36條　刑法第2編第1章の刑に触るゝ者は、印刷器を没収す。

改正新聞紙条例は、新聞社の持主をはじめ主な者を皆共犯とし、印刷に用いた機械はすべて没収し新聞を発行できなくするもので、新聞発行人にとって実に手痛い処分を定めていた。

有田は、法廷において裁判官の質問に対し、無智とは「尋常普通の知識を有すること」、寺田は「他人に比して幾多慮はかり寡なし」という意味であると言葉を慎んでいるのに、天皇に対し奉り不敬であると言っている検察官自身が論告において「愚蒙なり馬鹿なり」と言っているのは滑稽である。

(4)　弁護人の弁論

弁護人のそれぞれの弁論を要約すると、次のとおりである。

㋐　桑田房吉の弁論

有田の新聞記事の文字は、解釈上より推して悪意で記したものではない。

刑法117条の天皇三后皇太子に対し不敬の所為とあるのは、現存する天皇三后皇太子を指すもので、すでに御仙遊ばされた古代の天皇は含まない。被告人有田の所為は、117条の不敬罪には該当せず罪とならない。

弁護人は、このように弁論し、フランス刑法、ローマ刑法を参照したうえで、刑法117条の不敬とは、感覚上不敬を加え王室の尊栄を傷つけた者を罰する趣旨であると主張し、無智といっても何も尊栄を傷つけ無礼を加えたものではない。誰もこれを不敬とは思わない。弁護人は当初かの文章を通覧したが、平生よく注意するにもかかわらず気づかなかった。のち検察官の公訴があったことを聞き初めてそのようなこともあるのかと思ったほどである。今日熟視したが何ら不敬なことはない。何をもって117条の違反というのであろうか。些細なことで咎めだてし強引な解釈をして有罪に持ち込もうとする検察官の論告こそ不当であると反論した。

(イ) 稲岡嘉七郎の弁論

不敬とは悪意があって不敬を加えたことおよび現存する帝(みかど)に対してしたことである。有田は王室の尊栄を保たんため、蘇我馬子の専横を責め、あわせて後来を戒めるためこれを心に思うて論文を書いたものであるから、何ら悪意があってしたものではない。およそ法文を解釈において、前条の天皇とあるのは、古代すなわち先帝に及ばざるものとすれば、後条また然らざるを得ない。推古天皇は第33代にあたるもので、もちろん法の効力が及ばないことは弁論をまたない。これを有罪とすれば、社会のこと皆有罪となる結果となり、はなはだ危険といわなければならない。およそ原因あって初めて結果がある。有罪の原因がないから罰すべき結果もない。もとより志賀は無罪である。

(ウ) 長野昌秀の弁論

現今の新聞紙条例といえども、罪を犯す意なき所為についてその罪を論じないことは、刑法と同一である。寺田は常に印刷を業とし、その名も新聞の末尾に署する程度であるから、深く学問も修めていない。したがって、その論文がはたして皇室に対して不敬かどうか、もとより吟味する能力もない。

被告人は、一点の罪を犯す意思がないことは明らかであり、新聞紙条例18条に照らし共犯をもって論ずることはできない。

　検察官は改正新聞紙条例36条により印刷機を没収すると述べたが、新潟日日新聞社に使用する印刷機は、前主里村太利より寺田が借り受けたものである。新聞紙条例には他人の所有に係るものもことごとく没収すると明文がない以上は、無論没収される道理がない。寺田の所有でない他人の物件を没収できるはずはない。印刷人寺田の弁護人長野昌秀[14]は、このように弁論し無罪を主張した。

　本件で最大の争点になっているのは、古代の天皇について論じたことが、刑法117条に該当するかどうかということである。検察官は該当すると言い、弁護人は該当しないと主張した。

　(5)　**新潟軽罪裁判所の判決**

　有田に対する判決の結論部分を示すと、次のとおりである。

〈有田真平に対する判決〉

　　　　　　　　　　　　　　　　新潟県佐渡国雑太郡相川大工町63番地
　　　　　　　　　　　　　　　　　　　　　平民　　質営業
　　　　　　　　　　　　　　　　　　　　　　　　　有田真平
　　　　　　　　　　　　　　　　　　　　　　　　　25年8月

　推古天皇を指して無智の婦女子と称したる証拠は、該文章の原稿及ひこれを刊行せし新潟日日新聞紙に拠り明確なるを以て、新聞紙条例第18条に照らし、刑法第117条第1項に依り、重禁錮10月に処し罰金40円を附加し、刑法第120条に依り、10月の監視に付す。

　新潟軽罪裁判所において検事補蔭山政記立会宣告
　明治16年12月5日　　　　　　　　　　　　　　　　判事　後藤幸操

---

[14] 新潟弁護士会『新潟弁護士会史』の代言人組合名簿および歴代役員一覧・会員一覧によれば、長野昌秀は、文久元（1861）年12月新潟で生まれ、明治16（1883）年7月に代言人試験に合格し免許代言人となった。同26（1893）年新潟代言人組合の会長を務めた（26頁、707頁、723頁）。堂々の弁護を行った桑田房吉、稲岡嘉七郎については、新潟弁護士会の名簿には見当たらない。他会の免許代言人と思われる。

Ⅱ　不敬事件

書記　福原錬平

　志賀、寺田に対する判決もほぼ同様で、いずれも重禁錮10月、罰金40円を付加し監視10月であり、論文原稿、印刷機は没収された。
　被告人有田・志賀・寺田は、ともに判決を不服として大審院に上告した。
　(6)　大審院の公判
　大審院の裁判官は、裁判長荒木博臣・専任判事武久昌孚・判事谷津春三・兵頭正懿・岡村輝彦の5人で、検事は林三介であった。有田の上告審の弁護人は、免許代言人岡山兼吉である。志賀・寺田の上告弁護人が誰であったかについては、公判傍聴記にも記載がなく残念ながら確認できない。
　(ア)　岡山兼吉免許代言人
　岡山は、遠江国城東郡横須賀の人で、安政元（1854）年7月に生まれた。明治3（1870）年藩校で漢学を学んだ後、越後新発田中学校を経て、同7（1874）年、新潟英語学校で英学を学び、同9（1876）年、東京開成学校（のち東京大学に合流）に入学し法律学を学び、同14（1881）年7月に同校を卒業した学士代言人である。官学を出た者は官途に就く者が多い中、「官途は大丈夫の器量を試みる所ではなく、艱難のうちに成長し社会の補益を図ること、野にあって社会公衆の為に尽くすことに意義がある」として代言人になった。[15]彼の仕事は、綿密かつ周到で精密であり、この当時免許代言人のうちで最も訴訟上手と評されていた。[16]彼は新潟に縁があったから、この事件を引き受けたのであろう。
　岡山弁護人は、大審院の公判で検察官と論戦を交わした後、以下のとおり

---

[15] 原口令成『高名代言人列傳』29頁以下、日下南山子編『日本弁護士高評傳』39頁以下。いずれも『日本法曹界人物事典(6)（代言人時代）』に収録されている。
[16] 森長英三郎「鳩山和夫」（潮見俊隆編・日本の弁護士）62頁、三菱の端島炭鉱事件の第一審で免許代言人の鳩山和夫が敗訴し、控訴審で訴訟代理人を増やすことになったとき、目下代言人中で最も訴訟上手といわれるのは岡山兼吉であるから岡山を加えてもらいたいと言い、岡山が代理人になったら、控訴審で逆転勝訴した。岡山は、明治15（1882）年10月、東京専門学校（現在の早稲田大学）の創立に参加し学生に政法学を講じ、同22（1889）年に東京代言人組合会長となった。国会が開設された後、静岡県第3区より選出されて衆議院議員となった。

弁論した。
(イ) 岡山兼吉の弁論
① 今上天皇の親属は、五等親位を限度とする。百代あまりも隔たった推古天皇は親属ではなく、皇位のほか関係がない。推古天皇と今上天皇は、天皇という資格では同じでこれを一体とみる場合と、一身上のものとの区別があり、本件は古代の推古天皇の一身上について述べたにとどまるのであって、現存天皇に関する刑法117条の罪には該当しない。

② 有田はいまだかつて孱弱無智もって法律上不敬の言葉であると陳述したことはない。1つの文字が不敬となるか否かは、法律上の解釈の問題であって、事実に関するものではない。法律上の解釈として孱弱無智の文字には不敬の意味はない。

③ 有田には、罪を犯す意思（故意）がなく、これは法律の許するところである。

岡山弁護人は、このように弁論して有田の無罪を主張した。

(7) 免許代言人の気魄(きはく)

免許代言人による刑事弁護が始まって、まだ1年余りしか経っていない明治16（1883）年8月に新潟軽罪裁判所でこの事件の裁判が始まり、翌17年に大審院の裁判が行われている。

刑事弁護の日浅く、しかも官尊民卑の風潮の強い時代において、弁護人らが検察官を向こうにまわして堂々の弁論をし、一歩も引かない気魄はどこからきているのであろうか。

当時免許代言人の多くは、自由民権運動の先頭に立っていた。新潟軽罪裁判所の刑事法廷で活躍した長野昌秀ほかの弁護人もそういう人たちであった。弁護人の岡山兼吉は、立憲改進党に属する免許代言人である。彼らの在野精神とその気魄を支えていたのは、人民の自由と権利の伸張を図ろうとする自

---

17 親族のことをこの当時「親属」と表した。刑法第8章は「親属例」として、親属の範囲を定めている。刑法114条は、親属の範囲として一から十まで定めており、一は祖父母・父母・夫妻、五は父母の兄弟姉妹およびその配偶者、十は配偶者の父母の兄弟姉妹までとしている。

由民権の精神であった。そしてまた、全国に高まる自由民権の声が彼らを後押ししていたのである。

弁護人は、被疑者・被告人の人権および正当な利益の擁護者として、彼らのために全力を尽くす職責を有する。したがって、弁護人は、捜査段階はもちろん公判手続においても、彼らの人権や正当な利益を擁護するために、あらゆる弁護技術を用いて検察官と対峙し、公平な裁判を求めなければならない。そのためにはすぐれた人権感覚と勇気・気魄が必要である。現代において刑事弁護にあたる弁護人は、明治期の免許代言人が示した勇気と気魄に学ぶべきところが多いと思う。

(8) 大審院の判決

大審院は、以下のように判決を下した。

「その文詞の不敬であることは勿論であり、その所為について当該法条が支配すべきは当然である。有田真平が孱弱無智の婦女子と称したのは、軽蔑の言葉であり不敬であることは勿論、至尊の御歴代たる推古天皇をこのように評する以上は、天皇の位に対すると否とを問わず、おのずから今上天皇に対する不敬に帰することは明らかである。その目的は蘇我馬子を筆誅するにあり、推古天皇を悪評する意思はないと主張するが、すでに原裁判所において故意に不敬を行うものと認めた以上は、ここに之れを争い得べき限りではない。

弁護人は、原判決文は不敬罪を構成する要件、即ち、不敬をなすの意思があったという理由を明示しておらず、事実の理由を欠くものであると縷々主張しているが、該判決文中『知らす識らす言語の不敬に渉りたるものにして故意に出てしに非らされは、法律上不敬の所為と云を不得と陳弁すれとも、当文章は皆被告の心匠より結構し来れるものなれは、其片言隻語も故意に出たること論を俟たす』と明示しているのをみると、その意思があったと認めることができる。

印刷人寺田俊吾は、他人より借用した印刷機を没収したのは、刑法44条に違反する。仮に没収し得るとしても、その所有者里村太利に対して言渡すべ

きであるのに、被告人に対してこれを言渡したのは違法であると論難するが、刑法第43条に『但し法律規則に於て別に没収の例を定めたる者は各其法律規則に従ふ』とあり、その特例法である新聞紙条例第36条によったもので、その所有者の何人たるかを問わず、これを没収すべきものである」。

　大審院は、編集発行人志賀に対しても、同様に原審の判決を正当とするという判断を示した。

　こうして大審院は、明治17（1884）年に、被告人および弁護人の主張を退け上告を棄却したのである。

　大審院は、古代の推古天皇を孱弱無智の婦女子と称したことは、刑法117条の今上天皇に対する不敬にあたるという強引な解釈をした。このため、当時古代の天皇について自由に論じることは許されないことになった。

　本件は検察官自ら摘発した不敬事件であり、司法省の意向と宮中を配慮したと推測できるもので、藩閥政府の天皇絶対主義国家観の下にある司法省の指令に従う裁判官の姿をみることができるのである。

(9) 不敬罪の廃止

　刑法の不敬罪は、明治15年以降終戦に至るまで多くの人民を獄につなぎ非常な苦しみを与えたが、戦後、国民主権と基本的人権の尊重を基本原理とする日本国憲法の制定により、昭和22（1947）年法律第125号をもって廃止された。国民主権の下では、天皇や皇族の法的保護は、国民が受ける保護と同等であり、それ以上の保護を与えることは新憲法の理念に反するとされたのである。現在では、国民と同じように名誉毀損罪または侮辱罪の規定によることになる。

第9章　自由民権運動の弾圧事件──高等法院で弁護した免許代言人

▶本章の概要◀

　自由民権運動における最大の弾圧事件が起きた。「福島事件」である。福島の自由党と地域住民が一体となり、三島県令の強権的道路開鑿(かいさく)工事に反対する運動を展開して官憲と激しく衝突した。県会議長河野広中ら福島自由党指導者は、国事犯事件として高等法院で裁判を受けることになる。

　新潟県では、官憲が頸城(くびき)自由党の壊滅を狙って内乱陰謀をでっちあげ、同党員らを多数逮捕した「高田事件」が起きた。その中で、赤井景韶(あかいかげあき)らは政府高官の暗殺を目的とする天誅党趣意書を作成していたとして内乱予備陰謀罪に問われ高等法院に送られた。

　高等法院において、免許代言人は検察官との間で、内乱陰謀等に関する高度の議論を闘わせ、いずれの事件も検察官の求刑より軽い判決を引き出した。

　ここでは、これら重大事件の刑事裁判で被告人の人権擁護のため努力する免許代言人の姿をみてみたい。

第9章　自由民権運動の弾圧事件——高等法院で弁護した免許代言人

Ⅰ　福島事件

1　事件の概要[1]

(1)　土木県令三島通庸の着任

　三島通庸は、明治15（1882）年2月17日、内務省の命を受け山形から東北自由民権運動の本拠地で当時難治県といわれた福島に県令として赴任してきた。

　三島は、通称弥兵衛といい、薩摩藩島津家に仕え、戊辰戦争の際には小荷駄方として薩軍に参加した。その後、藩政改革で都城の地頭に任じられると強権的に道路工事を行った。東北諸県における三島の「土木県令」の原型がここにある。[2]

　彼はその後政府に出仕し、大久保利通内務卿の信任を得て山形県令となり、戊辰戦争の際に奥羽越列藩同盟として幕軍に属し、官軍と激しく戦った荘内藩士族の鎮撫にあたった。

　三島は上に媚び、下に驕る当時の典型的な藩閥官僚で、中央政府と一体となって政策を強行した。[3]彼は福島県令として着任するや否や「自由党の撲滅、帝政党の援助、道路の開鑿」が自分の任務と公言し、県外の薩摩出身の士族を呼び寄せ、官選の郡長や警察署長に任命して腹心で固めるとともに、県庁の役人は全面的に入れ替え、自分に従う者で組織した。

1　福島事件に関する文献は極めて多い。福島県『福島県史(11)（近代資料）』190頁以下、日本弁護士連合会『日本弁護士沿革史』40頁、福島県弁護士会『福島県弁護士会百周年記念誌』47頁、関戸覚蔵『東陲民権史』93頁以下、奥平昌洪『日本弁護士史』439頁以下、我妻栄ほか編『日本政治裁判史録（明治・後）』15頁以下、手塚豊『自由民権裁判の研究(上)』99頁以下、野沢雞一編『星亨とその時代(1)』179頁以下、高橋哲夫『福島自由民権運動史』17頁以下、佐々木克『日本近代の出発』158頁以下、服部之總『服部之總全集(11)（自由民権）』254頁以下など。

2　鹿児島県弁護士会『鹿児島県弁護士会史』83頁。

3　奥平・前掲（注1）439頁、日本弁護士連合会・前掲（注1）40頁。

(2) 三島の三方道路計画

　彼は着任してすぐ会津若松を基点とする米沢（山形）、今市（栃木）、水原（新潟）に至る三方道路を計画し、彼が任命した会津六郡（耶麻郡・河沼郡・大沼郡・北会津郡・南会津郡・東蒲原郡）の郡長を招集し、道路開設のため会津六郡連合会をつくらせ、六郡に居住する15歳以上60歳以下の者は、男女を問わず、2年間、毎月1日の割合で夫役に出ること、出ない者は男1日につき15銭・女10銭の代夫賃を徴収することを決めさせた。異論を出す者に対しては、今この際でなければ会計年度の都合上国庫より補助金を得ることができない、直ちにこれを決めれば20万円の補助金の下付は必定である旨巧言を弄し、わずか4日間という短期間に、ほとんど人頭税に等しい巨費37万円の住民負担を引き出すことに成功した。[4]

　本来道路橋梁の建設や治山治水事業は、国の公共事業であるにもかかわらず、極めて重い負担を地方の人民に負わせ、その犠牲によって行わせようとしたことに重大な問題があった。

(3) 福島県会の陣容

　三島県令は、明治15（1882）年4月、福島県会に40万円の予算案を提出したが、これは道路開鑿のため、前年度に比べ33％の増額、地方税の住民負担は2倍半になるもので、住民の実情を完全に無視したものであった。福島県会は三島に対し、予算案の説明のため、たびたび出席を要求したが、三島はこれを無視して他に出張したり、酒楼に遊び欠席を続けた。

　福島県会の議長は、関東・東北地方の自由民権運動の先駆者で自由党の代表的指導者の1人である河野広中であった。河野を中心に自由党が勢力をもつ県会は、民情を無視し県会を愚弄する三島県令の暴政を激しく非難し、三島提出の予算案はもとより彼が提出する議案はすべて否決すると決議し、全面対決となった。

　4　三島は20万円の補助金の下付は必定と述べたが、実際には半額にも満たない9万8000円であった（福島県・前掲（注1）199頁、1097～1098頁）。

(4) 道路開鑿工事と住民の反発

　三島県令は、県会を通さずに予算案を直接山田顕義内務卿に具申し、原案を部分修正したうえ執行の許可を得て三方道路工事を開始した。夫役は往復3日を要する狩り出し苦役であった。道路の予定地に耕地があれば作物を抜き捨て、民家があれば叩き壊した。

　三島側の郡長・県係官・巡査らは、工事に出ない者に対し、人夫賃を厳しく取り立て、未納者の財産は差し押さえて不当に低価格で公売した。公売された家屋は578戸にも達した。会津六郡連合会の耶麻郡下柴村の議員であった宇田成一は、河沼郡の小島忠八らに働きかけ、六郡連合会の議決に反する工事施工で不備があると主張し、六郡長総代大河原隆綱に対し書面をもって臨時会開催を請求したが、県令の命に従う郡長総代はこれを拒否した。

(5) 免許代言人の訴訟鑑定

　三島の強圧的工事施行に不満を募らせた住民らは、会津自由党の山口千代作（県会副議長）・赤城平六（住民同盟総理）と相談し、裁判所に持ち込むことを考えた。そこで、山口・赤城は、免許代言人に訴訟鑑定をしてもらおうと考え、原平蔵を上京させた。

　鑑定にあたった免許代言人大井憲太郎・北田正董は、「この訴訟たる六郡人民自治の権利に関するものなれば、半数以上の勢力を以ってするを必要とす。もし少数の同意にて訴訟を提起する時は、すなわち薄弱の嫌ひあるを免れず、たといその訴案に充分の条理具はれりとするも、あるいは行政官の弁解次第、人民の敗訴たるもまた知るべからず。注意を点にあり」と述べた。

(6) 若松治安裁判所へ勧解の申立て

　原は、河沼郡尾野本村に帰り、住民総代100余名が集った中で、訴訟鑑定

5　明治14（1881）年2月14日（太政官布告第4号）府県制33条第2項は、「府県会に於て若し法律上議決すへき議案を議定せさることあるときは、府知事県令は更に其議定を要せす内務卿に具状し其認可を得て之を施行する事を得」と定めていた。三島県令はこれを利用したのである。

6　佐々木・前掲（注1）158頁以下。

7　関戸・前掲（注1）112頁。

の結果を報告した。これを受けて一同が協議したところ、六郡人民の過半数、すなわち2万人以上の同意を得ることは難しいことではないが、当局が妨害することは必定であるから、多くの日数を費やし、幾多の蹉跌にあうことを覚悟せざるを得ない。しかし、今は住民の危急を要する場合であるから、ひとまず現在の同意者で若松治安裁判所へ勧解を願い出て、道路開鑿事業の施行に不服であることを表明すべきである。その勧解は、官庁に対するものであるから却下されるかもしれないが、時を稼ぎその間おもむろに本訴提起の準備をし、勧解が却下された後、速やかに本訴を提起するのが上策である、ということになった。[8]

　そこで住民は、明治15（1882）年10月、公売処分の停止を求める勧解願いを若松治安裁判所に提出した。判事補佐枝種永は、「追って何分の沙汰に及ぶべし」と述べた。住民はそれと同時に各郡長あてに若松治安裁判所へ勧解申立て中につき、右事件終結までは、六郡連合会の会議で決めた夫役および代夫賃の上納は差し控えると届け出た。各郡長は周章狼狽し福島県庁に急報したところ、三島県令は怒り、下役人・警部巡査・急募した不平士族の臨時巡査に厳しく代夫賃の取立てを命じた。住民らは裁判所に申立て中であるから結論が出るまで待ってほしいと主張したが、役人警部巡査らは一切聞き入れず、拒む者は容赦なく逮捕し警察に連行した。[9]

　若松治安裁判所は、住民が申し立てた勧解について、結局「勧解願いの儀は官庁に係るを以て勧解を与ふるの限にあらず云々」の付箋を付けて却下した。[10]このため住民は勧解を進めることはできなかったが、三島県令を被告として宮城控訴裁判所に提訴するのは最後の手段であり、とにかく事の始末を三島県令に開申し、来県する山田顕義内務卿に陳情するべきで、慎重を期したほうがよいと判断し、五十嵐武彦・中島友八を住民総代に選んだ。

　そこで、五十嵐・中島は、県令に対する開申書、内務卿に対する陳情書を

8　関戸・前掲（注1）113頁、福島県・前掲（注1）570頁、我妻ほか・前掲（注1）22頁。
9　福島県・前掲（注1）571頁以下。
10　関戸・前掲（注1）121頁、我妻ほか・前掲（注1）23頁。

作成し、五十嵐は県庁を訪ね開申書を提出しようとしたが受け取りを拒否され、県会議員の中島は陳情書を懐に山田内務卿の視察場所である猪苗代湖、安積郡開成山、須賀川、白河と後を追っていったが、すでに栃木県那須原方面に出立した後で、無念にも内務卿に渡し陳情することはできなかった。

　五十嵐と中島は、平和的な方法をもって三島県令の暴政を阻止しようと試みたがその甲斐なく、ついに県令を被告として宮城控訴裁判所に行政訴訟を起こすしかないと考えるに至った。この訴訟については、宇田成一・山口千代作が担当責任者となり、原平蔵と三浦文次らが、仙台の免許代言人藤沢幾之輔との間を往復することになった。

(7) 弾正ヶ原事件

　喜多方地方では、県官吏・郡長・警察官らが代夫賃未払いの住民の財産を強制的に公売処分したことにつき、憤慨した多くの住民との間に激しい衝突が起きた。これをみた原、三浦は、住民に代わって喜多方警察署に行き、公売処分を止めるよう耶麻郡長佐藤志郎と白洲で対質のうえ「人民を虐待するのは何ごとか」と難詰したところ、郡長はひと言も発せず退席した。その後、署長は、両名の申し状は住民を教唆し官吏を侮辱したものであるとして逮捕してしまった。

　原・三浦が逮捕されたとの報を受けた住民約1000人が、明治15（1882）年11月28日、喜多方弾正ヶ原に竹槍筵旗などを持って集合した。会津自由党の瓜生直七は、松の大樹に登って、逮捕された者の釈放を求める演説をした。杉浦重義もまた熱弁をふるった。

　その後、瓜生ほか住民が喜多方警察署（署長武井甚之進）に行き、瓜生ら少数の者が署長と釈放の交渉中、まわりを取り囲んだ住民らが待ちきれず、逮捕された者の釈放を求め怒声を発し、竹槍を振りまわし投石行動に出た。巡査らが、これを幸いと抜刀して躍り出て、住民らに切りつけ、数名の負傷者が出たので、住民らはやむなく退散した。これが弾正ヶ原事件または喜多

11　関戸・前掲（注1）27頁。

方事件である。住民らの喜多方署投石は、福島県警部岩下敬蔵の密偵安積戦12が煽動したものであった。安積のほかに行村仙太郎も探偵で、この両名は無頼漢であり、この疑獄に乗じて私利を釣ろうとした13。当時の多くの政治的事件には、このように警察が密かに探偵を潜入させて情報を収集し、わざと煽動させて逮捕のきっかけをつかもうとしていたのである。

警察は、喜多方署を取り囲んで投石した住民ら323名を、兇徒聚衆容疑で逮捕し、若松警察署・北会津・河沼・大沼・耶麻ほか県下各警察署に勾引して長期間勾留した。

(8) 会津帝政党

三島県令、少書記官村上楯朝は、自由党を潰し道路問題を有利に運ぶため、旧会津の不平武士や無頼の徒を帝政党結成に誘い、明治15（1882）年10月、会津帝政党を結成させ、その本部日新館が開館した時、村上は祝宴にのぞみ大いにその徒を饗した。帝政党員らの傍若無人ぶりは眼を覆うばかりで、政党というよりは御用暴力団的性格のものであった。彼らは、宇田成一と福島14自由党の有力者田母野秀顕（たものひであき）を襲い木刀を振るってけがをさせた。また、彼らは、酒を飲んでは郡内を歩きまわり、「破壊議員である」と言って民権家議員の家に乱入し、住民の集まりに出ようとする者はこれを追い返し、開会中の集会に乱入して妨害するなど横暴を極めた。

(9) 無名館急襲事件

明治15（1882）年12月1日午前1時、警察が福島自由党の本部「無名館」（福島町北町）に押し寄せ、門戸を蹴破って館内に闖入（ちんにゅう）した。真夜中にドヤドヤとただごとでない物音に河野広中・愛沢寧堅（あいざわやすかた）が起き上がると、巡査らは白刃を抜き放ち、2人の前後左右を取り囲んだ。

河野が「深夜に何ごとで人の邸宅に侵入したのか」と問い詰めると、警部

12　服部・前掲（注1）269頁。
13　福島県・前掲（注1）1090頁。この県史は明治7（1874）年から同17（1884）年までの福島県の政治結社の結成、地方政党の成立、福島事件等に関する詳細な資料である。その中に探偵の警察への報告が多くみられる。
14　高橋・前掲（注1）51頁。

155

が「勾引のためきた」と言い終わらぬうちに、巡査が飛びかかって2人を捕縛し部屋の一隅に引き据え、館内をくまなく捜索し文書類を押収した。室内着のまま逮捕連行された両名は、積雪寒風吹きつける中、全身寒気にさらされ耐えがたく凍死するかと思うほどであった。河野は若松署に拘禁されたが、毒殺の危険を感じ、獄中の食事をネズミに与え、その様子をみたうえで口に入れることもしばしばであった。愛沢は福島警察署に留置され同様の過酷な取扱いを受けた。

　福島自由党の幹部平島松尾・田母野秀顕・花香恭次郎・沢田清之助は、それぞれ潜伏し仲間の安否を尋ねるうちに冤罪で獄窓に呻吟し、主のいない家に妻子が泣き暮らしているのをみるにつけ、これまで住民の世論で行政官に反省を求める開申書の提出や陳情を試み、勧解の申立てなど平和的手段を講じてきたが、いずれも効を奏せず、かくなるうえは直接中央政府に陳情するほかないと考えた。彼らは密かに上京し、巡査・探偵などにみつからないように牛込や京橋など宿屋を転々としながら、政府に提出するため意を尽くして縷々数千語に及ぶ具申書を作成した。そのうえで、明治15（1882）年12月22日、平島が太政官に行き大臣に面会を求めたが、一官吏が出てきて御用仕舞いを口実に断られた。そこで、平島は太政大臣の私邸に行けば具申書を提出できるかもしれないと一縷の望みをもって霞ヶ関の三条邸[15]を訪ね、執事に用件を述べて面会を請うたが、年末多端の理由で玄関払いされてしまった。彼は失望して門の外に出た時、待ち受けていた巡査にその場で逮捕されてしまった。田母野・花香・沢田・山口らも、その後相次いで逮捕護送され、若松警察署、福島警察署などに分散して厳重拘禁された。

⑽　免許代言人らの逮捕

　自由主義の免許代言人・県会議員や有志に対しても、巡査らが深夜に白刃を持って踏み込み、部屋の隅々まで捜索して文書類を押収して勾引し、県下各警察署に拘禁した。

15　太政大臣三条実美は、霞ヶ関の元福岡黒田藩の広大な屋敷の半分ほどを邸宅として使用していた。

① 岩城平地方の免許代言人鴨山精兵衛は、自由を尊び民権を重視する自由党員であるが、明治15（1882）年12月24日、兇徒聚集容疑で福島警察署に連行され3カ月間監獄に勾留された後、翌16年3月、放免された。[16]
② 白河で代言業務を行っていた伊藤荘蔵もまた自由党に参加し民権論を唱道していたが、福島事件が起きるや兇徒聚集容疑で逮捕され、百有余日間、白河監獄に勾留され、その後放免された。[17]
③ 仙台の免許代言人村松亀一郎は、山口・田母野が逃れてきたとき、両名を匿い東京に逃した。そのため、国事犯および兇徒聚集容疑で福島警察署に勾引されて6カ月間勾留され、犯人隠避を理由に軽禁錮罰金刑に処せられた。

警察・三島県令側は、弾正ヶ原事件とは直接関係のない自由党の河野・愛沢らまでも、国事犯および兇徒聚衆容疑で逮捕し勾留した。弾正ヶ原事件は、内乱計画の一環として、河野らが首謀者となり企てたものと考えていたのである。

三島県令は、明治16（1883）年1月18日、三条実美に上申書を提出し、福島は元来自由党の本拠地で、自由党員の河野らが、もっぱら政府を転覆しようと画策しており、三方道路建設反対運動は、河野と通謀する宇田成一らを巨魁とする自由党勢力が人民を教唆誘導するものであると主張していた。[18]

(11) 拷問の禁止と実際

明治12（1879）年10月に拷問は廃止され、同15（1882）年1月施行の刑法は、裁判官・検察官・警察官ら官吏による拷問を禁止し犯罪としていた。しかし、この拷問禁止は完全に無視され、警察の被疑者に対する取調べは、数日間食物を与えず飢餓に陥らせ、杖を振るって乱打し、雪中寒風にさらすなど実に過酷なもので、徳川時代の吟味に勝るとも劣らないものであった。[19]

---

16 足立重吉『代言人評判記』116頁以下。
17 足立・前掲（注16）103頁以下。
18 長井純市『河野広中』86頁以下。
19 関戸・前掲（注1）140頁。

第9章　自由民権運動の弾圧事件——高等法院で弁護した免許代言人

喜多方署を取り囲んだ住民らの多くは、若松始審裁判所で裁判を受け兇徒聚衆罪（刑法137条）の付和随行者として罰金を言い渡された。

若松始審裁判所は、河野ら6名並びに宇田・山田ら51名を国事犯および兇徒聚衆罪として東京の高等法院に送ることを決定した。明治16（1883）年2月12日、若松警察署から白河警察署、宇都宮警察署を経て同月14日、東京の鍛冶橋警察署に護送されて各々密室監禁され、翌日から高等法院の予審を受けることになった。

2　高等法院の裁判

(1)　高等法院の開設

高等法院は、治罪法83条により設けられた特別裁判所である。皇室に対する犯罪、政治犯である国事に関する犯罪、皇族や勅任官の犯罪を裁判するところであったが、実際には政治犯を裁判することを主たる目的としていた。

本件高等法院は、大審院の中で開かれることになった。福島事件は、刑法・治罪法施行後、初めて高等法院が扱う国事犯事件となったのである。

予審判事は、大審院判事厳谷竜一、同兵頭正懿であった。予審の取調べは、明治16（1883）年2月15日より開始された。警察署における取調べは陰惨な拷問によるものが多く、地方の裁判所の予審でも予審判事が、座右の物品を投げつけたり殴ったりしたが、高等法院の予審の取調べは終始穏やかに行われた。予審は、同年4月12日に終結し、宇田・山口・赤城ら51名について国事犯および兇徒聚衆罪の証拠がないとして免訴のうえ釈放した。

予審廷は、河野・田母野・平島・愛沢・花香・沢田の6名については、兇徒聚衆罪の証拠はなく免訴としたが、無名館の盟約は政府を転覆しようと謀ったもので、内乱陰謀の罪として高等法院の公判に移すと言い渡した。

高等法院検察官渡邊驥（わたなべすすむ）は、明治16（1883）年4月14日、河野らが福島自由党本部の無名館において盟約したことを国事犯として高等法院に公訴を提起した。無名館盟約のみが国事犯として公判が行われることになったのである。

なお、無名館の事務員鎌田直造、自由党の同志で大笹生村戸長佐々木宇三

郎は、河野らの盟約書を隠匿・破棄したということで、河野ら6名の付帯犯として高等法院で公判が行われたが、鎌田は拘留5日、佐々木は拘留8日の軽い判決にとどまった。

(2) 高等法院の裁判官・検察官・弁護人

裁判長は大審院長玉乃世履、陪席裁判官は大審院判事岡内重俊・同関義臣・同武久昌孚、元老院議官長岡護美・同河田景與・同林友幸以上合計7名であった。検察官は、渡邊驥（検事長）・竹内維積・澄川拙三・堀田正忠で、検察の主張は、もっぱら堀田検事が担当した。

弁護人は、星亨（河野広中）、大井憲太郎（田母野秀顕）、中島又五郎（平島松尾）、北田正董（愛沢寧堅）、山田泰造（花香恭次郎）、植木綱次郎（沢田清之助）の各免許代言人が務め、当時最高の弁護団であった。

(3) 高等法院の裁判

高等法院は、明治16（1883）年7月19日に開廷され、同年8月28日、結審するまで40余日にわたり、検事と被告人・弁護人らとの間で激しい論戦が繰り広げられた。

第1回公判には、傍聴人が朝早くから詰めかけ、法廷の傍聴席は満員であった。新聞は、この時の様子を次のように報じている。

> 昨冬より社会に一大感動を与へ結局如何なるべきやと世人の待ちに待ちたる高等法院の公判は前号に記せし如く昨日を以て開廷せられたり、此公廷たるや新法発布以来未曾有の大事件なるを以て、人々皆傍聴をなさんと払暁より陸続同院へ参集したれど、予て人員150名を限られし事ゆえ忽ち満員したれば、失望して空しく帰りし者も多かりき（朝野新聞）。

この裁判に対する社会の関心は非常に高く、傍聴希望者が殺到した。高等法院は最後まで人民の傍聴を許し、三島県政を批判する被告人らの発言を禁止することもしなかった。

(ア) 最大の争点―内乱陰謀にあたるか

　この裁判で最大の争点になったのは、河野ら6名が、福島自由党本部の無名館に集まり、「吾党は自由の公敵たる専制政府を顚覆し、公議政体を建立するを以て任となす」という盟約書を書いたことが、内乱陰謀罪にあたるかどうかということであった。この盟約書の原本は、鎌田・佐々木が破棄して存在せず、被告人らの供述から内容を復元し推定したもので、その内容にはそれぞれ食い違うところがあった。

　内乱の予備陰謀罪について、刑法125条に定めがある。

〔刑　法〕

> 第125條　兵隊を招募し、又は兵器金穀を準備し、其他内乱の予備を為したる者は、第121條の例に照し各一等を減す。
> 内乱の陰謀を為し未だ予備に至らざる者は、各二等を減す。

　高等法院における裁判では、検事と弁護人がこの「内乱陰謀」の意味をめぐって激しく対立した。

　堀田検事は、内乱陰謀とは、政府転覆の意思を発表すればよく、盟約書があるだけで証拠として十分であり、被告人らがこれを取り消し、あるいは改正したなどということは遁辞にすぎないと主張した。彼の弁は、沈痛明快でこの紛糾極まりない事件の内容を摘発して、「恰も巨燭暗夜を射るが如く、その舌端に触れては百鬼慴伏するの感ありしなり」（時事新報）というものであった。

(イ) 弁護人の主張

(A)　星亨の弁論

　河野の弁護人星は、内乱について、次のように主張した。[20]

> 内乱とは、ただ紙に書いたものではなく、干戈を動かし暴挙をなす者をいう。

20　野沢・前掲（注1）185〜188頁。

わが国の刑法は、多くはフランス法によっている。フランス法に照らしてこれを参考するに、内乱とは「ラゲール・シビール」といい、一国内の戦いという意味である。英語では「シビル・ウォール」、すなわち、内国の戦争という意味である。英仏両国の法律に、内乱とは、皆干戈をとって国内において戦争をするものをいう。内乱とは、金穀を集め、武器を集め、兵士を募る等のことであって、一場の戦いをなすことをいう。紙に書いたものを指すのではない。

陰謀の文字の上に内乱の文字を冠した以上は、陰謀に内乱の実がなければならない。陰謀にはいろいろある。たとえば、強盗を為す目的で、2人以上でその手配を内々相談すれば強盗の陰謀である。陰謀という文字は、何ごとにも用いられるのであり、陰謀といっても、すなわち内乱の陰謀となるわけではない。したがって、内乱陰謀とは、干戈を動かすことを内々相談したことに限る。本件のように兵を挙げ戦いをなす手配を相談することもなく、徒に紙上に書いただけで、干戈を動かそうと相談したことがない以上は、内乱陰謀とすべきではない。

検察官が「ラゲール・シビール」は、俗語であり法律には用いず、内乱とは「クリーム・コントル・ラ・シュレテー・アンテリュール・ドレタ」といい、「ラゲール・シビール」は内乱でないと主張したが、この検事の主張は大いなる間違いである。「クリーム・コントル・ラ・シュレテー・アンテリュール・ドレタ」というのは、国の安全に対する罪（皇帝や皇族に対する暴行や内乱を含む）の意味であって、内乱そのものではない。仏刑法第2款中第2節に「ラゲール・シビール」とあり、これが内乱であることは明らかである。

堀田検事と星弁護人との論戦は、このようにフランス刑法の解釈にまで及んでいた。さらに星の弁論は、フランスの刑法学者グロス、イギリスの判事スティヴン、アメリカの刑法学者ビショップの著書中の内乱に関する解釈論を引用し、「内乱陰謀とは、兵をあげることを密かに相談したものをいうのであって、紙に書いたにすぎないこの事件はこれにあたらない。したがって、被告人は無罪である」と主張した。

(B) 中島又五郎の弁論

平島の弁護人中島の弁論は、次のとおりである。[21]

国事犯とは、いかなるものかを考えるとき、政府を転覆する目的で共謀し、この目的を達する手段を計画し、法律の範囲を超脱した行為をした者をいう。それ故に、この二者を具備するのでなければ、決して国事犯と称することはできない。単に目的があっても手段がなければ、演説者新聞記者が転覆論を唱えたのと同一であり、言論条例で罰すれば足りる。

　手段があって目的がなければ、道具屋が刀剣を買い入れるのと同じで別に罰すべきところはない。政府を転覆する目的をもって手配をし、甲はこれに従事し乙はかれを担当すべしと計画し、これを行為に出ざる以上は、国事犯とはいわない。盟約書に政府転覆の文字があったとしても、手段について少しも計画することなく、ただこの文字を紙上に記したというまでのことである。これで内乱の陰謀があるといえるであろうか。決してそうではない。

コラム　欧米の法律書で研究した免許代言人

　わが国の現在の法律学は、明治16年当時とは比較にならないほど高度に発達し、法律書・注釈書・判例集等が多数出版され、刑事弁護実務にあたって欧米の法律書等に頼るということはほとんどないが、福島事件が起きた当時は、ボアソナード刑法が施行されたばかりで、まだこれといった法律書や注釈書等もなかったから、免許代言人は、刑法の内乱罪の解釈のために母法であるフランスの刑法や法律書、英米の法律書等を読んで研究し、刑事弁護にあたったのである。

　国際化の現在、日本に住む外国人は大変多くなった。そのため外国人の事件を扱うことも増えてきている。筆者もこれまで外国人の訴訟事件の代理人を何度か務めたことがある。アメリカ人夫婦の離婚訴訟の場合、彼らの本国の法律が準拠法となるため、アメリカ合衆国の州法を知る必要があり調査研究したことがあるが、州法や関連判例の読解にかなり難渋した覚えがある。これを思うと、明治の免許代言人の苦労のほどが察

21　我妻ほか・前掲（注1）33頁、手塚・前掲（注1）119頁。

せられる。現在は日本語の法律書等が氾濫し、民事代理や刑事弁護の研究材料に事欠くことはない（もっとも、実務に役立つ文献はそれほど多くはない）。その意味で、今の弁護士は、明治の免許代言人の苦労に比べると、はるかに楽であり、恵まれていると思う。

(C) 大井憲太郎の弁論

田母野の弁護人大井は、以下のように主張した。[22]

盟約書に政府転覆の文字があっても、決して法律にふれるものではない。本件は、ただ盟約書をつくり、公議世論でもって政府転覆を謀ったにすぎないというものであって、内乱の陰謀ではなく、被告人は当然無罪である。

(D) その他の弁護人の主張と世間の反応

愛沢の弁護人北田、花香の弁護人山田、沢田の弁護人植木の弁論もそれぞれ無罪を主張した。満員の傍聴人は、弁護人らの懸命の弁論を目の当たりにし、被告人らがどんなに心強く思っていたことか、刑事弁護の大切なことを知ったのである。

この裁判については、新聞が法廷の模様を絵入りで報道するなど広く世間に知れわたった。被告人らは、英雄として錦絵を飾り、全国から関係者に義捐金や見舞金が届けられた。[23]

(ウ) 内乱とは何か

内乱とは何かについて、星ら弁護人の解釈と今日の刑法学者の解釈との間に差異があるわけではない。今日の刑法学者は、内乱（朝憲の紊乱）とは、多数の者が結合し、国家の政治的基本組織を不法に破壊するため暴動を起こすことであるという。政府の転覆も邦土の僭窃もその例示である。[24] 内乱は、政治犯であり確信犯である。

---

22 平野義太郎『大井憲太郎』42頁。
23 長井・前掲（注18）88頁、稲田雅洋『自由民権運動の系譜』127頁。
24 大谷實『刑法講義各論〔新版第2版〕』521頁。

(エ) 内乱予備陰謀とは何か

内乱予備とは、国家の政治的基本組織を不法に破壊することを目的とし、武器・弾薬・食糧を調達し同志を募るなどの準備行為をすることである。

内乱陰謀は、同様の目的で武器・弾薬・食糧を調達し同志を募るなどのことを具体的に計画し合意することである。

星・大井・中島ら弁護人が主張しているとおり、「吾党は自由の公敵たる専制政府を顛覆し、公議政体を建立するを以て任となす」ということを紙上に書いただけでは、内乱陰謀の具体的な内容がない。

ボアソナードは、すでに明治13（1880）年に『刑法草案註釈』を著していたが、内乱予備とは、兵隊を編成し兵器・弾薬・弾丸を予備し、兵器の製造その買得、もしくは人民私有の貯蔵所を強奪することなどをいうとしている。内乱陰謀について直接の説明はないが、この内乱予備の解釈からすると、複数の者が内乱の目的で少なくともこれらの行為をすることを具体的に計画し合意することである、と解するのが自然である。

河野らが専制政府を転覆するというのは、「公議輿論」によって専制政府を倒すというだけであって、兵器・弾薬・弾丸を準備し兵隊を編成して武力をもって政府を倒すということではなかった。それゆえに、兵器・弾薬等を準備するという具体的な計画も合意もしていない。したがって、内乱陰謀には該当しないのである。

ところが、高等法院は被告人らの「吾党は自由の公敵たる専制政府を顛覆し、公議政体を建立するを以て任となす」という盟約の文字のみをもって「内乱の陰謀をなし、未だ予備に至らざる者」にあたると認定した。

(4) 判　決

高等法院による裁判言渡書は、以下のとおりである。[25]

---

[25] 判決全文は、福島県・前掲（注1）1052頁以下、関戸・前掲（注1）160頁以下、我妻ほか・前掲（注1）36頁以下に、それぞれ収録されている。

I 福島事件

〈裁判言渡書〉

　　　　　　　　　福島県磐城国田村郡三春町平民
　　　　　　　　　　被告人　河　野　広　中
　　　　　　　　　　　　　　34年3月
　　　　　　　　　同県同国同郡同町平民
　　　　　　　　　　被告人　田　母　野　秀　顕
　　　　　　　　　　　　　　34年3月
　　　　　　　　　同県同国標葉郡高瀬村士族
　　　　　　　　　　被告人　愛　沢　寧　堅
　　　　　　　　　　　　　　34年3月
　　　　　　　　　同県岩代国安達郡二本松町士族
　　　　　　　　　　被告人　平　島　松　尾
　　　　　　　　　　　　　　28年11月
　　　　　　　　　東京府深川区深川伊勢崎町士族
　　　　　　　　　　被告人　花　香　恭次郎
　　　　　　　　　　　　　　27年2月
　　　　　　　　　福島県岩代国安達郡二本松町士族
　　　　　　　　　　被告人　沢　田　清之助
　　　　　　　　　　　　　　21年1月

　右被告人等は、政府を転覆せんことを相謀りしとの公訴に因り、検察官の意見被告人等の答弁、弁護人等の弁論を聴き、被告人等の白状及び証憑書類に基き、高等法院裁判長、陪席裁判官評議の上判決すること左の如し。

　　　　　　判　　決

　右被告人等は明治15年7・8月中、福島県福島町無名館に於て、政府を転覆することを目的とし、内乱の陰謀を為したる者と判定す。其証憑は左に之を明示す。
　河野広中は、明治16年1月27日、若松軽罪裁判所予審庭に於て、明治15年8月1日福島無名館に於て、花香・愛沢・田母野・沢田・平島と誓約せし事を陳述し、又た右誓約文記憶の問に対し、広中は自ら筆を執り認めし所左の如し。
　誓　約

165

第9章　自由民権運動の弾圧事件──高等法院で弁護した免許代言人

> 第1　吾党は自由の公敵たる擅制政府を転覆して、公議政体を建立するを以て任となす。
> 第2　吾党の目的を達するか為め、生命財産を抛（なげう）ち、恩愛の繋縄を断ち、事に臨で一切顧慮（のぞん）する所なかるへし。
> 第3　吾党は吾党の会議に於て議決せる憲法を遵守し、俱（とも）に同心一体の働をなすべし。
> 第4　吾党は吾党の志望を達せざる間は、如何なる艱難に遭遇し、又幾年月を経過するも、必ず解散せさるへし。
> 第5　吾党員にして吾党の密事を漏し、及誓詞に背戻する者あるときは、直に自刃せしむへし。
> 　右5條の誓約は、吾党の死を以決行すへきもの也。
> 明治16年1月27日
> 　　　　　　　　　　　　　　　　　若松軽罪裁判所に於て認む
> 　　　　　　　　　　　　　　　　　　　河　野　広　中（拇印）
> 　又明治16年4月4日、本院予審庭に於て、盟約書中政府を転覆し云々とあるは、汎（ひろ）く万国を指したる者なり。故に日本政府をも包含したれとも、単に日本政府のみと御認め相成ては、盟約書の成りたる素志に違ふ儀に候へは、此段も申立て置き候と陳述せり。

　判決文はこのように述べた後、平島・花香の陳述の要約を記し、花香が思い出した盟約書と愛沢・花香・田母野の陳述、平島の思い出した盟約書と平島・沢田・花香の陳述の要約を記したうえで、盟約書に記載してあった「転覆」の文字をもって内乱陰謀をしたものと認定した。他の被告人5名の判決も大同小異である。

　高等法院は、明治16（1883）年9月1日、内乱陰謀を認定したうえで刑法に従い減刑し、さらに情状により酌量減刑して、河野に軽禁獄7年、田母野・愛沢・平島・花香・沢田に軽禁獄6年の判決を言い渡した。福島自由党の代表者河野のみが1年重い軽禁獄7年であった。

3　判決の問題点——政府の圧力に対する高等法院の妥協と抵抗

　裁判をリードした裁判長玉乃世履は、ボアソナード起草の治罪法の審査委員であった。治罪法は、実体法である刑法との整合性を図る必要があるから、彼は当然ボアソナード起草の刑法典を熟知していた。彼は内乱陰謀が単に紙の上に書いたものだけでは足りないことは十分知っていたであろう。しかし、被告人ら6名に有罪判決を下した。これは、当時の高等法院の立場を反映している。

(1)　県令からの圧力

　明治15 (1882) 年12月に起きた福島事件に関する藩閥政府の意向は、政権を脅かす自由党を撲滅することであった。三島県令は、政府の考えの忠実な実行者であった。政権の座にある者は、自らの権力を行使して一切の国務を成し遂げようとし、自分に従わない者または邪魔する者・妨害する者をことごとく政敵としてあらゆる手段を講じてこれを排除しようとする。権力をいつまでも保持し、その座を明け渡したくないという本能的な権力保持欲がそうさせるのである。事件が高等法院に送られて数カ月後、いまだ審理も始まっていない段階で、早くも司法卿山田顕義が玉乃世履裁判長に対し、裁判の見込みについて報告を求めるなど強い圧力をかけていた[26]。三島県令もまた事件が高等法院に送られた後、たびたび政府要人を訪問し、河野らは必ず死刑に処すべきであると強調していた。

(2)　裁判所の立場

　政府・各省の政治権力の強大さに比較して、当時の大審院（高等法院）は政治力の希薄な存在であった。大審院の地位は各省より下であったのである。大学の卒業生は魅力ある行政官の道に進んだが、行政官になれない者が人気のない司法官になった。

　平沼騏一郎は、次のように述べている[27]。

26　手塚・前掲（注1）136頁。
27　平沼騏一郎回顧録編纂委員会編『平沼騏一郎回顧録』39頁。

第 9 章　自由民権運動の弾圧事件——高等法院で弁護した免許代言人

> 　私は若い時から感じてゐたことがある。それは司法部があっても一向に役に立たぬではないか。役に立つ者は行政庁にゆき、役に立たぬ者が判事、検事となってゐる。私など司法省の給費を貰ってゐたからここに入ったので、自分では内務省に入った方がよいと思ってゐた。白根専一が当時内務次官で、来たらどうかと言って呉れたが、司法省から故障が出て思ひ止まった。司法省でも栄達を望めば、藩閥か政党か財閥に入らねばならなかった。

　高等法院を含む大審院以下の裁判所は、行政府とは別の機関であったが、行政府の一部である司法省が大審院以下の裁判官の監督権と人事権を握っており、種々の司法省達を裁判所に出してこれを遵守するよう求めていた。司法権の独立はなく、裁判官の身分保障もない。当時の裁判所・裁判官の地位は弱く、司法省や政府の意向を聞かざるを得なかった。もし、河野以下の被告人らを無罪にしたならば、玉乃大審院長をはじめ裁判官たちは、到底その官職にとどまることはできなかったであろう。

　司法権の独立の動きは、明治18（1885）年「大阪事件」の係属した大阪控訴裁判所で強まったが、政府の圧力をはね返して明確に司法権の独立を主張するようになったのは、同24（1891）年の「大津事件」以降のことである。

　これらの事情を考えると、高等法院の判決は、一面では政府に妥協するとともに、他面、最大限の減刑をすることで裁判所の独自性を精一杯主張したものといえる。宇田、山口ら51名を、国事犯および兇徒聚衆罪の証拠がないとして免訴のうえ放免したのも、高等法院予審の独自性を主張したものであった。

4　宮城控訴裁判所への提訴

(1) 訴訟の提起

　高等法院の予審廷で、免訴釈放された山口・宇田は、「三方道路開鑿工事の件について、たとえ一旦暴政のために挫折するとしても、地方の公益を全うし自由と人権を重んじる精神は、決してこのままとどまるものではない。

必ず正義の訴訟を提起して初心を貫き地方の冤を雪ぐべきである」と考え、宮城控訴裁判所へ提訴することに決した。しかし、両名とも県会での行動について他の議員と同じく官吏侮辱犯として捜索されているという通報に接したため、各地に潜伏して各郡の同志に手配し、住民の訴訟同意と訴訟委任状の収集を依頼した。

こうして集まった住民の訴訟同意と委任状8000余通を、原平蔵・三浦文次らが、仙台の免許代言人藤沢幾之輔に渡して訴訟提起を依頼した。彼らは何度も往復して訴状をつくりあげ、明治16 (1883) 年8月3日、ついに福島県令三島通庸を被告とする「不正工事廃止の訴」を宮城控訴裁判所に提起した。訴状は、次のとおりである。[28]

<訴　状>

　　　　　　　　　　　　　　　原告の住所氏名（略）
　　　　　　　　　　　　　　宮城県仙台区東一番丁22番地士族
　　　　　　　　　　　　　　　代言人　藤　沢　幾之輔

不正工事廃止の訴
　　　　　被　告　　福島県令三島通庸
本訴請求の事項
　不正なる議員より成立たる議会は、議会の効力を有する筈なきに付、福島県六郡町村連合会の議決に出たる道路開鑿事業は、速に廃止せしめられたき事

本訴証拠物の写

　原告代言人藤沢幾之輔開陳仕候本訴は、前顕証拠物に明らかなる通り、被告福島県令三島通庸に於て、不正の議員にて組織したる議会の決議を採り、強て道路開鑿に着手し、原告等より其廃止を請求するも、口を議会の決議に藉り、頑然応ぜさるを以て御衙に出訴し、其工事を廃止せしめんと欲する者なり。其出訴の要領左の如し。
　被告三島通庸は〔兼て土工を喜び、其工事を起すに当たりては、道理の許さゝる者あるにも拘はらす、民力の堪へさる者あるにも拘はらす、圧制干渉至ら

28　訴状全文は、福島県・前掲（注1）1064頁以下に収録されている。

169

さる所なく、自家の欲するところを仕遂げ、以て快を取り、以て名を立て効を顕さんとする。元と其性質なり。是を以て被告の〕初て福島県に令たるや、直ちに我会津地方の道路……開鑿し……目論見遂に沿道六郡人民の公益なりとて、六郡々長に内命し、六郡々長をして大沼東蒲原南北会津河沼耶麻の六郡町村連合会を開かしめ、以て六郡人民をして之れか費用を負担せしめんと取計らひたり。

訴状は、このように指摘した後、六郡連合会を開設するにあたり、連合会議員の選挙に不正不当があったから決議は無効である。それにもかかわらず、三島県令はその入費上納を遅滞する者に対し、残酷にもいちいち公売処分の苦境に悲泣させているのは、不法もはなはだしきものであると主張した。

(2) 藤沢幾之輔免許代言人

藤沢は、仙台藩士の子として安政末年に生まれた。幼くして漢学を学んだが、洋学を志して明治6 (1873) 年6月、当時開港場の1つである函館に行き、仏蘭西館でフランス人からフランス語を学んだ。翌年仙台に英語学校ができたので、同8 (1875) 年3月、仙台に帰り同校に入学したが、この学校は同9 (1876) 年末に廃校となった。そこで翌10年の春に上京して、茂松法学舎[29]に入学し法律学を学ぶことにした。同学舎で学んでいた明治12 (1879) 年頃から、自由民権を唱え運動にも参加していた。翌13 (1880) 年、代言人試験は、司法省が行う全国統一の試験となったので、その年の秋、東京裁判所の試験会場で試験を受けて合格した[30]。その後、仙台に帰って免許代言人として代言業務に従事するとともに、免許代言人村松亀一郎とともに大々的に自由民権運動を行っていた。そうしているうちに福島事件が起き、仙台の自由党員であった関係で、福島県の原平蔵・三浦文次らから依頼を受けて、福島の三島県令を被告として宮城控訴裁判所に訴えを起こすことになった。彼は、免許代言人になってまだ3年の若手で正義感が旺盛であったから、訴状

---

[29] 藤沢が学んだ茂松法学舎から大岡育造・西原清東・大島寛爾・青柳四郎が出た。いずれも免許代言人・弁護士で衆議院議員となった。

[30] 広瀬順皓編『政治談話速記録(藤沢幾之輔談話速記)(7)』50頁以下。

に過激な文章を書いた。

　原・三浦らが福島地方の関係者に報告するため、この訴状を印刷して持ち帰ったところ、これが東京その他の新聞に掲載された。三島県令がこれを見て怒り官吏を侮辱したとし部下に告発させた。藤沢は逮捕され、仙台軽罪裁判所の予審に付された後、公判にかけられた結果、重禁錮8月罰金40円の判決を言い渡された。

　当時、刑事裁判については控訴はできず上告ができたが、法律違背などに限られていたから、上告するのも無意味と考え刑に服した。[31]

　他方、訴状に原告として記名のある者についても、官吏侮辱罪容疑で各警察署が逮捕に赴いたという知らせを受けた原・三浦・門奈茂次郎らは、四方に散って難を逃れた。しかし、藤沢代言人が投獄されてしまったため、この訴訟事件も挫折してしまった。[32] その後、原らもまた逮捕され実刑に処せられた。三浦・門奈は出獄後、三島県令に対し、その恨みを晴らそうとして加波山事件に加わった。

5　第3の訴訟を起こす方法はないか

　宇田は、その後も、たとえ少人数であっても第3の訴訟を起こす方法はないか、米沢にいる同志に諮った。しかし、いかんせん最初からこの暴虐は、三島県令の恣意に発したものだけでなく、藩閥政府が自由民権家を撲滅する方略として両者一体となって起こしたものであり、司法官もまたこれらに顎で使われている有様であるから、このような状況の中で志士の意気を果たすことは難事中の難事である。それゆえ、今後は大いに進んで政府を改良することに全力を尽くすべきであるということなり、真に無念なことながら第3の訴訟提起のことは断念のやむなきに至った。[33]

　強引に開鑿された道路は、各所で土砂崩れが起き、雑草が生え、使用困難

31　広瀬・前掲（注30）38頁以下。
32　福島県・前掲（注1）1091頁以下、福島県弁護士会・前掲（注1）48頁。
33　福島県・前掲（注1）1091〜1093頁。

なところが少なくなかった。

6　その後の経過

　高等法院で軽禁獄7年の判決言渡しを受けた河野は、石川島監獄に収監され、明治17（1884）年4月に宮城監獄に移された。彼は知友が差し入れた経済書・洋書・英和辞典などを獄中で読み、模範囚として通した。同22（1889）年2月11日、明治憲法発布に伴う大赦により、6年余の獄中生活から解放された。

　軽禁獄6年の言渡しを受け石川島監獄で服役していた田母野は、獄熱にかかり痩せ衰えていた。彼が「水を飲みたい」と言うので、同獄の平島が茶碗に水を入れて飲ませたら、「非常においしい」と言って飲んだ。田母野は、病を得てわずか10日目に板の間の薄い蒲団の中で死んだ。34歳であった。

　自由と民権のためにともに闘った仲間の痛々しい姿を見て、平島は思わず声をあげて泣いたという。

　福島県の苅宿仲衛[34]が田母野の遺骸を引き取り、在京自由党員らに送られて谷中墓地に埋葬された。植木枝盛は、墓前に次の歌を捧げた。

> 大丈夫の赤き心の染みたれば　身は紅葉葉と散りにたるかな
> いろも濃き木々の紅葉葉落ち来るは　血の涙にや染まりたるらん
> 君や逝くそのこころざし己れ継がん　自由の光り見ずで止むべき

　田母野が獄窓で読んでいた書物は、遺品として苅宿に渡された。刑法治罪法合本・論理略説上巻・中庸・心理新説釈義・心理学・造化妙工論などであった。[35]

34　苅宿仲衛は、明治7（1874）年、宮城師範学校を卒業して、三春・須賀川などの学校の教師をしていた。同11（1878）年に政治結社「北辰社」に参加し、民権家としての活動を始めた。同14年に福島自由党の党務委員となり、県内各地を遊説した。福島事件で、彼は兇徒聚衆罪で勾引され、石川島監獄に入獄した。その後も民権家として活動し、たびたび逮捕される苦難を嘗めた。高橋・前掲（注1）275頁以下。

35　高橋・前掲（注1）194頁以下。

I 福島事件

　軽禁獄6年の言渡しを受けた愛沢・平島・花香・沢田も、それぞれ石川島監獄・宮城監獄で服役していたが、明治22（1889）年2月11日、明治憲法発布に伴う大赦令により獄中生活から解放された。

　三島は福島事件の後、栃木県令となり、塩原・那須方面の道路工事や県庁・警察・監獄の新築・修築を強行した。彼は県庁を自由党の本拠地のある栃木から宇都宮に移し、庁舎を新築した。彼の強引さは相変わらずで、自由党員らによる三島暗殺計画や県庁の落成式に出席予定の政府高官の襲撃計画、東京における新華族の授爵式に出席する政府高官襲撃計画の謀議を招く原因をつくり、加波山事件を招来することになった。

　しかし、藩閥政府の三島に対する覚えはめでたく、彼は明治18（1885）年に警視総監に抜擢され、三大事件建白運動で東京に集結した多くの免許代言人・民権家らを、抜き打ち的に制定公布した「保安条例」により、皇居外三里の地に退去させる辣腕ぶりを発揮したが、病には勝てず、同21（1888）年10月23日、在任中に死亡した。

　河野らが獄窓にいる時、自由党が解党される出来事があった。そして、その後、宿敵の三島が死亡した。こうして、少しずつ政治状況が変化していった。

　河野は、明治23（1890）年の第1回衆議院議員選挙で、福島第3区から推され大量得票を得て当選した。初期議会は、予算案をめぐって民党と藩閥政府が激しく対立したが、河野は内閣弾劾の上奏案を提出するなど大いに活躍した。彼は連続14期衆議院議員を務め、同36（1903）年には、第11代衆議院議長となり、また、農商務大臣となった。[36]

　愛沢は、明治25（1892）年2月、第5区から衆議院議員に当選し、その後合計5期議員を務め、民権拡張のため尽くした。[37]

　平島は、明治27（1894）年の選挙で第2区から衆議院議員に当選し、合計

36　衆議院事務局編『第一回乃至第二十回総選挙衆議院議員略歴（政治家人名資料事典(1)）』145頁。
37　衆議院事務局・前掲（注36）5頁。

7期にわたり議会で活躍した。

沢田は新聞を発行したジャーナリストで、平島の盟友として、彼を衆議院に送り出した。

花香もすぐれたジャーナリストであったが、出獄後まもなく病死した。

7　世間は福島事件をどうみたか

徳富蘆花の『思出の記』は、以下のように、当時の人たちが福島事件について抱いていた考えを示している。

> 僕等を啓発する可き事件が續々社会に起って、其様な事件の報道に接する毎に、僕等の血は如何に沸へ立ったか知れぬ。彼福島事件が天下を騒がした頃なんぞは、其裁判筆記の出た新聞が来ると、扯き裂く様に争ひ讀むで、河野愛澤平島花香田母野諸士の艱難苦心を思ふては熱き涙のほろほろ頬を霑すを覚へず、今其処に飛むで行ってせめて其縄目の喰ひ入る手に接吻し警官の剣の鞘尻につかれた其背を撫でもしたく、暴令尹の非道、其非道を庇ふ政府の奴原が鬐顔を思ふ存分撲って踏むで踏みにぢってやりたく、其雪中素足に引ずり廻はされし事を聞ゐては、僕等も何時か一度は彼志士の轍を踏むで行くことがあるかも知れぬ、其時の覚悟を今試して見やうと、ある雪夜素足になって外に立ったこともあった。

高等法院の公判廷の模様を報道する新聞は争って読まれた。特に青年たちは、「公判傍聴記」などが掲載されている「自由新聞」がくると一斉に集まり、美声の者が代表して朗読するのを熱心に聞き「ワア」と喝采の声をあげるほどであった。被告人らは、人民の自由と権利の伸長のために、圧制政府の厳しい弾圧に抵抗し闘う志士であった。

明治維新を起こし日本の政治を行うのは自分たちであると自負する薩長藩閥政府と、自由と民権の伸張を唱え民意を反映させる国会を早期に開設し政

38　衆議院事務局・前掲（注36）379頁。

府の改良を図るべきであるという自由民権勢力との対立は、福島事件の後、さらに先鋭化した形で国事犯事件として次々に発生するのである。

> **コラム　明治16（1883）年の新聞記事**
>
> 　福島事件の裁判が高等法院で行われた当時の新聞記事に、次のようなものがある。
>
> 　「大阪の銭湯で、政治演説を始めた男。ひとりが『中止せよ、わしは巡査』と言うが、ニセだろうと、袋だたき。官服を着た時は、みなが逃げたあと」（郵便報知）。
> 　「新潟県の豪農。民権をとなえるからと、貧民たちの借用証を、すべて返却」（朝野新聞）。
> 　「三菱会社は、民権派、政府系をとわず、新聞記者や演説家へ金銭をくばり、酒食のもてなしもする」（自由新聞）。
> 　「知人に借金返済で訴えてもらい、被告となって、徴兵のがれをする者が出てきた」（東日新聞）。
> 　「昨年の福島事件。県会議長、自由党員の河野広中らの東京での裁判。公開で自由に発言させ、大評判。有罪か無罪かの賭けもなされた。薩長閥への、司法関係者の抵抗のあらわれ。河野7年、他は6年の刑」（新聞不詳）。
> 　　　　　　　　　　　　　　　　　　　　　　（星新一『夜明けあと』）

II　高田事件

　福島事件の3カ月後、明治16（1883）年3月20日、新潟県高田の頸城自由党員ら数十名が内乱陰謀の容疑で一斉に逮捕される「高田事件」が起きた。

第9章　自由民権運動の弾圧事件——高等法院で弁護した免許代言人

1　事件の概要

この事件の内容を概観すると、次のとおりである。[39]

(1)　北陸自由党懇親会

　明治16（1883）年3月10日、越中国高岡で北陸自由党懇親会が開かれ、約300人が出席した。この出席者の中に、新潟始審裁判所高田支庁の検事補堀小太郎が旅費を出して派遣した探偵長谷川三郎がいた。長谷川の正体を見抜いた頸城自由党員八木原繁祉が、懇親会の席上短刀をもって彼を殺害しようとする気勢を示したので、長谷川は恐怖し初日に逃げ出して放生津にある警察分署に駆け込んだ。そして、自分は堀検事補に通じる者だが、今にも迫りくる者があるから、自分を保護するため捕縛して高田警察署に護送してもらいたい、と願い出て高田警察署に移送された。高田警察署には格別の方略もないので、彼は放免された。

　それと知らないで、他の自由党員らが、無罪人をみだりに逮捕するのは、法と理に背くものであると口喧しく言うので、長谷川は他の党員とともに高田署に行き責めたところ、同署はやむなく官吏を侮辱したとして長谷川を逮捕し、高田監獄に勾留した。獄吏が彼の所持品を検査したところ、不穏なことが書いてある親書が出てきた。それは堀検事補が書いて彼に渡していた書面に基づいて長谷川が書いた大島安治（別の探偵）らに宛てた親書であった。これを見た獄吏武田成物が、新潟始審裁判所高田支庁検事足立隆則に告発した。

　足立検事が長谷川を尋問したところ、政府転覆の陰謀者として頸城自由党員ら数十名の名前をあげた。これに基づいて一勢に逮捕と家宅捜索が行われた。しかし、これは、堀検事補と探偵長谷川のしくんだ虚構の策であったから、政府転覆の陰謀を示す証拠は何も出なかった。これに関連して逮捕された者は、高田の頸城自由党以外の自由党員らにも及んだ。しかし、不起訴、

39　手塚・前掲（注1）161頁以下。

176

あるいは証拠不十分により新潟始審裁判所高田支庁の予審で免訴となった。

長谷川が探偵であることを見破った八木原は、新潟の自由民権運動の先頭に立っていた頸城自由党の中心的存在で英雄の風采をそなえた紳士であった。国事犯については彼は予審免訴となったが、捜索を受けた際、「嗚呼明治14年10月12日は堂々たる我が大日本帝国亡滅の日也、23年云々の詔勅是れなり」と記した書簡が発見され、天皇の国会開設の詔勅に対し不敬の所為があったとして、新潟軽罪裁判所高田支庁で重禁錮2年の判決を言い渡された。高田事件から派生した不敬事件であった。[40]

(2) 赤井の天誅党趣意書

警察が赤井景韶（小学校教員）の家宅捜査をした時、偶然に天誅党と書いた1冊の書類が出てきた。赤井は、大臣参議を暗殺する趣旨のメモ書きの天誅党趣意書を作成していたのである。長谷川の供述とは全く別ルートで国事犯容疑が浮かび上がった。赤井と風間安太郎・井上平三郎が、天誅を唱える党をつくっていたことがわかったのである。この趣意書により、3人は大臣参議の暗殺を企てたとして、内乱予備陰謀の容疑で逮捕され、新潟始審裁判所高田支庁の予審を経て高等法院に送られた。高等法院の予審は、風間・井上については暗殺計画に参加した証拠がなく予審免訴とした。赤井のみが起訴され、高等法院で裁判が行われることになった。

2 高等法院の裁判

赤井の国事犯事件を扱う高等法院の裁判官は、大審院長玉乃世履、大審院判事岡内重俊・同関義臣・同武久昌孚、元老院議官河田景與・同林友幸・同渡辺清の7名であり、検察官は渡邊驥（検事長）・竹内維積・澄川拙三・堀田正忠であった。赤井の弁護人は、免許代言人武藤直中である。

(1) 検察官の主張

検察官は、被告人赤井が諸省卿以上の者を斬殺することを決意し、引き続

---

[40] 八木原繁祉は大阪事件で脱獄し逃亡してきた玉水常治を匿い庇護したこともある。

いて人を募り、その目的を決行しようとしたことは、事実の符合および検事調書、新潟始審裁判所高田支庁・高等法院の予審調書等の各証拠により明らかであり、調書は被告人が自由に陳述したもので、これを読めば被告人が人を謀殺しようとした証跡は明白であると論告し、被告人に対し無期流刑を求刑した。

(2) 武藤直中免許代言人

武藤は、信濃国松本藩の士族の出で、嘉永2（1849）7月、信濃国南深志に生まれた。藩の漢学所で漢学、撃剣を学び、慶応元（1865）年4月には、幕府の命を受け藩主丹波守の長州征伐に従軍し、その後、官軍に恭順し北越征討のため越後で幕軍と闘い高田に行軍した経験をもっていた。

明治4（1871）年7月、藩侯の許可を得て東京の平田延胤(ひらたのぶたね)の学塾に入り和学を修めた。その後、法律学を学び、同12（1879）年、代言人の試験に合格し、代言業務に従事していた。

明治15（1882）年12月、福島事件が起き、高等法院で河野広中ほか5名の国事犯裁判が行われたが、武藤はその付帯犯である佐々木宇三郎（自由党員で大笹生村戸長。盟約書を破棄した）の弁護人として弁護活動を行った。彼は自由党が結成されるやこれに参加して、自由民権運動を行った。自由党が解党された後も、彼は自由主義の志操を堅く守った人であった。[41]

(3) 武藤直中の弁論

武藤弁護人は、以下のように弁論して被告人の無罪を主張した。[42]

> 被告人が最初より諸省卿以上を斬殺しようとして上京するものならば、日頃親密に交際している風間・井上に相談したはずである。その斬殺しようと思う相手は、誰々と取極めもあるはずである。しかるにそのこともなく、また当今天皇陛下の思し召しを壅蔽する人々もなければ、とうてい被告人の犯罪を証明すべきものはない。被告人が作った天誅党趣意書を実用に供する積りであれば、新潟に至る節には、清書をして持って行くはずであるが、それさえしていない。

---

41 原口令成『高名代言人列傳』93頁。
42 手塚・前掲（注1）231頁。

> したがって、被告人の所為は、犯罪となるものではない。

　高等法院は、明治16（1883）年12月10日、検察官が求刑した無期流刑に対し、2等を減刑して重禁獄9年の判決を言い渡した。彼は直ちに石川島監獄に収監された。

3　赤井の脱獄

　赤井が収監された石川島監獄に松田克之がいた。松田は、石川県士族で参議大久保利通を暗殺した事件で、大審院において除族の上禁獄終身を言い渡され、石川島監獄に入獄していた。彼は、同所の鍛冶工場で密かに手に入れた鉄棒2本を監獄部屋の床下に隠していた。松田は、明治17（1884）年3月26日午後11時頃、看守の隙をみて、赤井とともに水掛口の鎖を壊して脱獄した。[43]

　赤井と松田は、人力車に乗り、知人から金銭の融通を得ようとしてあちこち乗りまわしたあげく車賃が払えなくなった。また、車夫に2人の挙動を疑う様子があったので、脱獄囚であることがばれるのを防ぐため、隠し持っていた鉄棒で車夫を撲殺して逃走した。2人は錦町学習院前で別れ、松田は、翌27日夜、東京の下板橋の宿で巡査に捕まったが、赤井は潜伏した後、同年8月中旬、自由民権運動の盛んな静岡に逃れた。彼は岳南自由党の鈴木音高を訪ね、その友人清水綱義の家に1カ月ほど匿われていたが、捜査の手が伸びてきたので、9月10日、浜松の遠陽自由党の中野次郎三郎を頼って浜松に向かったところ、大井川橋で警察官に発見され、逮捕後、東京に護送された。[44]

　赤井と松田は、殺人容疑で東京軽罪裁判所の予審の取調べを受け、東京重罪裁判所に移すと言い渡された。東京重罪裁判所は、明治18（1885）年6月

---

[43] 征韓派の不平士族石川県士族の島田一郎、長連豪、杉本乙菊ほか二十数名が、明治11（1878）年5月14日、「公議を杜絶し民権を抑圧し以て政事を私する（斬奸状）」として大久保利通（49歳）を紀尾井坂で暗殺した。松田克之は現場に行くのが遅れて犯行には直接加わっていないが、その一派とされたのである。

[44] 田岡嶺雲『明治叛臣傳』186頁、海南新聞明治18（1885）年6月16日（2311号）。

9日、赤井と松田に対し、死刑の判決を言い渡した。松田は上告しなかったが、赤井はこの判決を不服として大審院に上告し、獄中より免許代言人元田肇に上告趣意書の作成提出を依頼した。[45]

〈上告趣意書の作成依頼文〉

　紙精限りあれば採筆直ちに要を吐く。陳(のぶれ)は自分、儀昨12日を以て上告申立候間、御煩労恐入候得共、上告趣意書を御認め、御差出被下度奉願上候也。扨て、人生之縁には不測今回は深く足下の厚意を辱ふし欽慕に堪ず。謝辞出る所を知らず。聊(いささ)か茲(ここ)に紙尾謝意を表す。早々不具。

　　　　　　　　　　　　　　　　　　　6月13日　　　　　　赤井景韶

京橋区銀座1丁目20番地
　　　元田　肇　殿

　元田弁護人は、赤井のために上告趣意書を作成し大審院に提出して弁護の労をとったが、大審院は上告を棄却し、赤井は、明治18（1885）年7月、死刑の執行を受けた。

4　官憲の策略

　高田事件は、頸城自由党を壊滅させるために、検察官堀と探偵長谷川がしくんだ事件であった。なぜ堀検事補はこのような策を弄したのか。新高田新聞は、明治42（1909）年3月20日の「頸城自由党疑獄事件の原因に就いて」と題する論説の中で、これを次のように分析した。堀検事補は、政府の意を迎えて自己の功名を求めるため、事実を誇大にして政府に警戒を与え、機会あらば一角の手柄にしようとの野望を抱き、探偵らとの頻繁な会食手当旅費その他多額の費用を内密に出すなど、官金費消の罪跡を隠そうとしたのである。[46]

　堀が自分の手柄にしようとしたのが原因で、これに警察・検察が乗せられ

45　原口・前掲（注41）64頁。
46　手塚・前掲（注1）175頁以下。

Ⅱ　高田事件

て頸城自由党員らの一勢検挙を行う大失態を演じてしまったのである。東京控訴院の岡本検事は堀に対して、彼の弄した虚構の事実をあげて厳しく詰責した。

　その後、堀は検事補から判事補に転じ新発田支庁・相川支庁に勤務し、明治20（1887）年3月、判事任用試験に合格し相川区裁判所判事となったが、同28（1895）年10月、官文書偽造・同毀棄・官印盗用・私文書私印偽造行使・詐欺取財・収賄容疑で、書記の福井直吉とともに逮捕された。そして、同29（1896）年7月29日、新潟地方裁判所において、堀は重懲役11年、福井は重懲役7年の判決を言い渡された。[47]

　人権侵害を引き起こした検察官が、今度は裁判官になるという人事の杜撰さで、あげくに現職裁判官として犯罪を行い、同僚の裁判を受けて入獄したのである。このような判事の不祥事は、この時代には何件も起きている。

　京都地方裁判所判事北畠秀雄は、7件の刑事事件の被告人関係者からそれぞれ賄賂を受け取り無罪判決などをしたとして官吏収賄・詐欺取財容疑で逮捕され、明治36（1903）年12月28日、大阪控訴院で、重禁錮3年罰金20円追徴金2198円を言い渡された。

　長崎控訴院判事池田正誠も同様に被告人関係者に賄賂を要求し、その件数は既遂未遂を含めて7件に及び、長崎地方裁判所は官吏収賄・詐欺取財罪で懲役12年を言い渡し、二審の長崎控訴院は、懲役8年追徴金500円を言い渡した。上告審の大審院は、明治45（1912）年6月7日、控訴審と同じ刑を言い渡した。[48]裁判官の中には、その地位を悪用して賄賂をとるなど著しく品性を欠く者がいたのである。

　ところで、現代の裁判官や検察官がこのような行為をした場合は、どのような処分を受けるのであろうか。次にこの問題を取り上げることにする。

47　手塚・前掲（注1）191頁。
48　2件の判事収賄事件は、森長英三郎『史談裁判』10頁以下。

5　現代の裁判官倫理・検察官倫理

(1)　裁判官倫理

　現代の裁判官は、中立の立場で、その良心および憲法と法律に従い独立して職務権限を行い、いかなる国家権力にも屈してはならない。そのために裁判官には職権の独立と高度の身分保障が認められ、公正な裁判を行うことが強く期待されている。したがって、裁判官は、国民のこの期待と信頼に応え、苟(いやしく)も裁判官としての威信を失うようなことをしてはならない。

　もし、裁判官が職務上の義務に著しく違反し、または職務をはなはだしく怠り、その他職務の内外を問わず、裁判官としての威信を著しく失うべき非行があったときは、国会に設けられた弾劾裁判所において弾劾裁判により罷免される（憲法64条、裁判官弾劾法2条）。現代にはこのような裁判官はいないだろうと思いたいが、残念ながらこれまでに8件の弾劾裁判が行われ、そのうち6件で罷免されている。事件の当事者から酒食の饗応を受けこの事実を隠蔽するため、当事者の親族に清酒を渡し善処を依頼するなどした簡易裁判所判事、約400件に上る略式命令事件を放置して失効させ、あらかじめ署名押印した白紙委任状を職員に預けて令状を作成交付させるなどした簡易裁判所判事、ロッキード事件の捜査段階で、検事総長の名をかたり内閣総理大臣に電話をかけ、その通話をテープに録音し新聞記者に聞かせるなど政治的策謀にかかわった判事補、担当する破産事件の破産管財人からゴルフクラブ2本、ゴルフ道具1セット等のほか、背広2着の供与を受けた判事補、児童買春(かいしゅん)をした判事、裁判所職員の女性に対するストーカー行為をした判事は、いずれも罷免されている。裁判官の非行が犯罪となる場合は、別に刑事事件として処分を受ける。

　罷免事由にあたるほど著しいものではなくても、職務上の義務に違反し、職務を怠り、または品位を辱める行状があった場合は、裁判所の裁判によって懲戒される。懲戒は、裁判官分限法によって行われ、戒告または1万円以下の過料である。戒告や過料の処分を受けた裁判官も少なくない。懲戒処分

はこの2種類だけである。懲戒として減俸、停職、免官されることはない。

司法権の独立と裁判官の身分保障との関係で、行政機関が懲戒処分することは禁止され（憲法78条後段）、立法機関が懲戒処分することも許されない。

今日では、裁判官は、事件関係者から賄賂を受け取ってはならない、品位を辱める行状をしてはならない、いかなる国家権力にも屈してはならないというような消極的な倫理だけではなく、豊かな知識をそなえ広い視野と人権感覚をもって当事者の言い分をよく理解し、公正な立場で正しい判断をするよう努めなければならないという積極的な倫理が要求されている。

裁判官に求められるのは、要領のよい判決処理能力ではなく、人権保障に努力し、豊かな知識と広い視野をもち、倫理を弁え謙虚で温かい人柄であるということができよう。

(2) 検察官倫理

検察官は、犯罪を捜査し、刑事について公訴を提起し、裁判所に法の正当な適用を請求し、裁判の執行を監督し、裁判所の権限に属するその他の事項についても職務上必要と認めるときは、裁判所に通知を求め、意見を述べ、また、公益の代表として他の法令がその権限に属させた事務を行う職務権限を有する（検察庁法4条、6条）。

検察官は、公益の代表者であるから、法令を遵守し、厳正公平、不偏不党の立場で、公正誠実に職務を遂行しなければならない。検察官が法令を守らず、一党一派に偏し政治的判断で捜査を躊躇しあるいは過酷な捜査をし、巨悪を逃しあるいは逆に無実の者を起訴して罰せられるということがあれば、国民の信頼を失ってしまう。

平成22（2010）年9月、大阪地検特捜部の主任検事が、証拠を改ざんしたとして同検事や上司にあたる特捜部長らが起訴される事件が起きた。証拠改ざんの事実を認めた同検事は、起訴直前に懲戒免職された。裁判官は公の弾劾によらないで罷免されることはないが、検察官は検察官適格審査会の議決を経て任命権者（法務大臣）により懲戒免職される。そのほか懲戒処分として戒告、減俸、停職があり、裁判官に比べて厳しい。

第9章　自由民権運動の弾圧事件——高等法院で弁護した免許代言人

　大阪地方裁判所は、平成23（2011）年4月、刑事司法の根幹を破壊しかねない行為で、刑事司法全体の公正さに対する国民の不信を招いたとして、同検事に対し、懲役1年6月の判決を言い渡した。検察官に対する国民の信頼を著しく損ねた事件であり、裁判所は実刑を科す厳しい判断を示した。

　この証拠改ざん事件を契機に、最高検察庁は、平成23（2011）年9月、検察官（職員を含む）の指針とすべき基本規程（「検察の理念」）を制定した。その前文には、「あたかも常に有罪そのものを目的とし、より重い処分の実現自体を成果とみなすかのごとき姿勢となってはならない」、「権限行使の在り方が、独善に陥ることなく、真に国民の利益にかなうものとなっているかを常に内省しつつ行動する、謙虚な姿勢を保つべきである」といい、検察官に対し、前記事件を意識した戒めを説いている。

　そのうえで、被疑者・被告人らの主張に耳を傾け、十分な証拠の収集・把握に努め、冷静かつ多角的に評価を行い、関係者の名誉を不当に害し、あるいは捜査・公判の遂行に支障を及ぼすことのないよう証拠・情報を適正に管理するなど10項目にわたり検察官の守るべき実務上の指針を示している。

　検察官はこの基本規程を絶えず念頭におき、さらに被疑者・被告人の取調べの全過程の可視化と有利不利を問わずすべての証拠を開示するなど客観的な諸条件の整備による捜査の透明化が図られれば、上記のような不祥事は避けられるであろう。

　検察官は、捜査から公判、刑の執行まで刑事司法の全体にかかわる重要な職責を有していることから、公益の代表者として一層厳しい倫理が課せられている。

　検察官は、国民の負託を受けて職務権限を行使するのであるから、常に常識ある国民感情を代表していなければならない。専門的であっても国民感情と離れた視野の狭い独善的な判断をしてはならない。弱い者、正しい者を虐げることがあってはならない。

　検察官に求められるのは、広い視野と高い識見、正義と公正、厳しさの中にも温かい人間味のある高潔な人柄であるということができよう。

第10章　自由民権運動の激化事件
――重罪裁判所で弁護した免許代言人

▶本章の概要◀

　自由民権運動・政党運動を弾圧する政府の強硬策に強く反発した青年自由党員が、明治17（1884）年9月、圧政政府の転覆を図って蜂起する「加波山(かばさん)事件」を起こした。同年10月、秩父地方では松方デフレ政策で困窮した農民が大規模な反乱を起こす「秩父事件」があり、同19（1886）年6月には、最後の国事犯事件である「静岡事件」が起きた。これらの事件は、高等法院ではなく、通常裁判所において重罪裁判が行われたが、地元の免許代言人や遠方から駆けつけた免許代言人が、被告人らの人権を擁護するため懸命に弁護活動を行ったのである。

I　国事犯でも通常裁判所で裁判せよ

　福島事件や高田事件の高等法院における国事犯裁判の結果は、厳罰を期待していた藩閥政府にとって極めて不満かつ不本意なものであった。そこで、政府は、今後発生する国事犯事件については、明治16（1883）年12月28日に出した次の太政官布告第49号を適用し通常裁判所で裁判させることにした。通常裁判所は、政府の指示を受けやすいからである。

〔太政官布告第49号〕

> 治罪法第83條に記載する事件に付高等法院を開かさる時は通常裁判所に於て裁判することを得

　この太政官布告により、高等法院を開くことなく、通常裁判所で裁判できることになったから、以後、国事犯事件を高等法院が扱うことはなかった。
　政府は一片の布告をもって、治罪法の原則を変更してしまったのである。この当時、政府は行政権のみならず立法権をも掌握し、裁判所を統制していた。自由民権運動・政党運動を弾圧する政府の立法により裁判をすれば、人民の自由や権利が侵害される結果となるのは当然のことである。加波山事件、秩父事件その他の自由民権運動の激化事件の被告人らは、通常裁判所の重罪裁判により厳罰処分がなされたのである。

II　加波山事件

1　事件の概要

　この事件に関する多くの文献によれば、事件の概要は次のとおりである。[1]
　(1)　土木県令三島通庸栃木に着任
　明治16 (1883) 年10月、三島通庸が栃木県令を兼ねることになり、[2]福島県

---

[1] 加波山事件に関する文献は多い。関戸覚蔵『東陲民権史』は茨城県人から加波山事件をみたもの、野島幾太郎『加波山事件』・同（林基・遠藤鎮雄編）『加波山事件：民権派激挙の記録』は栃木県人からみたもの、高橋哲夫『加波山事件と青年群像』は福島県人からみたものである。田岡嶺雲『明治叛臣傳』は、福島事件と河野広中、加波山事件と河野広躰、飯田事件と川澄徳次というように指導者を中心に記述している点に特徴がある。板垣退助監修『自由党史』は自由党の立場からみたもの、遠藤鎮雄『加波山事件』は事件の全貌を力を込めて描き、田村幸一郎『加波山事件始末記』は事件関係者の実地調査をした重要文献である。我妻栄ほか編『日本政治裁判史録（明治・後）』もある。

[2] 三島通庸は後任の福島県令として、彼の意を体し福島事件関係者を裁いた若松裁判所の判事赤司欽一を政府に推挙しそれを実現した後、栃木県令に専任した。田村・前掲（注1）53頁。

から東日本の自由党の牙城である栃木県に乗り込んできた。彼は、土木県令といわれるとおり、那須塩原方面の道路開鑿(かいさく)工事を開始し、さらに、県庁を自由党の本拠地がある栃木から宇都宮に移転することを決め、住民の反対を押しきって宇都宮に新庁舎の建築工事を始めた。また、警察署・監獄・学校等の新増改築工事を強行した[3]。福島におけると同様に地元住民の負担は重く、民意を無視した県令の強引なやり方に住民は憤激していた。栃木の自由民権家は、このような事態が生ずることをおそれていたところ、現実の問題となったことで、同志間での動きが始まった。

(2) 加波山事件の発生

 明治17(1884)年7月、栃木の自由党員鯉沼九八郎と福島事件の河野広躰(こうのひろみ)らは、自由民権運動・政党運動を弾圧し人民の自由と民権を蹂躙する圧政政府を廃するためには政府の奸臣を倒すほかないと考え、伊藤博文、黒田清隆、山県有朋ら政府関係者が華族に叙せられることを祝う祝賀会が東京芝の延遼館で行われることを知り、彼らを襲う計画を立てた。しかし、政府に警戒され祝賀会が延期となったので、やむなくこれを見送り、鯉沼は、同年9月に宇都宮県庁の開庁式があることを察知し、参列する政府要人襲撃の準備を始めたが、自家製の爆弾製造の過程で暴発し左手首を失う大けがをした。そのため爆弾の完成が遅れ、開庁式も変更されて襲撃計画はまたしても頓挫してしまった。

 明治17(1884)年9月22日夜、同志らは話し合った結果、県令・政府が一体となり人民の自由と権利を蹂躙(じゅうりん)する圧政政治を糾弾するためには、もはや蜂起するしかないと考え、茨城県から富松正安・玉水嘉一・保多駒吉の3人、福島県から杉浦吉副・三浦文次・五十川元吉・山口守太郎・天野市太郎・琴田岩松・草野佐久馬・原利八・河野広躰・横山信六・小針重雄の11人、栃木県から平尾八十吉・大橋源三郎・佐伯正門の3人、愛知県から小林篤太郎が集まり、総勢18人で、製造した爆弾と食料を持って、加波山(かばさん)(茨城県.

---

3 我妻ほか・前掲(注1)45頁。

標高709メートル）に登り、山頂に陣を構えた。

　彼らは高知の発陽社や三春の正道館などで、フランス革命史、ルソーの民約論、モンテスキューの万法精理、J・S・ミルの自由之理など自由主義思想を学んだ者が多く、茨城、福島、栃木、愛知の各県で盛んに政談演説を行い、政府は集会条例等で天賦の自由と権利を抑圧し、県令は政府と一体となって人民を圧逆していると批判し、民意を反映する国会の早期開設が必要であると主張するなど活発に自由民権運動・政党運動を行っていた。

　彼らの中で福島県関係者が多いのは、三島県令の暴政に起因する福島事件で拷問処罰を受け、あるいは過酷な取調べに苦しんだ者の無念を晴らそうとして参加したからである。小林は三河に住んでいたが、福島の出身である。

　彼らは、明治17（1884）年9月23日、公然と加波山頂に「圧政政府転覆」・「自由之魁」・「一死以報国」などと大書した幟旗を翻し、自分たちが蜂起するに至った動機・原因を知らせる檄文を加波山神社の参拝者などに配り、遠近の住民に伝えるよう頼んだ。

　檄文は、「人民は等しく天与の福利を受ける権利を有している。人民の天賦の自由と幸福を保護するために政府をおくのであり、政府は過酷な法をつくり圧逆をするものではない。ところが、今日のわが国の状況をみると、条約改正はいまだならず、国会も開かれていない。奸臣が政治を弄び、人民は餓え横たわっている状況にあるのに、これを調べようともしない。この惨状を志士仁人は黙視することができない。大きな家が傾くのを一木で支えることはできないとしても、どうして座してその倒れるのを見ることができようか。それゆえにわれわれは革命の軍を加波山にあげて、自由の公敵である専制政府を顚覆し、完全なる自由立憲政体をつくろうとするのである」と主張している。青年自由党員らは、人民の天賦の自由と幸福を保障する立憲主義

4　門奈茂次郎と鯉沼九八郎は、加波山に登っていない。門奈は、明治17（1884）年9月10日、加波山事件の前触れとなる小川町事件（軍資金集めのため神田裏神保町の質屋を襲い警官に爆弾を投げつけた事件）を起こし、警察に逮捕されていたからであり、鯉沼は爆弾製造中に暴発し大けがをして病院に入院していたからである。

5　野島（林・遠藤編）・前掲（注1）231頁。

国家を実現したいと訴えたのであった。

　明治17（1884）年9月23日夜、富松・横山・琴田ら6名は、加波山頂に本部を設け、煌々と炬火を焚き、時に爆弾を投げて気勢をあげた。三浦文次は、眼下の邪魔物・政府の手先町屋分署を打ち払ってわが党の猛威を示し同志の出入りに使おうと発議した。河野・杉浦ら残り全員がこれに同意して加波山を下り、喊声をあげて茨木県下妻警察署町屋分署に爆弾を投げて夜襲した。署長諏訪長三郎をはじめ岡野仙太郎・小勝虎雄ら署員は、蜘蛛の子を散らすように逃げていった。[6]

　三浦らは、署長室の机上に河野・横山の逮捕状があるのを見て笑いこれを取り上げ、官金16円余・サーベル・日本刀・巡査の帽子等を奪い、去り際に署長室の壁上に檄文一葉を掲げて立ち去った。[7]

　すでに夜も更けていたが、河野らは豪商中村秀太郎の家に行き、秀太郎が上京して不在であったので、息子清太郎に義挙を説き、軍資金の提供を求め、清太郎から20円を受け取り、河野・三浦・五十川・平尾の連名の借用証を渡した。その後、酒造業で高利貸しの藤村半衛門宅を訪れたが、騒がれて失敗したので、三浦が土蔵に爆弾を投げつけて爆発させ、加波山本部に引き揚げていった。

　新聞は号外を出し、「加波山頂に自由の旗を翻したる富松正安外15名の壮士、町屋分署を襲撃して警察隊を驚愕せしめた」と報じた。

　茨城県令人見寧は、警察から通報を受けて驚愕し、県常置委員に警察官の増員と探偵雇用のため多額の警察費と臨時支出の議決をさせ、各警察署長を呼び集め厳重な警戒と加波山包囲を指示した。下館、下妻、水戸あたりから警察官が集まり、徐々に麓を固めているという情報を得た壮士たちは、食糧の心配もあり加波山に立て籠って徹底抗戦するより、山を降りて宇都宮へ行き監獄を襲撃して囚人を解放し、さらに県庁を攻撃して三島を討ち取ること

6　田村・前掲（注1）122頁。
7　佐々木克『日本近代の出発』164頁以下、野島（林・遠藤編）・前掲（注1）236頁、我妻ほか・前掲（注1）49頁。

第10章　自由民権運動の激化事件——重罪裁判所で弁護した免許代言人

に決した。

　彼らは山を降り、長岡村や小栗村で警察隊と衝突した。彼らは爆弾を投げ巡査1名が死亡し、負傷者数名を出した。この長岡村の闘いで平尾が倒れた。平尾は、常々同志らに「余は人先に死ぬぞ」と言っており、かねて覚悟のうえで白布を額に鉢巻し、大喝一声居合用の長刀を振るい猛然と切り込み、数人を相手にして獅子奮迅の働きをみせ、自分も多数の人に斬られて傷つきながら、神代警部の腰に一刀を浴びせた時、崩れるように倒れた。23歳の若さで、加波山暴動中のただ1人の犠牲者であった。

　彼らは、これらの衝突で警察の警戒がますます厳重になってきていることを知り、少人数で宇都宮に行っても目的を果たすことは覚束なく、犬死のおそれがあり他日を期すべきであると考えるようになった。そこで、宇都宮行きを断念し、9月26日朝、栃木県芳賀郡小林村の山中において資金と爆弾を分け合い、東京飛鳥山での再会を期して別れた。彼らは知友の援助を受けながら逃亡し各地に潜伏したが、警察の必死の捜索により東京、千葉、栃木、甲府で相次いで逮捕された。決起者の親族・縁者・知人・自由党関係者等警察に逮捕された人数は300人を超えた。

2　逮捕地の裁判所で裁判せよ

　明治15（1882）年1月から施行された治罪法は、「同等の裁判所に於ては犯罪地の裁判所を以て予審及び公判の管轄なりとす。犯罪の地分明ならさる時は被告人逮捕の地の裁判所を以て其管轄なりとす」（40条）と定め、犯罪地の裁判所が管轄権を有することを原則としていた。

　ところが、治罪法施行前の明治14（1881）年9月20日の太政官布告第46号は、「治罪法第40条に犯罪の地を以て裁判管轄と規定有之候処、当分の内犯罪の地分明なる被告人と雖も管轄裁判所より嘱託ありたる時は、其被告人逮捕の地の裁判所之を管轄すべし」という例外を定めていた。

　そこで、当時の司法卿山田顕義は、明治17（1884）年10月、全員を1カ所にまとめて審理することを避け、太政官布告第46号をもって「逮捕地の裁判

所で処断せよ」との内訓を出し、東京・甲府・栃木・千葉の軽罪裁判所（始審裁判所）で予審を行わせた。全員を1カ所に集合させるときは、どのような非常事態が起きるかわからず、また他の同志が奪還の挙に出るかもしれないことをおそれたのである。

東京・栃木・甲府・千葉の4カ所の軽罪裁判所の予審は、明治18（1885）年3月16日、日を同じくして一斉に強盗故殺事件として扱うことを言い渡した。東京軽罪裁判所の予審で言渡しがあった時、三浦文次・琴田岩松は思わず「大声を放ちて号泣した」。三浦は判事に対し「生等最早社会の最も嫌忌せる極めて暴悪なる強盗罪を負う。仮令此儘放還せらるゝも、誰か復た生等と伍する者ぞ。請ふ速に死を命ぜよ」と迫った。[8]

彼らは、まるで符節を合わせたように、高等法院で裁判すべきであるとして各裁判所の会議局に故障（異議）申立てを行った。しかし、各裁判所会議局は、予審判事の判断を支持する判決をしたため、結局、通常裁判所の重罪裁判に付されることになった。

3　重罪裁判事件

(1)　管轄違いについての大審院の判断

明治18（1885）年9月から始まった重罪裁判所（重罪裁判を行う始審裁判所または控訴裁判所をいう）の公判で被告人らの弁護を行ったのは、免許代言人の松尾清次郎・北田正董・山田泰造・中島又五郎・仁杉英・浦田治平・大井憲太郎・佐伯剛平・中山丹次郎・武藤直中・榊原経武・石沼佐一・渡邊小太郎・塚原保吉・板倉中である。[9]

彼らは、重罪裁判が開始されると、直ちに管轄違いを理由として大審院に上告した。被告人らは、分身一体となって同一の事件を起こしたのであって、各地の裁判所で分離公判すべきではなく、かつ国事犯であるから高等法院で裁判をすべきであると主張したのである。

8　関戸・前掲（注1）308頁。
9　関戸・前掲（注1）314頁、遠藤・前掲（注1）251頁。

大審院は、明治14年太政官布告第46号に、犯罪地の裁判所より嘱託があったときは、被告人逮捕地の裁判所がこれを管轄すべき旨規定しているから、本件は各逮捕地の裁判所が犯罪地の嘱託によって管轄するもので正当であるとして、管轄違いの申立てを棄却する判決をした。しかし、国事犯と常事犯との性質については、ひと言もふれることがなかった。

(2) 東京重罪裁判所

(ア) 裁判所の構成と弁護人

東京控訴裁判所が扱う重罪裁判は、明治18（1885）年9月から始まり、翌19年6月までにすべて終った。本件の審理中に「裁判所官制」が公布され、控訴裁判所は「控訴院」と改称、控訴院の裁判官は「評定官」と称することになった。本件の担当裁判官は、裁判長控訴院評定官小松弘隆、陪席控訴院評定官永井岩之丞、同伊藤悌治であった。検察官は検事東野秀彦であった。

この裁判所で裁判を受けた者が最も多く、三浦文次・琴田岩松・横山信六・小針重雄・草野左久馬・五十川元吉・玉水嘉一・原利八・門奈茂次郎の9人である。

彼らを弁護した免許代言人は、松尾・北田・山田・中島・仁杉・浦田・大井であった。志士たちを心から支援する弁護人の弁論は、聞く者を深く感動させずにはおかなかった。[10][11]

(イ) 免許代言人の弁論

弁護人らの弁論要旨は、次のとおりである。

① 松尾清次郎の弁論

　　町屋分署の襲撃は義兵をあげる段階、すなわち、挙兵の手段である。
　　中村秀太郎に借用証書を差し入れたことも、彼らの心事を知るに足る。
　　これらは決して凶器強盗輩のなし得るところではない。

② 北田正董の弁論

10　大井憲太郎は、最初弁護を担当したが、のち自ら被告人となった大阪事件の準備に忙しくなり、その後は出席しなかった。

11　遠藤・前掲（注1）252頁。

三浦文次がその志操経歴を陳述するにあたり、事情実にそのとおりであろうと傍聴人が涙を拭っていた。世間で誰が強盗の陳述を聞いて感泣する者があろうか。また、檄文を発して強盗を働くとは、わが国開闢以来いまだかつて聞いたことがない。

③　山田泰造の弁論

被告人らの檄文はその目的を発表したもので、その戦闘準備のため、敵視する政府の警察署において刀剣を奪い取ったのは、いわゆる分取りであって強盗ではない。

④　中島又五郎の弁論

本件が強盗でない要点は、第1に檄文、第2に分署の襲撃、第3に加波山の旗、第4に中村に交付した証書、第5に勝田の金穀を借入し翌日再び同人方に至った行為などを考量すれば明白で、検察官が論告して強盗となした諸行為は、国事犯の堂々たるものである。

⑤　仁杉英の弁論

茨城県警察署が強盗に脅かされるとは、警察権も地に墜ちたものである。被告人らが勝田方に行ったのは白昼である。明治の代に強盗が白昼に横行するとは、これまた稀有の話ではないか。

⑥　浦田治平の弁論

およそ人の犯罪を構成するにあたり、その目的と結果が相平行するのは、あたかも車の両輪と一般である。被告人らの檄文や町屋分署を襲ったのはその目的である。これを問わず、検察官が金品掠奪だけをとらえて強盗と断定したのは不当である。[12]

浦田は、弘化4（1847）年4月、江戸麹町に生まれた。明治3（1870）年頃、築地入船町に洋学を学ぶ学校ができたので、仏学を研究し法律学を学んだ。同8（1875）年に東京裁判所の吏員となったが2年で辞め、同10（1877）年に免許代言人となった。彼は板垣退助の愛国社に参加した自由主義者あっ

12　関戸・前掲（注1）320頁。

た。福島事件が起きるや連累者のために熱心に弁護を行った。彼は、市制実施の際東京市会議員および東京市参事会員を務め、機敏俊才で確説正論をもって鳴った。[13]

弁護人らは、いずれも強盗故殺罪として扱うことを不当とし、国事犯として扱うべきであると主張したが、東京重罪裁判所は、本件を強盗故殺の常事犯として扱い有罪判決を下した。三浦・琴田・横山・小針は死刑、草野・五十川・玉水・原は無期徒刑、門奈は有期徒刑13年であった。彼らの多くは大審院に上告したが棄却された。

(3) 甲府重罪裁判所

甲府始審裁判所が扱った重罪裁判の裁判官は、裁判長甲府始審裁判所長鶴峰申敬、陪席判事田原正斎、同判事補早川走一であった。強盗故殺事件として裁判を受けたのは、保多駒吉（やすだこまきち）と小林篤太郎の2人である。

保多は、強盗故殺の破廉恥罪として扱われることを知り「天下同感の志士を招き、公然と現政府に抗敵した」のに、当局は「吾を強盗なり」とするとは何事かと号泣し、国事犯として扱うことを訴えたが認められなかった。小林は、少年時代悪太郎と呼ばれる餓鬼大将であったが、父六蔵から「花は桜木、人は武士、汝もまた武士の族、すべからく王事を務め、国務に当たるべし」と諭され、一念発起して学問に励み、三河の内藤魯一の自由党に加わった。そして、積極的に自由民権運動を行っていたところ、福島の河野広躰、琴田岩松らと交流を深め、「有司専制を断然改革する必要があり、立憲制度の早期確立を図るべきである」と言い、加波山事件に参加したのであった。

甲府重罪裁判所が言い渡した刑は、保多が死刑、小林は無期徒刑であった。

コラム　演説会と料理屋

沼間守一の「嚶鳴会」というのがあり、これに対抗して政府攻撃をするのに、報知派の「東京議政会」というのがあった。これには中江兆民

13　日下南山子編『日本弁護士高評傳』95頁以下。

の門下が参加しており、盛んに気勢をあげていた。演説の帰りには、新橋の「千歳」という立派な西洋階段がある料理屋に立ち寄り、5人ぐらいが車座となってグルリと徳利を飲み干しては並べ、また飲み干しては並べ、数十本行列させて喜んだ。悲憤慷慨の気に満ち、演説の論旨を再演し、口角泡を飛ばし、酔って前後を忘れるという有様であった。明治16～17年頃は熱い政治の季節であった。

(参考：篠田鉱造『明治百話』)

(4) 栃木重罪裁判所

(ア) 裁判所の構成と弁護人

　栃木始審裁判所の裁判長は、飯田恒男であり、検事は柿原義則であった。しかし、飯田判事は、水戸の天狗騒動[14]に縁のある人で、加波山事件を常事犯として扱うことに反対し、国事犯として高等法院に移すことを上司に進言したが、突然大阪へ転任を命じられた。柿原検事もまた佐賀の乱を起こした江藤新平に関係があることから、同様に転任させられた。判事や検事に身分保障などなかったのである。その後にきた判検事は、いずれも事件に理解のないロボットだった。[15]

　明治17（1884）年10月10日、司法省権大書記官人見恒民が、栃木始審裁判所の検事に司法卿山田顕義の内命を伝えた。尋問の際、暴徒が思想を述べてももっぱら強盗を取り調べ、思想上のことには尋及しないよう注意し、暴徒がたって思想を申し立てれば本案の付従物として聞き取るにとどめよということであった。

14　水戸の天狗騒動とは、元治元（1864）年3月、水戸藩の藩主徳川斉昭の死後、尊王攘夷派の藤田小四郎（東湖の子）・武田耕雲斎らが「天狗党」を結成し、幕府に攘夷を実行させようとして筑波山（茨城県）で挙兵し、保守派の「諸生党」と争い、藩を分かつ騒動に発展し双方合わせて数百人の死者を出した事件である。

15　野島（林・遠藤編）・前掲（注1）331頁以下、遠藤・前掲（注1）250頁、いずれも榊原経武の『眠雲小伝』の記述を引いて、飯田・柿原の転任には陰に働く力があったことを指摘している。

国事犯として扱うなという指示がすべての関係裁判所の検事に出されていたのである。そこで検事は、強盗故殺の常事犯として栃木始審裁判所に起訴した。

本件を担当することになった裁判長は天野正世、陪席判事補弓削元健、同久徳知礼である。検察官は検事植村長、検事補諸岡良佐であった。

栃木で重罪裁判を受けることになったのは、河野広躰・天野市太郎・杉浦吉副・鯉沼九八郎・大橋源三郎・佐伯正門の6人である。

被告人らを弁護したのは、免許代言人の榊原経武（さかきばらつねたけ）・石沼佐一・渡邊小太郎・塚原保吉であった。[16]

その中でも、栃木重罪裁判所の法廷で力のこもった堂々たる弁論を展開したのは、免許代言人の榊原であった。榊原は、千葉県下総関宿藩の士族の出で、明治5年頃東京に出た後、法律学舎などに学び、同11（1878）年、代言人試験に合格し、翌12（1879）年1月、栃木町で免許代言人として活動を開始した。20歳になったばかりで新進気鋭の代言人である。[17]この頃、栃木県は、自由民権運動が高揚しており、榊原は代言業務を行いながら、自由党に参加し弁士として政談演説会に出て演説を行った。彼は、自由民権運動のために投獄された経験をもち、官吏侮辱罪に問われた民権家の刑事弁護をし、また、「日本国君の不幸を吊（とむら）う」との投稿を掲載した栃木新聞に対する不敬罪・成法誹毀および官吏侮辱事件の弁護人も務め、政府の弾圧に苦しむ自由主義者[18]のために懸命の弁護をしていたのである。[19]

(イ) 横山を免許代言人に育てようとした榊原経武

---

16 野島・前掲（注1）326頁以下。
17 髙橋・前掲（注1）47頁。
18 小学校の教員鶴見由次郎は、「日本国君の不幸を吊う」という論文を栃木新聞に投稿し、編集人後藤勉は、明治15（1882）年12月7・8日の両日これを掲載した。両名は不敬罪等で処罰された。
19 榊原経武は、明治20（1887）年、栃木代言人組合会長となり、同25（1892）年3月、県会議員に選ばれて自由党、のち憲政党に席をおいて活躍し、同30（1897）年、県会議長となり県政界の重鎮となった。彼は衆議院議員を2期務め、栃木町長、市制施行とともに昭和12（1937）年、初代栃木市長を務めた。

Ⅱ 加波山事件

　榊原は、加波山事件を起こした人物らとも交流があった。彼は、横山信六を自分の事務所において代言人の仕事を学ばせ、明治17（1884）年3月、明治法律学校に入学させた。法律学を勉強させ免許代言人の資格をとらせようとしたのである。彼は、毎月横山に仕送りをした。榊原の友人で免許代言人の石沼佐一・松島恂二がこれを知って応援した。榊原が政談演説で警察に逮捕勾留されていた時は、石沼・松島がその仕送りをした。[20] 横山は榊原・石沼・松島の応援を受けて明治法律学校で学んでいたが、友一館に出入りし河野広躰・琴田岩松・鯉沼九八郎や在京の仲間らと国事を語り合い、政談演説に飛びまわって法律学の勉強どころではなくなった。そうしているうちに、彼は河野・門奈・小林らとともに軍資金を得るため質屋を襲う小川町事件を起こしたのであった。横山は、死刑の判決を受けた。彼を免許代言人に育てようとしていた榊原や協力者石沼・松島にとって、残念な結果となってしまった。

　栃木重罪裁判所で被告人らに言い渡された刑は、杉浦は死刑、河野・天野は無期徒刑、鯉沼は有期徒刑15年、佐伯は重懲役10年、大橋は重懲役9年であった。なお、山口守太郎も栃木重罪裁判所で裁判を受けることになっていたが、公判前に獄中で病死した。

コラム　県庁堀

　栃木県の県庁は、明治6年に栃木町（現在の栃木市）におかれ、県庁の周囲には約1キロメートルにわたり堀がめぐらされていた。栃木町は自由党の本拠地でもあった。

　明治16年、三島通庸は栃木県令となったが、栃木町が自由党の拠点であることを嫌い、同17年、強引に県庁を宇都宮に移した。[21] 平成8年、県

20　高橋・前掲（注1）156頁以下。
21　宇都宮県庁の開庁式は、明治17（1884）年10月22日に華々しく行われた。鯉沼九八郎と県庁開庁式に出席する政府要人の襲撃を計画していた河野広躰は、栃木監獄の未決囚として杉浦吉副とともに、その花火の音をモッコを担ぎながら聞いたが、実に無念で断腸の思いであったという。田村・前掲（注1）225頁の河野の談話による。

197

庁堀は栃木県指定文化財に指定され、栃木町（市）に県庁があったことを今に伝えている。

(5) 千葉重罪裁判所
(ア) 裁判所の構成

　千葉始審裁判所の裁判官は、裁判長判事河村幸雄、陪席判事補安藤守忠・同鈴木一で、検察官は塩野宣健であった。重罪裁判を受けたのは、最年長者で盟主の富松正安ただ1人である。彼を弁護したのは、免許代言人板倉中であった。

　千葉県は、自由民権運動、国会開設運動、集会・結社・言論出版の自由を求める運動が盛んなところであった。千葉の免許代言人は、これらの運動で検挙された人々の弁護にあたった。明治10年から19年までの間、千葉で活躍した免許代言人は、岩崎直諒、加納徳兵衛、板倉中、松崎勤吾、杉山安蔵、長岡衛ほか10人、合計16人がいた。[22]

　板倉は、安政3（1856）年に千葉県白子町関字中富に生まれた。明治10・11年にかけて東京の講法学社・明法学社でフランス法を学び、同12（1879）年に代言人試験に合格して免許代言人となり、千葉で活躍するようになった。彼は、千葉の自由民権運動・国会開設運動を先導した。大井憲太郎・星亨とともに自由党の有力者であり、本件のほか大阪事件・日比谷焼打事件・大逆事件などの重大事件の弁護を担当し、千葉代言人組合の会長を務めた。[23]

(イ) 富松の心情を察した板倉中

　富松は、弁護人板倉に対する書簡の中で、加波山事件を起こした理由とその心情を切々と訴えている。[24]

22　千葉県弁護士会『千葉県弁護士会史』24頁。
23　板倉中は、上記事件の弁護人を務めたほか、大津事件・平民新聞事件・大日本製糖事件など著名事件の弁護を行い、千葉県会議員（議長）、衆議院議員を8期務めた。千葉県・前掲（注22）24〜25頁、33〜34頁、613頁。
24　野島・前掲（注1）には、富松の弁護人板倉に出した書簡（弁明補言）の全文が収録されている。

自分や自由党員たる三浦文次・杉浦吉副外十有余名が、明治14（1881）年、社会の人民に先立って自由主義をとり、母子恩愛の情を絶って友一館の寄宿生となり、大切な身を自由のために投じて、日夜わが国政のいかんを憂慮し慷慨熱心の極度に至り、ついにわが政府を転覆する先鞭をつける謀議に賛成した。
　政府を変えるためには、種々の手段・方法がある。演説や新聞等をもって社会公衆の志気を起こし活発にして、徐々に平和裡に目的を達する方法、あるいは陽に政府の官吏となって陰に己の主義を拡張し、暗に要路の顕官を倒して希望を遂げる方法などがあるが、われらの意思は、一つは現時政府要路の権臣を倒し、二つは一国の義兵を集めてもって政府を転覆し、明治元年以来天皇の詔辞を奉戴し、人民の幸福自由が得られる善美な立憲政体を確立し、然る後全国一致の民力をもって早く不正条約を改正し、治外法権をなくし国威を海外に輝かそうとすることである。
　明治10年以来、わが国人民も漸く政府が何物かその正体を知った。この政府はますます圧政を行い、権臣は社会の公道を忘れて一己の私利を図り、人民の疾苦を顧みない。米英の革命を観察し、近くはわが国幕府の革命を見ても、同じことを見るのである。われらは少数の者であっても、一国同志の率先となれば必ず続いて起きることは、古今に照らして見やすい道理である。
　翻って一般の状況を顧みれば、賢愚男女の別なく日夜、政府を怨視する状態を顕している。今こそ政府を転覆する好機会であると考え、義旗をまず茨城県加波山に掲げた。関東の自由党員ら自由主義をとる者、政府を怨む者らに檄文を飛ばせば、こぞって集合すると先見し、急激の手段を決行したのである。一己の利益を謀る心のないことは、天が知り、地が知り、人が知るところである。

　富松は、キリストを信じ、自ら進んでキリストの前に罪人であることを自認した。それゆえ、天を欺き人を欺くことは、決して許されないことである。自分が警察や予審で述べたこと、公判廷で陳述したことは真実であり、ただ天凛一片の誠心あるのみである、と述べている。彼は獄中で新約聖書を読み

25　京橋に自由党本部「寧静館」があったが、築地に「友一館」があり自由党青年の道場・合宿所で血気にはやる若者たちが集まり、国事を論じ自由民権を語り合った。
26　野島（林・遠藤編）・前掲（注1）343〜344頁。

キリストを信じて、ただその心身の潔白であることを祈った。たといどのような惨酷な刑を受けるとも、人は元来アダムの末裔であり原罪を負った肉体を有するものであるから、決して惜しむものではない、と言った。

板倉は、富松の心情を深く理解し、彼のために全力を尽くして弁論した。また、富松に頼まれて、玉水は仔細を知らず友誼上加わったにすぎず、他の者と同罪に処せられるのは不当である、と書いた東京重罪裁判所あての上申書を、玉水の弁護人松尾清次郎に託するなど仲介の労を惜しまなかった。

千葉重罪裁判所は、富松（38歳10ヵ月）に対し、死刑の宣告をした。

彼は従容として退廷し、友人らに書物を分かち与え、今は濁世に用なしとし、明治18（1885）年10月5日、死刑の執行を受けた。

富松の辞世の句は、次のとおりである。[28]

初瀬山紅葉の色はまだ薄し　ときへて後の錦をぞ見む

日本に自由の世界が実現することを後世に託したのであった。富松が、自由と人権の保障されている現代の鮮やかな紅葉の日本に降り立ったなら、どんなに驚きかつ喜ぶことであろうか。

加波山事件に加わった人物をみると、善政が行われ自由と権利の尊ばれる社会の実現を切望する心の純な人たちであった。

4　政治犯を強盗故殺犯として処断

青年自由党員らの行動は、檄文に示しているように人民の天賦の自由と幸福のために、圧政政府を転覆し、完全なる自由立憲政体を図るための蜂起であった。彼らの権利意識は極めて強く政治的確信犯であったが、4つの裁判所はこれらには一切ふれることなく、彼らが最も嫌う破廉恥罪の強盗故殺犯として死刑・無期徒刑等極めて重い刑を言い渡した。

27　野島（林・遠藤編）・前掲（注1）343、347頁。
28　関戸・前掲（注1）363頁。

Ⅱ　加波山事件

　自由党員らのショックと憤りは大きかった。彼らは、加波山事件は強盗故殺等をしようと欲したのではなく、暴政を矯正するため事を起こしたことは明白であると主張し、政府が各裁判所の宣告を同一にさせ、ことごとく強盗故殺をもって論じさせたのは、全く志士の面目を汚損するものである。国事を計画しその手段中１つの不正行為があれば、国事犯の主罪で罰しないで、その手段中不正の行為をもって罰し、将来国事に関することを為す者があっても、常事犯で論じ、志士の面目を汚損し史上に汚名をとどめ後世人の誹りを受ける。実にその仕向け方の憎むべきは、筆舌に尽くしがたい、と激しく非難した。[29]

　司法権の独立も裁判官の職権の独立もなく、当時の裁判所は、政府の強い影響下にあり、裁判とはいいながらいかにも危ういもので、正義の裁判が行われることを望んだ被告人らにとって実に過酷な結果となった。

(1)　被告人の親族が弁護人を訪問

　横山信六の父池上新蔵と門奈茂次郎の親族門奈龍太郎が、各代言人を訪れ感謝の言葉を述べた。北田・浦田は、真に不法な裁判で、聞くところによると各裁判所とも死一等を減じようと稟議されたようであるが、政府が許さなかったのは遺憾千万である、と言い、山田・松尾も、実にお気の毒なことになり、これまで尽力したがその効がなかったことは真に遺憾である、と語った。[30]

(2)　厳罰処分は国事犯の発生を防止できたか

　加波山事件が起きた当時の自由党本部は、すでにその統制力を失っており、血気にはやる若者わずか20人足らずの者が圧政政府を相手に加波山で蜂起した。彼らは山を下りた後、警察隊に白刃を振るい爆弾を投げつけて血路を開き、宇都宮監獄の解放と県庁襲撃に向かおうとしたが、多勢に無勢で落ち延びるのに精一杯であった。

　事件関係者は、政府の意向に従う４つの裁判所で、強盗故殺罪として判決

29　稲葉誠太郎編『加波山事件資料集』575頁。
30　稲葉・前掲（注29）574頁。

の言渡しを受けた。死刑7名、無期徒刑7名、有期徒刑15年1名、有期徒刑13年1名、重懲役10年1名、重懲役9年1名である。そのほか、獄死1名、戦闘死1名であった。国事犯の福島事件に比べて極めて重い刑で処断された。

この時代において、政府はそのつど都合のよい法令を出して裁判所を操作した。裁判所はこれに逆らえず政府の意向に沿う裁判をした。その結果が、上記のような厳しい処断であった。

裁判所にとって、政府の干渉を排除し、独立して裁判権を行使するようになることが大きな課題であった。それは、大阪事件や大津事件の裁判官の闘いを待たねばならなかった。

加波山事件の参加者たちは、自分たちが決起すれば、これに呼応して蜂起する者が出てくることを期待していたが、青年自由党員らを統率する指導体制が欠けており、他との連携が不足していたためにこの時呼応する者はみられず、自由党本部ともまた民衆からも離れて独走する形となった。圧政政府を転覆しようとする彼らの企図は夢と散った。しかし、その後も人民の自由と権利を主張し、圧政政府の転覆を謀る過激な事件が各地で相次いで発生した。

ボアソナードは、国事犯は首魁であっても死刑にすべきではない。死刑の厳罰に処しても同様の事件の発生を防ぐことはできないと言ったが、その指摘は当たっていた。福沢諭吉は、「国事犯はそのことを憎んでもその人を憎むべきではない。江藤新平・前原一誠を処刑せず西郷隆盛も死に追いやることなく、五稜郭戦争の榎本武揚のような扱いをすれば、国家のために有益な働きをすることができたはずである」と述べている。[31] 加波山事件で生き残った関係者が、その後よい働きをしていることをみると、これまた真実であることを知るのである。

(3) 相次ぐ激化事件

明治17(1884)年に、群馬自由党員らが専制政府打倒をめざして蜂起し、

31　福沢諭吉「丁丑公論」(福沢諭吉集(明治文学全集(8)))257頁。

高利貸しの邸宅を打ち壊し警察署を襲撃した群馬事件（5月）、埼玉県秩父郡の農民が秩父困民党を結成して大規模な反乱を起こした秩父事件（10月）、名古屋の自由党員らが政府転覆を目的に軍資金調達のため村役場や豪家を襲撃した名古屋事件（同月）、愛知・長野の自由党員らが名古屋鎮台襲撃・政府転覆の挙兵を計画した飯田事件（12月）があり、明治19（1886）年には静岡・浜松の自由党員らが政府の転覆を計画した静岡事件（6月）が起きるなど藩閥政府を倒そうとする激化事件が相次いだ。これらは国事犯であったが、すべて常事犯として通常裁判所の重罪裁判に付された。

次に、農民が主体の大規模な反乱である秩父事件と最後の国事犯事件である静岡事件を取り上げたい。

III 秩父事件

埼玉県秩父地方は、養蚕業・製糸業・織物業の盛んなところであったが、松方デフレ政策と世界的不況により、明治15（1882）年頃、養蚕生糸織物の価格が暴落し、秩父地方は深刻な不況に見舞われた。このような状況下で「秩父事件」が起きたのである。[32]

1 事件の概要

農民は生活に窮して高利貸しから借金を重ね、返済ができないと苛酷な取立てを受けて家財を失った。地租は固定され貨幣納付であったから、生産物が暴落すると滞納する。滞納すると強制執行を受け、農民は大事な土地を失った。農民はわれらの苦しみは、政府の政策が悪いからだと考え、強い不満を抱くようになった。彼らは警察に気づかれないように山中でしばしば会合し、高利貸しに対し支払猶予と長期の分割払いを求めることを相談している

---

[32] 秩父事件の文献として井上幸治『完本秩父事件』、浅見好夫『秩父事件史』が詳しい。いずれも秩父出身者の著書である。我妻ほか・前掲（注1）、春田国男『裁かれる日々』、色川大吉『明治の文化』も有益である。

203

うちに参加者が増えていった。彼らは、相談の結果を実行に移し、高利貸しと交渉してみたが、ことごとく拒絶されてしまった。

困り果てた農民は、博徒や一部自由党員らと相談し、明治17（1884）年10月、秩父困民党（総理田代栄助、副総理加藤織平）を結成した。当初の目的は、高利貸しに対する返済猶予年賦払いであったが、次第に政治意識が高まり、政府に減税を請願し、村費減少を役場に請願、県に学校費節約のため3カ年休校の要求を掲げるようになった。

困民党は、農民の窮状を打開する方策を協議し種々試みたが、高利貸しの態度は頑なであり、逆に高利貸しは債権取立ての訴えを裁判所に起こす始末で、警察署は高利貸し説諭の陳情を取り上げようとしない。村費減少を役場に請願しても認められず、八方塞がりとなって憤懣の情は極限に達し、「此上策の施すべき途なければ、無余儀次第に付き、高利貸しの家を破壊し、或は放火し」[33]、差し入れてある証書類を奪い、破棄滅失させて強制執行を阻止するほかないと考えるに至った。

困民党の運動家は、「恐れながら天朝様に敵対するから加勢しろ」と言って農民に参加を呼びかけた。これに応じた農民千数百人が、秩父吉田村の椋神社に銃・槍・刀を持って集まり、大隊長・副大隊長・会計長・軍用金集方・兵糧方など困民軍を組織した。総理の田代は、困民軍を銃・槍・刀の3隊に分け、実力行使に出るにあたり、高利貸営業者に対し、貸金の半額を放棄しその余は年賦払いにさせること、これを承諾しないときは、直ちに家屋を破壊し証書を掠奪し、その最も苛酷な業者については、人家が密集していなければその家屋を焼燬すべきこと、高利貸しが貸金の半額を放棄し年賦払いを認めた場合は、その家屋は破壊しないことを指示した[34]。銃・槍・刀を担いだ農民たちは「官に抗敵する積りなり」と言い、強い反政府意識をもつに至った。

困民軍は、まず怨念の高利貸しの征伐を始め、要求を拒否した高利貸しの

---

33 浅見・前掲（注32）76頁。
34 浅見・前掲（注32）108頁。

家を激しく打ち壊し、火を放った家は赤々と燃え上がった。次に銃・槍・刀を持った困民軍は、喊声をあげて官署を襲撃した。銃隊が発砲する銃声が鳴り響いた。彼らは減税を求めても応じなかった政府の手先である郡役場を襲い、山中の集会を妨害し高利貸し説諭の陳情を無視し追い返した警察署を襲撃し、高利貸しに左袒し負債農民の財産差押えを命じた裁判所を襲い、これらの役所にあった証書類を焼き捨て占拠した。

政府はこの反乱に驚愕し、軍隊まで出動させて鎮圧にかかったが、困民軍の士気は高く銃隊は徹底して抗戦し、その戦いは10日間に及んだ。落合寅市・高岸善吉ら自由党員も参加していたが、蜂起の主体はあくまで農民であり、参加者総数は１万人ともいわれ、大宮郷（秩父市）の役場・警察署・裁判所など公的機関のすべてを占拠する大規模な反乱であった。

この事件の特徴は、平民の民権運動であったことである。参加した農民の数、軍律まで定めた統一された軍隊組織、占拠した役所数、支配地域の広さなど激化事件の中でも民衆が蜂起した空前絶後の大事件であった。

2　免許代言人による無償弁護

熊谷裁判所に所属する免許代言人は少なかった。明治15（1882）年１月９日の太政官布告第１号は、裁判所所属の代言人がいない場所では、当分弁護人を用いなくても刑の言渡しは有効としていたので、多くの者が弁護人抜きの裁判で刑の言渡しを受けた。

秩父事件で指導的な役割を果たした被告人たちの弁護人も不足していた。免許代言人の守屋此助は、立憲改進党員であり熊谷で代言業務を行っていたから、多くの被告人らの弁護を引き受けた。免許代言人大岡育造は、かつて埼玉県で学校教員をしていたことがあり、熊谷に駆けつけて被告人の弁護を引き受けた。大岡の友人高梨哲四郎や小川三千三、斎藤孝治、山中道正、小暮親三、菰田庄助、高木弥太郎らも東京から応援に駆けつけてきた。彼らは[35]

---

[35]　春田・前掲（注32）115頁。

第10章　自由民権運動の激化事件——重罪裁判所で弁護した免許代言人

無料で弁護を引き受けた。新聞はこの時のことを次のように報じている。[36]

> 　総理田代栄助、副総理加藤織平を首（はじ）め、数人の巨魁を公判せらるゝに当り、弁護して其権利を全うせしめむとて、代言人高梨哲四郎・大岡育造の諸氏は、無料にて彼等の弁護を引受けむと、熊谷駅へ出張されしかば、彼の親族は之を聞き込み、早速同氏等の出張先きなる同地の旅人宿清水藤左衛門方に至り、面会の上弁護の事を依頼せしに、同氏等は頓（にわか）に承諾せられたるより、親族は大に喜び、其旨入監人へ夫れ夫れ親書を以て通知したりと云ふ。
>
> 　　　　　　　　　　　　　　　　　　　　　　　　（朝野新聞）

　本件の弁護を引き受けた免許代言人は、次の人たちである。

　(1)　**守屋此助**

　守屋は、文久元（1861）年、備中国小田郡で生まれた。明治13（1880）年に芸州広島の講法館に入り法学を学んだ後、翌14年司法省法学校・東京法学校に入学し苦学精励した。

　明治17（1884）年の春、代言人免許を得て、埼玉県熊谷で代言業務に従事した。彼は熱心な立憲改進党員であった。秩父事件が起きて熊谷裁判所で重罪裁判が開かれることになり、官私選被告人8名の弁護を1人で担当した。同22（1889）年、大隈重信外相による条約改正案が明らかになるや各地で猛烈な反対運動が起きたが、守屋は断行すべきことを論じ、東海・北陸・東山の諸県を遊説してまわった。[37]

　(2)　**大岡育造**

　大岡は、山口県長門国豊浦に生まれ、安政2（1855）年、長崎で2年間医学とドイツ語を学んだ。上京した後、埼玉県大宮地区の小学校教員となった。彼は、生徒に時間に関する観念を教えこれを守るように説いた。そのためには、各家庭に必ず時計を備えるべきであるとして、時計無尽を興して、村民が購入できるよう便宜を図った。彼が生徒や村民に時間を尊重するよう説い

36　浅見・前掲（注32）295頁。
37　守屋は、岡山県選出の衆議院議員として8期務め（うち1期は東京府選出）議会で活躍した。

た大宮地区には、明治8年製の柱時計が多くの家庭に保存されていた。[38]

　彼はまた埼玉県令白根多助の学校に関する布達の見解に異議を抱き、県内教員の利害に関係する問題であったから、県令を相手に訴訟を起こし東京上等裁判所に係属中、仲裁人が両者の仲裁に入って解決した。彼はこの時の経験で、法律を知ることの大切さを身をもって知った。そこで、教員を辞めて司法省法学校に入り、熱心に法律学を学んだ。明治13（1880）年、代言人免許を得て代言業務を始めた。共立学校の幹事をし、同志と輿論社を創立して「東京輿論新誌」に政治評論や論文を発表した。その後、嚶鳴社に入り政談演説会で自由民権の熱弁を振るい、会場拍手ヒヤヒヤの喝采を受けた。

　彼は政治思想に富み、政治演説に巧みで、角田真平・高梨哲四郎の２人を合わせて三傑といわれ、雄弁家の評価を得た。明治13（1880）年５月13日、司法省は「改正代言人規則」を制定し（司法省甲第１号布達）、免許代言人は地方裁判所ごとに代言人組合を設立することになった。東京代言人組合を設立するにあたり、司法省付属代言人は半官半民であるから別種の代言人であり、この組合に入れるべきではないという議論が沸騰した時、大岡はこれに賛成し司法省付属代言人排除の議論を盛り上げてその議決を成立させた。検事が司法省付属代言人も組合に入れて規則をつくるように命じたことから、その排除はできなかったが、大岡はこの時説得力ある議論をして多くの注目を浴びた。

　明治14（1881）年３月14日、東京日日新聞が、代言人を誹謗する「健訟の弊風を矯正すべし」という社説を載せた。東京代言人組合の人々は大いに憤り、高梨哲四郎・志摩萬次郎らは、日報社を相手に訴訟を起こすべきであると主唱し、高梨・中島又五郎・皆川四郎・高橋一勝・高橋寛三・星亨・植木綱次郎らが出訴委員となり、同年６月１日、東京代言人組合は、星・高橋を原告に指定し、日報社社長福地源一郎を被告として名誉回復請求訴訟を起こした。高梨は当初出訴委員をしていたが、これを脱する書面を提出したうえ、

38　中村哲『明治維新』143頁以下。

被告日報社社長の代理人となった。他の免許代言人は、出訴委員をしていた者が被告の代理人になるとはけしからん背信行為だと怒り、臨時議会で彼を告訴すべきであるとの議案が提出された。

大岡は、日報社社長が代言人の必要を感じて高梨に依頼したのは、代言人不要論を述べた社説を取り消したのと同様であり、高梨を咎めるべきではないと言い、日報社を敵視し誰も引き受けようとしない非常の場合に、社会の需要に応じた高梨こそ見識をもち節義を守る者で、定見なく廉恥の心なしと断定することこそ見識の狭い者であると主張して高梨の行為を擁護した。議会は多数決をもって告訴すべしと議決し彼を告訴したが、告訴状は却下された。[39]

(3) 高梨哲四郎

高梨は、安政3（1856）年2月、武蔵国江戸に生まれた。明治5（1872）年大蔵省翻訳局に入ったが、1年余で辞して大島貞敏の設立した遵義舎で法律学を学び、同9（1876）年代言人試験に合格し、免許を得て代言業務に従事した。

明治13（1880）年5月、代言人組合を結成するにあたり、皆川四郎が、司法省付属代言人は半官半民で純粋の代言人ではない、彼らと組合を立て議会をつくることはできない、と主張した時、高梨は直ちにこれに賛成し司法省付属代言人を組合に入れるべきでないという流れをつくった。検事は付属代言人を入れて組合をつくるよう指示したが、特別の代言人の存在が混乱を生ずる原因になったことから、司法省は翌14年に付属代言人を廃止した。司法省付属代言人排除の議論が大きく影響したのである。

高梨は、名誉回復請求訴訟の際、被告日報社社長の代理人となった（のち角田真平も加わった）。被告は、自分の立場を主張し擁護してくれる代言人の

---

[39] 大岡育造につき町田岩次郎編『東京代言人列伝』1頁以下、原口令成編『高名代言人評判記』109頁、足立重吉『代言人評判記』22頁以下、日下・前掲（注7）33頁以下。大岡は、明治23（1890）年7月、山口県第三区より選出されて衆議院議員となり13期の長きにわたり活躍した。

必要性を十分知ることとなり、社説は三百代言者流の訴訟に従事する者、すなわち、もぐり代言人・三百代言を指したもので、公正な免許代言人を讒毀したものではないと釈明し、仲裁による解決に応じた。[40]

高梨は長髪で「両肩を没し一双の眼光炯々として厳下の雷の如く威儀堂々として古武士の風格あり」[41]と評された。彼は、明治15（1882）年4月に結成された立憲改進党に参加し、演説討論に活躍し雄弁で世に知られた。彼はジャーナリスト沼間守一の弟である。

(4) 小川三千三

小川は、文久3（1863）年2月、日本橋馬喰町に生まれた。明治8（1875）年東京外国語学校に入り語学を修め、同13（1880）年に東京法学校に入学しフランス法を学んだ。同17（1884）年8月、代言人免許を得て翌年から代言業務に従事した。秩父事件のほかに、大阪事件の館野芳之助の上告弁護人や、静岡事件の清水鋼義ほか数名の弁護を行った。

彼は小柄であったが、眉目俊秀で威儀を備え愛嬌があった。その演説は抑揚があって間を置くことに巧みで喜怒哀楽に富み、聞く者を飽きさせることがなかった。生粋の江戸っ子で、義理人情に通じる粋士であり、人に愛される性格であった。[42]

(5) 斎藤孝治

斎藤は、安政3（1856）年2月、江戸で生まれ、明治10（1877）年の西南戦争に警察隊の一員として九州に出動した。戦争が終わって除隊し、講法学社に入り法律学を学んだ。同13（1880）年に明治法律学校が設立されるや第1期生として入学し優秀な成績で卒業した後、評議員・幹事となり創立者宮城浩蔵、岸本辰雄、矢代操らを補佐して学校の発展に尽力した。同

---

40 高梨哲四郎は、東京府選出の衆議院議員となり7期務め、第1議会における法典論争では商法延期論に反対し、速やかに商法を実施すべきであると主張し断行派に属した。
41 高梨につき町田・前掲（注39）43頁以下、原口・前掲（注39）73頁以下、足立・前掲（注39）17頁以下、日下・前掲（注13）63頁以下。
42 小川三千三につき日下・前掲（注13）51頁以下。

209

15（1882）年に代言人試験に合格し、免許を得て代言業務に従事していたところ、秩父事件が起き、大岡・高梨らとともに被告人らの弁護のために自費で馳せ参じたのである。[43]

(6) 山中道正

山中は、安芸国の出で、明治9（1876）年に上京した。郷里よりの学資が乏しく学校に入っても長続きせず、東京大学の法律文庫や東京書籍館で法律を研究し、同11（1878）年、代言人試験に合格し免許を得た。同13（1880）年頃から代言業務を開始し、秩父事件では、自費で浦和に出張し、被告人らの弁護を無償で引き受けた。

明治14（1881）年以降政党運動が盛んになり、政党への加入をすすめる者が少なくなかったが、山中は名簿をつくるだけの政党は長続きしないと断り、党派に属せずまた小節にこだわらず広い度量をもって人に接した。彼は平生騎馬や撃剣を好んだ。[44]

(7) 弁護活動と新聞報道

大岡は、総理田代の弁護を引き受け、高梨は、副総理加藤・会計長宮川の弁護を引き受けた。小川は、小隊長高岸の弁護を、山中は、大隊長新井・伝令使坂本ほか数名の弁護を引き受けた。地元の守屋は、官私選被告人8人の弁護を1人で担当した。斎藤・小暮・菰田・高木らも、それぞれ多くの被告人らを弁護した。

秩父事件を同情的に報道したのは、「改進新聞」、「朝野新聞」、「郵便報知新聞」、「東京横浜毎日新聞」など改進党系の新聞であった。主として改進党系の免許代言人が弁護活動を行ったからであろう。

3 浦和重罪裁判所

浦和始審裁判所の重罪裁判は、この事件を兇徒聚集罪および強盗殺人放火罪の常事犯として扱い、田代・加藤・高岸・新井ら指導者に対し、死刑の判

---

43 斎藤孝治につき日下・前掲（注13）165頁以下。
44 山中道正につき原口・前掲（注39）1頁以下。

決を言い渡した。この事件の付和随行者数千名は、浦和軽罪裁判所熊谷支庁で罰金や科料に処せられた。

4　大審院に上告

　田代・加藤の2人は、大審院に上告した。裁判長は荒木判事、専任は川口判事、陪席は武久・伊東・奥山の各判事、検察官は加納検事、上告人田代の弁護人は大岡で、加藤の弁護人は高梨であった。傍聴人は30余名であった。両弁護人が上告の趣旨を述べ、検事と弁論を闘わせて1日で終結した。その後、大審院は上告棄却の判決を言い渡した。田代・加藤は、さらに哀訴の申立てをしたが、これも棄却された。

　浦和重罪裁判所は、逃亡して行方がわからなかった参謀長菊池寛平と会計長井上伝蔵に死刑、大隊長飯塚森蔵は重懲役11年、同落合寅市は重懲役10年の欠席判決をした。しかし、彼らはいずれも生きのびた。

　この事件の震源地は秩父であることから、浦和重罪裁判所で裁判を受けた者が最も多かったが、事件が飛び火した群馬では前橋重罪裁判所が取り扱い、信州に波及したものについては長野重罪裁判所が裁判を行った。

Ⅳ　静岡事件

1　岳南自由党・遠陽自由党

　明治15（1882）年当時から静岡の自由民権運動は、年々隆盛に赴き、静岡の岳南自由党・浜松の遠陽自由党が勢力を著しく拡大していた。高田事件で石川島監獄に収監されていた赤井景韶が脱獄し、自由民権運動の盛んな静岡にその庇護を求めて逃げてきたほどであった。

　岳南自由党は、免許代言人の鈴木音高・前島豊太郎、民権家の湊省太郎・

45　我妻ほか・前掲（注1）82頁以下に、田代・加藤・高岸の判決文が収録されている。

藪重雄らが静岡地方で活発に自由民権運動を行い、東京にもその名を知られる存在であった。遠陽自由党は、免許代言人の沢田寧・鈴木貫之・三浦義礼、民権家の中野次郎三郎・山田八十太郎らが浜松地方で自由民権運動を展開していた。

2　箱根離宮落成式襲撃の謀議

　明治19（1886）年6月、岳南・遠陽の両自由党が手を結び、圧政政府の転覆と箱根離宮落成式に出席する政府要人に爆弾を投げて暗殺する計画を立てた。両党員らは、静岡県内で頻々と強盗を行い、秘密の共有による同志の結束と軍資金の確保に走り、手製の爆弾を製造実験して成功し、各自が綿で包んだ爆弾を弁当箱に詰めて持ち歩き、密かに箱根の山に入り要人暗殺を実行しようとした。

　ところが、仲間であるはずの小勝俊吉が探偵で、彼が警視庁へ密告したため事が発覚し、両党員らが相次いで逮捕された。岳南自由党に属する者の大半は東京に逃れたが、そこで逮捕された。静岡にとどまっていた者は同地で逮捕された。警察に勾引された者の総数は、百数十名に達した。これが「静岡事件」である。自由党員らが行った最後の国事犯事件であった。

　新聞は、かくも多数の自由党員や関係者が続々勾引されるのをみると、通常の刑事に関係する犯罪ではなく、国事に関する勾引と想像されると大々的に報じた。

　事件に無関係として予審に送られなかった者は釈放され、その他の被疑者は予審で免訴放免された。

　静岡事件の予審を担当したのは、東京軽罪裁判所であった。予審判事関田鈔作(そうさく)は、鈴木、中野ら26名を、国事犯ではなく強盗罪の常事犯として東京控訴裁判所に移すことを決定した。同地に始審裁判所と控訴裁判所がある場合

46　多数の被疑者が東京で逮捕されたため、犯罪地の裁判所（治罪法40条）ではなく、太政官布告第46号により、逮捕地の軽罪裁判所の管轄としたのである。軽罪裁判所とは、刑事事件の軽罪を裁判する始審裁判所のことであり（54条）、重罪・軽罪について予審の権限をもっていた。

は、控訴裁判所が裁判を行うことになっていたからである。この決定に対し、鈴木・大畑常兵衛ら被告人の一部が故障申立てをしたが、東京軽罪裁判所会議局は、彼らの申立てを棄却した。

3　東京重罪裁判所

東京控訴裁判所は、明治19（1886）年の「裁判所官制」（勅令第40号）により東京控訴院と改称された。本件は、同20（1887）年7月2日から、東京控訴院で重罪裁判が行われた。裁判長は東京控訴院評定官木原章六、陪席裁判官は同控訴院評定官永井岩之丞、同古宇田義鼎であった。検察官は、東京控訴院検事長野村維章であった。

弁護人は、武藤直中、角田真平、松尾清次郎、斎藤孝治、増島六一郎、小笠原久吉、渡邊義雄、小川三千三、大矢早利ら当時の錚々たる免許代言人が担当した[47]。弁護人の選任については、治罪法78条が「重罪裁判所長又は其委任を受けたる陪席判事は、公訴状の送達ありたるより24時の後、書記の立会に依り、被告事件に付き、被告人を訊問し且弁護人を選任したりや否やを問う可し。若し弁護人を選任せさる時は、裁判所長の職権を以て、其裁判所所属の代言人中より之を選任す可し。被告人及び代言人より異議の申立なき時は、代言人1名をして、被告人数名の弁護を為さしむることを得」と定めていたから、私選または国選弁護であった。

被告人らは士族や平民で、その職業は免許代言人・刀職・大工左官・中農・教員・歯科医・菓子職・学塾主・新聞記者・書生・道場主・酒醤油請売業・鉱山業・材木茶職など多種多様である。自由民権の思想は、庶民階層にまで広く浸透していたのである。静岡県出身者が当然多いが、山梨・岐阜県・愛知県・石川県・東京府など他府県の出身者も多く含まれている。

被告人の鈴木は、中江兆民の仏学塾で、西洋の諸学問、ルソーの民約論、文明論などを学び、前島豊太郎の岳南自由党に加入し、明治16（1883）年に

47　手塚豊『自由民権裁判の研究(中)』179頁。

代言人試験に合格した。その後、代言業務に従事しながら、政治の改革のためには自由民権運動を最優先にすべきだと考え、同党のメンバーとともに弁士としてたびたび政談演説を行っていたが、集会条例により県内のみならず全国で1年間演説禁止処分を受けた。湊正太郎もまた県内1年間の演説禁止処分を受けた。これが彼らをひどく憤慨させ、言論による政治の改革から腕力主義による政府の転覆へと転換する原因となった。名古屋事件の奥宮健之や飯田事件の村松愛蔵の場合も、言論弾圧演説禁止処分がきっかけとなっていた。

鈴木は、公判において、「自分は自由主義を尊ぶ者で、わが志望目的は、常に現政府に反対するものであり、何とかその施政上に一大変革を加えようと企て、この目的を果たすためには、必ず多くの人員と金員を要するので、この強盗罪を犯し同盟の結合を固くし、改革の資金をつくったのである。決して一身の私欲のためではなかったが、その志望目的がいまだならずして、この聞くも忌まわしい強盗の結果のみを問われるのは、天命とはいえ遺憾やるかたない」と嘆いた。

中野は、公判廷で「諸君の中には、獄中で絶食する者があるらしい。破廉恥罪をもって擬せられたので、それに激してのことであろう」と、常事犯扱いに対する無念の思いを他の同志に語りかけ、「そもそも諸君と約束したのは、政府を転覆できないときは、斬死するか、法網にかかるかの2つであった。このような運命に立ち至るのは、初めからわかっている。いまさら愚痴をいうのは男子ではない」と訴え、中野の悲しく痛ましい言葉に法廷の同志たちは皆泣いていた。[48]

弁護人武藤直中は、弁論で被告人上原春夢・真野真侊・大畑常兵衛の無罪を主張し他の者の寛刑を求め、弁護人角田真平も同様に、小林喜作・前島格太郎は無罪であると述べ他の者の寛刑を求め、弁護人大矢早利は室田半二の無罪を弁論した。松尾、斎藤、増島、渡邊、小川ら弁護人も、それぞれ担当

48　田岡・前掲（注1）204頁。

する被告人の無罪ないし寛刑を求める弁論をした。

東京重罪裁判所は、明治20（1887）年7月13日、湊・清水に有期徒刑15年、鈴木・中野に有期徒刑13年、藪・木原に有期徒刑12年、その他の被告人については関与の度合いに応じて重懲役9年、軽懲役8年、6年、重禁錮4年監視1年、重禁錮2年6月監視1年などの刑を言い渡した。[49]前島は無罪となった。

> **コラム** 親子2代の弁護士
>
> ① 鈴木音高免許代言人
>
> 　鈴木音高（事件後山岡姓に復し、山岡音高を名乗る）は、東京控訴院の重罪裁判で有期徒刑13年の判決を言い渡された後、石川島監獄に収容されていたが、明治21年10月、北海道の空知集治監に移監された。彼は、政治犯としてのプライドをもち、在監中作業に精励する模範囚であった。特に彼はたびたび表彰を受けた。彼の獄中生活は長く、大赦により出獄したのは、同30年7月のことであった。その間に、明治憲法が制定され、国会が開設されてかつての同志たちが衆議院議員として活躍していた。入監して10年の間に世情は大きく変わっていたのである。彼は出獄後、もはや日本に用なしと決然アメリカに渡り、ワシントン州シアトルで「東洋貿易会社」を設立した。そして、ロスアンゼルスで医師をしていた渡辺準哉の妹じょうと結婚し4男1女に恵まれた。2人の間の長男譲爾は、父音高が免許代言人であったことに誇りをもち、弁護士になった。彼の名はジョージ山岡（George Yamaoka）という。
>
> ② ジョージ山岡弁護士
>
> 　彼は、昭和20年に来日し、父の母国の東京裁判の日本側弁護人になった。彼が弁護したのは、首相・外相を務めた広田弘毅である。
>
> 　広田は、昭和11年2月26日に起きた2・26事件による混乱した政局を

49　手塚・前掲（注47）271頁に判決全文が収録されている。

収拾するため首相に就任し、国内情勢の安定と外交関係の好転のために努力した。翌12年7月7日に起きた盧溝橋事件当時は、第1次近衛文麿内閣の外相であった。

　ジョージ山岡は、広田を全面的に擁護する弁論を行った。彼の弁護により、広田は西洋諸国に対する敵対行為の開始に反対していたことが明らかになり、これに対する訴因は否定された。しかし、外相として中国に対する戦争遂行に参加し、南京虐殺事件の報告を受けながら直ちに止めさせることを閣議で主張せず、他のいかなる措置もとらなかったという義務に怠慢があったと認定され、絞首刑の判決を受けた。文官首相の絞首刑の宣告に法廷の記者席はどよめいた。

　広田は、法廷で一切弁解せず沈黙を守り、自分の周辺の要人に難が及ぶのを防いだという。東京裁判は、戦勝国による報復的懲罰裁判であったという強い批判がなされた。ジョージ山岡が弁護した広田については、朝日新聞東京裁判記者団『東京裁判(下)』に報告がある。

第11章　免許代言人・弁護士の刑事裁判──法廷で闘う免許代言人・弁護士

▶本章の概要◀

　全国各地の免許代言人は、盛んに政談演説を行い新聞を発行するなど自由民権運動を推進したが、これを抑え込もうとする警察により集会条例その他言論統制法違反で逮捕され裁判を経て投獄された。なかでも星亨や大井憲太郎は、彼らが自由党の代表的指導者であったことから、特に世間の注目を浴びた。

　明治26（1893）年の弁護士法制定に伴い免許代言人は弁護士となった。弁護士は、法廷で被告人の人権を擁護する立場から、裁判官や検察官と激しく対立したが、官吏侮辱罪に問われ裁判になったことがあった。

　しかし、彼らの法廷における態度は、自由民権精神をバックボーンとする免許代言人・弁護士としての矜持を示す堂々たるものであった。彼らの闘いぶりをみてみよう。

I　星亨・大井憲太郎の刑事裁判

　免許代言人の星や大井は、自由党の指導者として大きな影響力をもっていた。政府と民党は、犬猿の仲であったから、政府の内命を受けた警察は些細なことでも彼らを捕えてその勢力を挫こうとしていた。

　星や大井は、これに動ずることなく政府の施策を厳しく批判していたが、

第11章　免許代言人・弁護士の刑事裁判——法廷で闘う免許代言人・弁護士

ついに星は官吏侮辱罪で逮捕され、大井は外患罪等で逮捕され裁判を受けることになった。

1　星亨免許代言人

(1)　政治の限界を超え余計な御世話である——官吏侮辱事件

(ア)　板垣・後藤の洋行

　参議伊藤博文および随行員らは、明治15（1882）年3月、憲法調査のためにヨーロッパに向かった。

　星は、明治15（1882）年8月、大井にすすめられて自由党に入党した。この頃自由党総理の板垣退助は、欧州事情を知っておかなければ伊藤らと対等に議論できないと考え洋行することにしたが、立憲改進党（以下、「改進党」という）が洋行資金は政府筋から出たものと辛辣な批判をしたため、自由党内にトラブルが生じ、馬場辰猪、大石正巳、末広重恭、田口卯吉などが離反した。星は、後事は自分が引き受けるからと言って板垣と後藤象二郎を励ましたので、彼らは星に後事を託し、同年11月、ヨーロッパに向けて出発した。改進党が自由党を批判したことがきっかけとなり、自由党は改進党を三菱のひも付きで偽党であると激しく批判し、双方熾烈な非難合戦を繰り広げた。

(イ)　星の活動

　星は、自由党機関紙「自由新聞」を引き継いで改進党批判などをしていたが、論説が難解で一般向きでないので、これを絵入りの読みやすい新聞に改め、民権論、小説、伝記などを載せるなど庶民に読まれる新聞を発行し、自由民権思想を一般社会に広めることに努力した。

　彼は、他方で党勢拡大のため、地方を精力的に巡回して政談演説会や懇親会に出席した。明治16（1883）年9月、静岡の懇親会に出席し、同年12月には埼玉県行田や群馬県館林の懇親会に出た。翌17年2月、栃木と宇都宮に行き、同年3月には千葉・茨城の懇親会に出席した。5月は埼玉県羽生、6月は大阪の関西有志懇親会にのぞみ道頓堀で政談演説を行い、大和・伊勢を遊説して東京に戻り、9月に新潟の不動院で開かれた北陸七州大懇親会に出席

したのである。星の一連の政談演説の眼目は、政府の施政や他党を批判するものであった。

　(ウ)　新潟における政談演説

　星は、新潟不動院の懇親会で、明治17（1884）年9月21日、ロシア・ドイツの二国を例にとり、以下のように政府の施策を批判する演説を行った。

　両国は武断政治を行い、強制的に兵隊を徴用し無要の武備を増強する。農商工業に干渉しかえってその進歩を阻害し、鉄道を官設し電信郵便を官業として干渉し、いたずらに国税を消耗する。宗教に干渉し教正だ講義だと種々関与し、教育上についても、この本は自由主義の本だから読むな、教育の方法はこうしなければならぬと干渉する。これはよろしくない。「余計な御世話」である。人間に貴賎の別はないのに、政府が規則を定めて爵位階級を設けてみだりに差別する。これらは皆「政治の限界を超え余計な御世話」である。

　臨場警察官は、「治安を妨害する」と大声をあげ、星の演説を中止させ集会の解散を命じた。警察官は星に対し、長期間政談演説を禁止する行政処分を狙い、署へ出頭するよう求めたが、星は位階を有する者には相当の手続をなすべきであると抗弁して出頭を拒み、さっさと次の懇親会の予定地である新発田に向かって出発した。

　新潟警察署は、星の不動院の演説は政府の施政を誹謗し、官吏を侮辱したとして、9月22日、新発田懇親会の終わり頃、星に勾引状を示したので、彼はおもむろに支度を整えて新発田警察署に出向いた。翌23日、新発田署より新潟署に護送され、ひと通りの取調べを受けた後、巡査数十名に付き添われ未決勾留のため新潟監獄に向かった。見送りの自由党員らは、星が監獄の門に入るとき、「自由万歳」と声をあげ、星は微笑をもってこれに応えた。

　(エ)　新潟軽罪裁判所

　星の官吏侮辱事件は、明治17（1884）年12月17日午前11時、新潟軽罪裁判

1　野沢雞一編『星亨とその時代(1)』197頁以下。

所の公判に付された。著名人の裁判とあって、傍聴人は内外に溢れ、遅れてきた者は中に入ることができず、空しく帰らざるを得なかった。

裁判長は北条元利で、検察官は林通久であった。

星の弁護人は、富田精策である。彼は、明治16 (1883) 年1月、代言人免許を取得し、新潟県北蒲原郡新発田村112番地で代言業務に従事していた新進気鋭の免許代言人である。

(オ) 公判の開始

明治17 (1884) 年12月17日初日の公判において、裁判長の人定質問に対し、星は、自分は星亨で、年齢34歳7カ月、住所は東京京橋区日吉第21番地、出生地同所、平民・戸主で免許代言人であると答えた。

検察官は、明治17 (1884) 年9月21日、当新潟区西堀5番町不動院において開かれた政談演説会で、被告人は「政治の限界」と題する演説をし、ロシア・ドイツの二国に例をとり、成法を誹毀し、わが国当路官吏の職務を侮辱した。その証憑は、臨場警部の聴取書によって明らかであるから、裁判長に相当の裁判を求める、と陳述した。

新潟日日新聞の「公判傍聴記」によれば、裁判長はこれに続いて星被告人に対し、次の質問をした。

判　汝は其折何職を奉ぜしや。
被　横浜税関長。
判　何学を修めしや。
被　専修の学問は法学。
判　学位を受け居るや。
被　日本にては受けざれども英国に於いて状師（バリスター）の学位を得たり。
判　汝は何の政党員に加わりしや。

2　富田精策は、新発田代言人組合に所属し、明治24 (1891) 年10月10日には、客員として新潟代言人組合にも加入して積極的に活動するとともに、同25 (1892) 年から27 (1894) 年まで新発田代言人組合の副会長を務めた。新潟弁護士会『新潟弁護士会史』29、33頁。

3　公判傍聴記は、野沢・前掲（注1）247頁以下による。

I　星亨・大井憲太郎の刑事裁判

> 被　今日は何党員にもあらざれども、旧自由党なり。[4]
> 判　当港へ何月何日来着せしや。
> 被　当地に本年9月16日。
> 判　何用にて来たりや。
> 被　当地に開きたる北陸七州懇親会、発起人は旧自由党員多かりし故其招待を受け該会に列席のため参りたり。

　裁判長は、この後臨場警察官が作成した演説調書について、星に正誤を確かめた後、次のように質問した。

> 判　演説の起頭に私の演題は茲に掲げてある如く「政治の限界と云うにあり」云々、又「私が演説中政府政治と演ぶる者は世界の例を掲げて説かん」云々とあり。然らば世界とは万国の政府政治を説きたるものならずや。
> 被　世界と云うは万国を指すものなれども、予が此部分の演説には、英・米・魯・独の四国を例に引きしものなれば、世界万国の政治を説きたるものにあらず。
> 判　然れども日本政府も世界の一部分なり。ことに国会もなく鉄道電信等は皆官設にかかれば、汝が演説には至極適当の国と思わる。然るに例を近くわが国にとらず、遠く外国に取りしは如何なる心得なりしや。
> 被　わが国の例は、演説中止の際までは必要とせざるにつき、専ら前四国の例を取りたり。若し中止に逢わず此演説の局を結ばしめば、或はわが国のことを例に引きしやなるべし。
> 判　若し汝が気に合わぬと云いしもの、即ち鉄道電信等を官設にするが如きは、汝をして政府要路に当たらしめば之を廃止するの見込みなるか。
> 被　自分は独魯国に在るが如き不都合なるものの、わが国にもありとせば、之を廃止するは勿論のことなり。尤もわが政府の今日の所為に付ては、頗る不同意のこと多きも、強ち総て不同意と云うにあらず。故に若し自分が政権を取りたるならば、不同意の廉々だけは廃する積りなり。
> 判　然らば徴兵令、華族令等の如きは廃止するか。

4　自由党は加波山事件が起きた後、星が未決勾留中の明治17（1884）年10月29日、大阪北野大融寺で自由党解党決議をした。

221

被　敢て其全部は廃止せざるも、不都合の廉は成るべく廃し度心得なり。
判　汝は憂国の士なり。其等のことにつき是まで上書建白でも出せしことありや。
被　未だこれなきも、当路者及び有志者に会する好機あれば、つねにこれを論談せり。
判　汝は是まで上書建白もなさず、漫（みだり）に公衆に向って演説するとは其序を失したるものにあらざるか。
被　上書建白の如きは、到底今日に在ては効なき故に之を断念し置くなり。

裁判長の質問はこれで終わり、検察官に対し、被告人に尋ねることがあるかどうか聞いたところ、これありと言い、次のように質問がされた。

検　抑（そもそ）も被告人は政治の限界なる題を掲げ、公衆に向って其限界を説きせしものなり。然るに演説中是までが限界にて是より先は限界を超えたるものなりと云うの区別は、此聴書にては何分明了ならざるにつき確答を望む。
被　検察官のご尋問は不分明なり。斯（か）くの如きことまで答うるには講義でも開かざるを得ず。其会場が講義でもする場所ならば格別、演説会は演説だけにて宜しき筈なり。故に自分が演説したる点につき、ご尋問の廉あらば答うべきも、自分が演説せざる外の部分ならば、ご尋問を蒙ればとて答弁するの必要は莫（なか）るべし。私が演説中「よくない」と云いたる所は、即ち「限界外なり」という一言にて、其限界明瞭ならん。

本件は、被告人星が免許代言人であることから、法廷における論戦は、もっぱら検察官と被告人・弁護人との間で行われた。特に被告人自身が盛んに検察官に質問している。星は、演説は下手であるが、人と相対して舌戦し理屈を言うのは得意であった。彼はしきりに質問し、相手が言うことに窮した時、あるいは隙や弱点があれば、すかさず攻め立て防御の暇をなくしますます追撃するという具合である。

裁判長が2日目の公判で、被告人・弁護人に対し、検察官の論告について意見があれば述べるように言った。まず、被告人星が検察官に質問した。

被　昨日検察官が論ずるところは、簡短にてその意は被告の不動院の演説は引証を独魯の二国にかり成法を誹毀し、わが当路の官吏を侮辱したものと云われたり。当路の官吏は誰々を指し、又成法誹毀とは何等の法律を「わるく」云いたりとせられたりや。

検察官は、前日の冒頭において、成法を誹毀し、わが国当路官吏の職務に対し侮辱したと述べたにもかかわらず、星の質問に対し、内容を少し変更して答えた。

検　昨日本官は成法誹毀とは云わざるなり。ただ政府の所為を誹毀したるものにして、即ち三条相国は勿論、兵備のことには陸海軍卿を侮辱し、農商務のことには農商務卿を侮辱し、各其掌る長官を侮辱したるものと論じた。
被　されば其諸省卿、即ち当該官を侮辱したるものにあらずして職務を侮辱したりとのことなりや。
検　固より職務に対し侮辱したるものなり。
被　されば三条相国又は諸卿にあらずして、ただ其職務を侮辱したりとするや。
検　固より其人にあらず其職務にあり。

被告人の質問に、検察官は、成法誹毀はなく、政府の所為を誹毀しその職務を侮辱したものと答えた。星は続いて検事の取調べの時、政府、あるいは司法省に伺いを出したかどうかを尋ねた。

検　有位の者（星は従六位）のことに就いて伺うたり。即ち其回答は起訴せよとのことなり。

この検察官の答により、星の起訴について、政府・司法省が指示していたことが明らかになった。次に、星は警察が自分を逮捕したのは、現行犯か否かを質問した。

第11章　免許代言人・弁護士の刑事裁判——法廷で闘う免許代言人・弁護士

被　検察官は本件を現行犯となすか。
検　固より然り。
被　私の勾引されたのは、9月22日なり。演説せしは21日なり。中止後夕刻私を直に来よと呼出されしが、其呼出状は取り戻し、後執事なき故後差出さんと返答せり。
　　後22日勾引されし其間二日を経たり。現行犯なら其場に勾引するが当り前なるべし。夫で現行犯となすか。
検　（検事の答、曖昧にして要領を得ず）。

　星の質問に検察官の答えはしどろもどろで要領を得ず、新聞記者は書きとることができなかった。星の本領を発揮したものであった。
　検察官は、被告人の演説は政府の施政を誹謗したもので、これは官吏侮辱罪にあたる。この罪が成立するのは、必ずしも官吏その人に関せず、太政大臣以下各省長官の職位を軽蔑すれば足りると論告し、被告人の所為は、刑法141条官吏侮辱罪にあたるので、1月以上1年以下の重禁錮、5円以上50円以下の罰金の範囲において処罰すべきであると求刑し、あわせて、明治13年司法省甲第1号布達代言人規則に照らし、被告人を代言人名簿中より除名すべきであると主張した。
　検察官の官吏侮辱の論告は、強引な拡張解釈によるもので、被告人を代言人名簿中より除名すべしというのは突然のことであった。
　この論告に対し、星は直ちに反論した。
　検察官が自分の演説をもって、刑法141条にあたるとして論告したのは不当である。官吏侮辱罪が成立するためには、3つの要件が必要である。
　第1に、職務上官吏の身上に対するものでなければならない。第2に、その侮辱を受けた者が明瞭でなければならない。第3に、官吏を貶卑軽譏（へんぴけいき）したものでなければならない。
　自分の演説は、以上の3つの要件の1つにも該当していない。自分の演説は、政府の行為を非難したところがあるとしても、官吏を侮辱したものでは

ない。したがって、刑法の処分を受けるいわれはない。

　本件で問題になっている官吏侮辱罪に関する刑法の条文は、次のとおりである。

〔刑　法〕

> 第141條　官吏の職務に対し、其目前に於て形容若くは言語を以て侮辱したる者は、1月以上1年以下の重禁錮に処し、5円以上50円以下の罰金を附加す。其目前に非すと雖とも、刊行の文書図画又は公然の演説を以て侮辱したる者、亦同し。

　富田弁護人は、検察官が突然代言人規則違反について論告したことについて、直ちに異議を述べた。これまでの公判では、この点について何ら審理されておらず、被告人に対し不意打ちでありその防御権を侵害しているからである。

> 弁　検察官が起訴の趣旨は、官吏侮辱罪のみにて代言人規則違反はあらざるに非ずや。
> 検　果たして犯罪と決せば代言人規則の違反も処断すべきも、無罪とならば代言人違反も随て消滅すべきなり。
> 弁　刑法も法律なり。代言人規則も法律なり。然れば二法律の制裁を受くべき犯罪なりとせば、初より論告せざる可らず。今に至て突然斯く云わるるは、分からざるなり。
> 検　二法律の制裁を受る犯罪ならば、初より論告せよとの明文は何法律何條にありや。
> 弁　法律上明文はなくとも道理上、斯くせざるべからず。例之強盗放火の二犯罪ありとせば、当初より二罪に就き論告するにあらずや。
> 検　既に事実弁論が違えば、刑の適用また随て異なるは当然のことなり。

　被告人星自身もまた検察官の代言人規則違反の論告に関して、次のように反論した。

第11章　免許代言人・弁護士の刑事裁判——法廷で闘う免許代言人・弁護士

> 被　刑法上本件は官吏侮辱とならざることは、すでに論じ尽くせり。依って今再せず。ただ代言人規則に拠り除名を附加せられたしとの論告については、大に異見なき能わず。元と此刑あるより此附加あらんとするも、当初より論告し置かざるべからず。検察官は斯く為さざるもよろしと云わるるは、其意を知るに苦むなり。故に若し刑法により処断せらるるも、代言人規則違反の申立は排斥せられたし。

　裁判長は、公判中、弁護人の検察官に対する質問に関連し、検察官を支援するような口出しをしていたのに、検察官の突然の代言人規則違反の論告に対し、被告人・弁護人が激しく抗議と反論をしているにもかかわらず、ひと言も発することがなかった。

(カ)　富田精策の弁論

　富田弁護人は、以下のようにすぐれた弁論を行った。

> 　政府の所為を誹毀したものを官吏侮辱とするならば、何の官吏を侮辱したという確然たる被害者があるべきはずである。然るに検察官は、ただ漠然その下にある官吏が被害者であるというのは不当である。政治は無形であるが、官吏は有形である。これを法律に照らせば、無形に対する罪は体刑なく、体刑あるは独り有形に対するものである。
> 　被告人が、演説中「余計な御世話」であると言ったとしても、官吏その人を侮辱したものではない。「人間に等級を立てるのはよろしくない」というのを、検察官は宮内卿を侮辱したと言うのか、是は間違いも甚だしい。等級を立てた制度をわるく言ったにすぎず、宮内卿をわるく言ったのではない。
> 　強制的に「兵を募るのはよろしくない」というのは、政府が作った法律である徴兵令をわるくいっただけで、陸海軍卿その人をわるく言ったのではない。「自由主義の本は読むな。教育のことはこのようにしなければならぬ」とか、「教育に干渉するのは余計な御世話である」と言ったとしても、それは制度について評論したもので、文部卿を侮辱したのではない。
> 　被告人は、政府の制度について評したのであって、官吏その人の職務取扱いに対して言ったのではない。したがって、官吏侮辱罪には当らない。検察官は

有形無形を混同し、施政を誹毀したということと官吏を侮辱したということを同一に論じており、本件を誤るものである。本件は、刑法141條には該当しない。その理由は、事実弁論でこれを悉した。

もし、本件を刑法141條で処分することがあれば、法律は憮然涙を垂れるであろう。裁判官の公明なる判決を俟つのみである。かつ代言人規則により、代言人名簿中より除名するが如きは、不当の甚だしいものである。

なお、「代言人規制」の該当条文は、次のとおりである。

〔代言人規則〕

第23條　懲戒の目次左の如し
　1　譴責　　2　停職　　3　除名
第24條　所犯法律に該る者は、法律に依て処断し、仍ほ第23條の罰目を併科することあるへし。
第25條　譴責は止た呵責して業を停めす、停業は1月以上1年以下其業を停め、除名は代言人名簿の名を除き3年を経るの後に非されは、復た代言人たるを得す。若し其所犯の情状重き者は、終身之を許さす。

星は自分の政談演説は、何ら官吏を侮辱したものではなく、代言人名簿中より除名するのは不当であると主張し、富田弁護人も彼を擁護する弁論を行った。

(キ)　公判の舞台裏

星の逮捕と公判に持ち込むことについて、当時福島県の警察署長から新潟の枢密課長（のち保安課長と改称）に転勤してきた倉山昌親（のち新潟・富山警察署長）が活躍したが、彼の回顧談に次のような記述がある。[5]

当時政府の民党におけるや犬猿もただならず、民党をみることあたかも蛇蠍のごとく、些細なことでも容赦なく引捕え、これを刑に処してその勢力を挫かんとする時代であった。したがってわれわれ警官はもちろん一般の官吏

5　野沢・前掲（注1）270〜271頁。

227

に至るまで、民党を朝敵のごとく思っていた。ことに私は別段に民党が嫌いで、いかにも悪いものと思っていた。

そこに、自由党の山際七司ほか主だった人物が、北陸七州懇親会に集まり、星亨も東京から出席するという情報が入ったから、警部巡査三十余名が会場にのぞんで、演説に問題があれば直ちに中止解散を命じるつもりでいたのである。星の演説中、「もし私が政権をとったなら、かくの如く民衆を害することは、断然廃止する」と叫んだから、大声をあげて中止を命じた。

新発田で星を逮捕引致するについては、永山県令、大書記官、警察部課長らと検討したが、法律の何の条文によるかはっきりしなかった。法律書などを調べているうちに、幸いにも警保局長清浦奎吾の刑法訓令の中に、成法誹毀は政府の当事者たる官吏を侮辱するに相当する意味のことが書いてあった。そこで、踊り上がって喜び、直ちに永山県令ほかに報告すると、一同喜色満面となり、これさえあれば大丈夫と安心した。これに引き続き井上警部長らとともに裁判所に行き、所長中島判事・検事正正木検事と鳩首密議をした。

正木検事は、「本件を予審に付さないで直ちに公判に持込むだけの精密な取調ができるか」と言うから、倉山は「断然出来る」と引き受けた。そこでようやく逮捕引致することに決した。彼は帰庁して上記の顛末を県令・大書記官等に報告し、いよいよ逮捕に着手した。

このようなわけで、星の罪案は、すでにこの時決まっていたのであるから、法廷内の審問は、その形式を備えるための手段にすぎなかったといえる。裁判所長・検事正・県令らは事前に協議したうえで、星を官吏侮辱罪で逮捕して裁判にかけ処罰することを決めていたのである。

　　　(ク)　判決言渡し

新潟軽罪裁判所は、明治17（1884）年12月18日、判決を言い渡した。被告人は官吏を侮辱したとして、重禁錮6月罰金40円を付加し、代言人名簿中より除名するというものであった。重禁錮は、禁錮場に留置して定役に服する刑である。星は新潟監獄で服役した。

　　　(ケ)　星の出獄

星が出獄したのは、明治18（1885）年10月10日であった。新潟で慰労懇親会が開かれ、山際七司・林包明・加藤平四郎・野沢雞一・佐々木宇三郎らが集まり、無事出獄できたことを祝った。星はその後、長岡を経由し沼田に出て、同月16日、上野着の汽車で帰京した。上野の停車場には有志らが星を出迎えた。

　免許代言人らは、星のために出獄慰労会を開いた。出席者は、大井憲太郎・山田泰造・渡邊小太郎・北田正董・中島又五郎・松尾清次郎・武藤直中・仁杉英・浦田治平・岡島宗三郎・長谷川深造・長谷川陳・川村訒・佐藤隆・佐藤修吉・竹田仁太郎ら数十名であった。大井・山田・渡邊らが、それぞれ星がつつがなく出獄したことを祝う挨拶をし、星が答詞を述べ、自由と権利伸張のためさらに運動に邁進することを期し、拍手喝采して祝杯をあげ、胸襟を開いて歓談した。

　　㈡　再　会
　星は、明治26（1893）年富山県を遊説中、倉山昌親と偶然再会した。星は衆議院議長、倉山は富山警察署長であった。

　星は満面笑みをたたえながら、「やー君の為には随分苦しんだよ。君のような気骨のある警察官があったから、今日立憲政体は生み出されたのである。自分は少しも怨んでは居らぬ。しかし、洋行するまでには言うべからざる難儀をしたぜ。越後の高田・長岡・三条などで同じような演説をしたが、何処も制止する者がなかったのに、新潟で捕まった。田舎には気骨ある警察官はいないだろうと思っていた」[6]と言った。

　星は、別れ際に、倉山に上京の節は自分のところに訪ねてくるように言ったが、これが最後になった。星は、東京参事会の会議室で伊庭想太郎に暗殺されたのである。

　　(2)　ボアソナード条約改正反対意見等の秘密出版──出版条例違反事件
　星は、新潟監獄を出た後、「評論週刊」を発行し社説や論文を書いた。諸

─────────
　6　野沢・前掲（注1）279頁。

第11章 免許代言人・弁護士の刑事裁判——法廷で闘う免許代言人・弁護士

外国の憲法の翻訳にも打ち込み「各国国会要覧」を刊行し、それを基に私擬憲法を起草しようと試みた。三大事件建白運動が展開されていた頃、彼は板垣の天皇に上奏する意見書、谷干城の条約改正反対意見、ボアソナードの条約改正反対意見、勝安房の意見書、グナイストの談話筆記「西哲夢物語」等を入手し、秘密のうちに数千部を印刷して旧自由党員・民権家らに頒布した。

保安条例により東京を追放された後、このことがわかり、明治21（1888）年2月25日、横浜にいたところを出版条例違反で逮捕された[7]。

星の公判は、明治21（1888）年7月3日、東京軽罪裁判所で開かれ、軽禁錮1年6月に処せられ、石川島監獄に入獄した。軽禁錮は、定役に服さないので、星は、入獄中、英仏独伊語の本・辞典・文法書などを用いて諸外国の書物を読み、立憲政治について熱心に研究した[8]。星に依頼されて印刷し各地に配布した東雲新聞記者の寺田寛、印刷業の前野茂久次も逮捕され、寺田は軽禁錮1年2月、前野は軽禁錮1年4月の刑に処せられた。

星は、新潟事件で代言人名簿から除名されて糧道を断たれただけでなく、相次ぐ入獄で家産を失い最も辛い時期であった。彼は、大井と同様、明治22（1889）年2月11日、明治憲法発布による大赦で出獄した。

2 大井憲太郎免許代言人

(1) 朝鮮政府の事大党を倒し独立党を支援すべし——大阪事件

(ア) 朝鮮国の状況

朝鮮国は、宗主国である清国と親善関係を保つ閔（びん）一族が政権を握っていた。守旧派であり、大国に事（つか）えるという意味で、「事大党」とよばれていた。これに対し、清国に従属する関係を解消し、朝鮮を独立させるため、開明政策を実行し、近代国家として歩むべきであるという「独立党」があり、日本に

---

[7] 岡山の免許代言人石黒涵一郎や各地の民権家加藤平四郎・竹内正一・片野文助・岡田省吾ら多くの者が、これら秘密文書を配布したとして逮捕処罰された。第一高等中学校の生徒宮本平九郎・小山弘三・大野清太郎らも勾引処罰された。吉野作造編『明治文化全集(2)』593頁。

[8] 中村菊男『星亨』73、76頁。

その範を求めようとしていた。

　独立党の金玉均・徐光範は、明治15（1882）年、日本にきて福沢諭吉に会い、その協力を得て朝鮮から若い留学生を派遣し、慶応義塾で西洋式学問や近代文明を学ばせた。また、井上馨外相に会い、朝鮮の文明開化のために援助と協力を求めたが、日本政府は消極的であった。これに対し、自由党進歩派の大井らは、開明開化派の独立党に積極的に協力すべきであるという考えであった。

　㈡　独立党支援計画

　明治18（1885）年5月、東京下谷の大井宅に小林樟雄（岡山）・磯山清兵衛（茨城）・新井章吾（栃木）が集まり、朝鮮改革の支援計画を練った。朝鮮が独立するためには、清国の干渉を絶つ必要がある。清国の干渉を絶つためには、まず政権をもつ事大党の六﨑（ろくげつ）（在朝の大臣）を倒し、金玉均・徐光範・朴泳孝らの独立党を助けて、これに政権を担当させるべきである。そうすれば、従来わが国旗を汚し、わが人民の被った侮辱をそそぐことができるし、日清朝の三国間に葛藤が生じるのは必定であるから、わが国の世論は一変して民衆の心は奮起し、政府は朝鮮の革命的動乱に狼狽し事を世論に諮らざるを得なくなる。外は朝鮮国の孤弱を助け、内はわが国の政弊を一掃して立憲政治をつくる。これはまさに一挙両得の策であると考えた。[9]

　大井らは、この計画に基づいて、大井・小林が金策に努め、大事を決行した後は、国政改革を担当し、磯山・新井は旧自由党の壮士を率いて朝鮮に渡り、独立党を助けることにした。

　㈢　支援計画の発覚

　大阪府警察署は、かねてから大井・小林・磯山の動きを怪しみ内偵していたところ、朝鮮独立党支援計画があることを察知した。磯山は、この計画の前途を危ぶみ渡朝直前になって変心し、長崎で待機している新井に荷物が濡れたと偽りの暗号電報を打って渡朝を遅らせ、自分は身を隠してしまった。

9　我妻栄ほか編『日本政治裁判史録（明治・後）』95頁。

第11章　免許代言人・弁護士の刑事裁判──法廷で闘う免許代言人・弁護士

　長崎の新井は、磯山の行動に不審感をもち、大阪の小林らと連絡をとり、在京の大井に電信して急遽大阪で大井・小林・新井・稲垣示の4人が会った。新井は、磯山の潜身に憤激し、自ら渡朝実行者の首領となり、資金・武器を持って再び長崎に向かった。

　彼らの動きを内偵していた大阪府警は、明治18（1885）年11月23日、大井・小林を大阪で逮捕した。そして、長崎その他全国各地の警察署に被疑者ら逮捕の手配をした。これを受けて各地の警察署は、長崎の新井をはじめ被疑者百数十名を相次いで逮捕し大阪に護送した。同年12月6日には、兵庫県姫路の北方にある塩田温泉に潜伏していた磯山を逮捕した。これが「大阪事件」である。

　　㈢　刑法の罰則

　大井は、この事件で刑法の外患に関する罪・犯人蔵匿隠避罪・贓物受蔵罪および爆発物取締罰則違反に問われた。関連条文を次に掲げる。

〔刑　法〕

第133條（外患罪・同予備罪）
　外国に対し私に戦端を開きたる者は、有期流刑に処す。其予備に止る者は、一等又は二等を減す。

第151條（犯人蔵匿隠避罪）
　犯罪人又は逃走の囚徒及ひ監視に付せられたる者なることを知て、之を蔵匿し若くは隠避せしめたる者は、11日以上1年以下の軽禁錮に処し、2円以上20円以下の罰金を附加す。若し重罪の刑に処せられたる囚徒に係る時は、一等を加ふ。

第399條（贓物受蔵寄蔵故買牙保罪）
　強窃盗の贓物なることを知て、之を受け、又は寄蔵、故買し、若くは牙保を為したる者は1月以上3年以下の重禁錮に処し、3円以上30円以下の罰金を附加す。

第400條（監視）
　前條の罪を犯したる者は、6月以上2年以下の監視に付す。

刑法133条の外患罪は、現行刑法では削除されて存在しない。

犯人蔵匿隠避罪の「犯人蔵匿」とは、場所を提供して匿うことであり、「犯人隠避」は蔵匿以外の方法で官憲の発見逮捕を免せさせることである。臓物受蔵寄蔵故買牙保罪の「受蔵」とは無償で取得すること、「寄蔵」とは委託を受けて預かること、「故買」とは有償で取得すること、「牙保」とは処分することを媒介あっせんすることである。

(オ) 爆発物取締罰則

この罰則は、加波山事件で使用された爆弾が威力を発揮し、これに驚愕した政府が、明治17(1884)年12月27日、慌てて制定したもので、全文12条からなる。

〔爆発物取締罰則〕

第1條　治安を妨け又は人の身体財産を害せんとする目的を以て爆発物を使用したる者及ひ人をしてこれを使用せしめたる者は、死刑に処す。
第2條　前條の目的を以て爆発物を使用せんとするの際発覚したる者は、無期徒刑又は有期徒刑に処す。
第3條　第1條の目的を以て爆発物若くは其使用に供す可き器具を製造輸入所持又は注文を為したる者は、重懲役に処す。
第4條　第1條の罪を犯さんとして脅迫教唆煽動に止る者及ひ共謀に止まる者は、重懲役に処す。
第5條　第1條に記載したる犯罪者の為め情を知て爆発物若くは其使用に供す可き器具を製造輸入販売譲与寄蔵し及ひ其約束を為したる者は、重懲役に処す。

1条は爆発物の使用、2条は使用未遂、3条は爆発物の製造・輸入・所持・注文、4条は使用の脅迫教唆煽動共謀、5条は製造輸入販売譲与寄蔵約束について処罰する規定である。このほか6条は治安妨害の目的でないことの証明不能の場合の処罰、7条は発見者の不告知、8条は認知者の不告知、9条は犯人の蔵匿罪証隠滅、10条は国外犯を処罰する規定をおき、11条は自首、12条は刑法との比照を定めていた。

第11章　免許代言人・弁護士の刑事裁判——法廷で闘う免許代言人・弁護士

　この爆発物取締罰則は、明治41（1908）年・大正7（1918）年・平成13（2001）年などに罰則部分を軽減する改正が行われ、今日でも法律としての効力を有している。

(2) 大阪重罪裁判所

　大阪始審裁判所の田丸税稔予審判事は、明治19（1886）年12月27日、予審を終結し、大井ら52名を外患罪・制博罪・爆発物取締罰則違反等、長坂喜作ら11名を強盗罪として大阪控訴院の重罪裁判に付すと言い渡した。

(ア) 裁判官と検察官

　大阪重罪裁判所の裁判官は、裁判長大阪控訴院評定官井上操、陪席評定官臣佐武、同矢野茂であり、検察官は別府景通・堀田正忠であった。

(イ) 被告人と弁護人

　新聞は、法廷に出頭した被告人らについて、以下のように報じた。

> 　諸氏は二三名を除くの外何れも紋に自由の二字を染め貫きたる揃ひの黒羽織（此程差入れしもの）を着し、久しく鉄窓の下に在りしにも似ず別に疲労の様子も見えず、害して幾分か爽快の色を帯べるものの如くなり。（大阪日報）

　公判に付された被告人らの弁護を担当したのは、免許代言人の砂川雄峻・善積順蔵・菊池侃二・北村左吉・渋川忠二郎・森作太郎・寺田寛・尾形兵太郎・竹中鶴二郎・吉田恒吉（以上大阪組合）、澤田正泰・石黒涵一郎（以上岡山組合）、横田彪彦（鹿児島組合）、山田泰造（東京組合）、星亨（東京組合・ただし代言人名簿除名中、裁判所の許可を得て弁護人となる）、小林幸二郎（八王子組合）、板倉中（千葉組合）の17名であった。[10][11]

10　星亨は、明治18（1885）年10月10日、新潟監獄を出獄した後、大阪事件の弁護人に加わった。彼は大阪事件の判決が出た後、明治21（1888）年2月25日、出版条例違反で逮捕され再び入獄した。

11　松尾章＝松尾貞子編『大阪事件関係史料(上)』2ノ甲、板垣退助監修『自由党史(下)』142〜143頁。

(3) 公判の開始
(ア) 傍聴人詰めかける

　大阪重罪裁判所の公判は、明治20（1887）年5月25日、開始された。[12]

　新聞は、多くの傍聴者が公判を傍聴しようとして早朝から詰めかけたことを、以下のように伝えている。

> 　此の事件や近来の一椿事なるのみならず、被告人関係人等も甚だ多き事なれば、傍聴人は此日午前三四時頃より早や門前に詰めかけ、開門遅しと待受けたれば、瞬く間に豫て定めし傍聴券170枚は残りなく渡し尽くされ、尚ほ数十枚を増されたれど、是も宛なく流石に水の譬の如く群がる人々は、大抵空しく門前より立帰りたり。（大坂日報）

　松尾章一＝松尾貞子共編『大阪事件関係史料集(上)』は、大阪事件に関する「大阪日報」の国事犯公判傍聴筆記（速記録）を収録しており、これによって法廷の模様を知ることができる。公判は次のように行われた。

　井上操裁判長は、大井ほか63名の公判開始にあたって、被告人中、最初より縛に付かない加納卯平、予審中脱獄逃走した吉村大次郎・玉水常治については、治罪法上の手続をとったが出頭しないので、欠席のまま公判を開くことになったと告げた。これに続いて、この事件は外患に関する事柄がその主眼であるから、高等法院の管轄に属すべきものであるが、明治16年第49号布告と明治19年司法大臣の訓令とにより、ここに重罪裁判を開くことになったと述べた。

　その後、被告人らの人定質問に入り、各被告人の起訴状朗読が行われた。

(イ) 起訴状朗読中のハプニング

　検察官が、磯山清兵衛の起訴状朗読中に、ハプニングが起きた。3列目にいた氏家直國は、磯山はわれらを裏切ったと憤然怒気満面に帯び何かをしようと身構えていたが、検察官が「右議決の旨を長崎滞在の先発田代季吉

12　三田六太郎編『大阪組合代言人公評録』9頁以下。

第11章　免許代言人・弁護士の刑事裁判——法廷で闘う免許代言人・弁護士

云々」のところを読み上げた途端、突然1列目いた磯山に飛びかかり首筋をつかんで離さず、法廷は騒然となり、一時休廷のやむなきに至った。

　再開後、井上裁判長は、氏家に対し、二度としないように注意した。そして、被告人質問の順序を定めるにあたり、「60余人打揃ひ審判するは、実に公私のために不便なることなれば、本官思ふに、現に今日の如きも60余人の被告人を入るべき控所の如きもなく、それ故他の２、３箇所の訟廷を以て控所となしたれども、此訟廷を控所とすることは、１日や２日のことなれば宜しけれども、数日又は事によれば数十日に至るも亦知る可らざるが故に、毎日訟廷を以て被告人の控所と為す譯にもならず、因て夫れぞれ便宜に従ひ被告人を分ちて各組を立て、而して尋問を為すことにせん」と述べ、9組に分ける旨告げた。

　大井は1組で、これに属する者は小林・新井・山本・景山・磯山であった。

　被告人らを9組に分けて裁判することについて、検察官は多数人のことであるから数組に分けて審問することは至当であり異存はないと賛意を表したが、弁護人・被告人は、分離公判は被告人らに不利になると主張し、統一公判を要求した。

　大井は、被告人は随分多数人であるが、ことごとく皆親密の間柄であり、事実弁論上も都合がよく、そうでなければ同じ仲間でありながら、その関係ある調書を見ることも難しく、被告人らに不利益となるので、控所等の事情はわかるけれども、繰り合わせ被告人一同のご召喚を願いたいと主張した。

　小林もまた、自分らは共に同一思想で国事を計画したもので、皆ことごとく密接な関係を有するものであるから、控所等については都合のうえいっしょにご召喚願いたいと主張した。

　山際は、別々の召喚は大いに不利益と考える。裁判所に控所がなければ、土間でもよいから一同ご召喚願いたい。自分の尋問の順序については、異議はないが、磯山を第1番に取り調べることには異議がある。この事件の起こりは、大井・小林・磯山が発起してやったことであるけれども、磯山は変心したくらいであるから、いかなることを偽って言うかもしれない。それを裁

判長が聞かれたならば、先入観をもつことになり大いに不都合を来す。したがって、尋問は大井・小林・磯山という順序にしてもらいたいと主張した。

弁護人の板倉・渋川・砂川・寺田・菊池・北村・森らもそれぞれ統一公判を主張し、分離公判に異議を申し立てた。

　　㈦　分離公判

裁判所は、弁護人・被告人より種々の申立てがあったが、評議をした結果、取調べの都合と取締上の都合および処置上の都合により、到底一同同時に召喚することはできず、尋問の順序のことについても異論はあるが、各自尋問のため、または事実発見のため必要と認めるとの理由で、異議申立てを却下した。その結果、組を分けて審理することになり、順次被告人質問が行われ、大井の番になった。

　　㈣　大井憲太郎の公判

大井は、椅子を離れて立ち答弁することになった。その答弁は、筋が通り順序を乱すこともなく堂々たるものであった。

> 裁　被告は旧自由党員であったか。
> 被　はい旧自由党員でありました。
> 裁　然らば何か旧自由党中の役員にでもなった事はないか。
> 被　左様党員中より常議員六名を選びしことが有て、其中の一人に加へられ、総理が出来てから顧問とか諮問とか……云ふ確かとは覚へませんが（此時板倉氏は小声にて、諮問だろふと云いしに付大井氏は冷笑しながら）諮問二名の中に選ばれました。
> 裁　被告事件の者は、大体自由党員なるか。
> 被　はい大体自由党員で、八九分通りまでは自由党員ですが、何分大勢だから分かりませんが、中にも二三名位は党員ではありますまい。

裁判官の質問に、大井は自由党の要職にあったことを証言した。これに続いて、裁判官は大井に官途に就いたことがあるかと質問した。大井は陸軍造兵司の翻訳掛判任十一等出仕したこと、仏国政典の翻訳をしたこと、元老院

第11章　免許代言人・弁護士の刑事裁判——法廷で闘う免許代言人・弁護士

少書記官になったこと、板垣・後藤・副島種臣・江藤新平・古沢迂郎らが民撰議院設立建白を提出したことに賛成し、馬城台二郎の名前で新聞紙に論文を発表したこと、北畠道龍と講法学社を開設し、その後自ら明法学社を興したこと、明治14（1881）年に代言人の免許を得て今日に至っている旨答弁した。

裁　然らば外患に関することを訊問せん。抑も朝鮮計画と云は、朝鮮の現政府にある事大党の六孼を薙し独立党をして政権を執らしむれば、必ず日清の葛藤を生ずるや必然なり。其時に当て内治の改良を計るは容易なり等の如き目的の要領は、大体こんなものか。

被　はい左様でございます。

裁　如此計画は、何時の頃より今日に至るまで継続したるや、有形の主意に於ては、清仏交渉に原因し、無形計画は今日継続して居るか、被告が予審第1回の調書中に福州に兵を出すの談判をなしたり云々と謂ふとあるが、之に相違ないか。

被　如何にも談判を致しましたには相違ございませぬ。

裁　被告の予審第5回の調書中に、事を仏人に計り福州を専領するの計画を為し、被告は率先して同意者を募らんことを尽力し云々とあり、之に相違ないか。

被　はい。専ら之に尽力しましたけれども、半途にして事発覚に及び実に残念でございます。

　事件の審理は、事実論・法律論を区別して行われたが、大井は、裁判官の事実尋問にしばしば法律用語が用いられることに対し、次のように事実尋問には法律用語を用いるべきでないと異議を述べた。

被　自分は申上げたき事があります。昨日来事実の御訊問あるに、或は、私に戦端を開くとか、或は、謀殺するとか、多くは刑法上の熟語を用ひられたるが、総て事実の御訊問に於ては、刑法上の熟語を用ふることは成るべく之を避け、先づ有りの儘に事実の訊問を了り、追て、弁論又は擬律の一段

238

> に至りて、刑法上の文字をお用ひなさることならば、大に便利かと心得ます。自分に於ては、無論刑法の第133條を以て罰せられ、事実の訊問も弁論もなくして御判決なるも、敢て言を左右にして罪を逃れんとする如き卑劣の考えは毫末もありませんが、自分一人の申立ては、一人に止まるが如きものなれども、自から他へも影響を及ぼすことゆえ、事実御訊問には刑法上の語を用ひることはなきやういたしたし。

　裁判官は、大井の異議に直接答えていないが、以後事実に関する尋問には、法律用語を用いないように気を付けた。検察官もまた法律用語を用いないよう注意を払っていることが、言葉の端々に表れていた。大井の異議申立ては効果があった。[13]

　次に裁判官は、第2の爆発物取締罰則違反について大井に質問した。

> 裁　然らば磯山新井景山等が其荷物に装ひ爆発物を携帯して大阪に来り、猶右爆発物を長崎迄持行きしことは認め居るか。
> 被　知るといふにも種々ありますなれど、大体の事は承知して居りました。
> 裁　猶ほ爆裂薬のみならず、刀剣其他の器具等を持ち来たりしことも知り居るならん、どうだ。
> 被　刀剣等の品目は、詳細には知らざるも、之を持ち行きしということは知て居ました。
> 裁　磯山が爆発物金圓等を持て、身を潜めしことは認め居るや。
> 被　それは承知して居ます。
> 裁　然らば村野常右衛門、石塚重平が大阪へ来りしは相違なきことか。
> 被　事実であります。

　第3の犯人蔵匿罪について、大井は秩父事件の落合寅市や名古屋事件の富田勘兵衛を匿ったかどうか。この点に関する裁判官の質問と大井の答弁は、

13　事実論と法律論を明確に区別するのは、明治の刑事裁判の特徴である。今日では、両方をあわせて論じるほうがよい場合もあり、尋問・弁論は必ずしも事実論・法律論を分ける必要はないとされている。

第11章　免許代言人・弁護士の刑事裁判──法廷で闘う免許代言人・弁護士

次のとおりである。

> 裁　是より罪人蔵匿に関する事を訊問せん。被告は元来落合寅市・富田勘兵衛の両名とは、如何なる関係があるか。
> 被　落合寅市は初めて自分の宅へ訪ひ来るが、同人は秩父暴動に與みし当時遁走中なる由は、予て承知し居たるに付き、本人も身を潜めて居る譯であれば、之を朝鮮計画の実行者に充てなら本人にとっても宜しかろうと存じたり。就ては、其れまで身を潜めるには、有一館こそ屈強であれば、同館に紹介して潜伏せしめ置きました。又富田勘兵衛は、愛知県下に於て強盗を為したる様同人は未だ予審中にて何の罪を犯したなど知らず、其頃仄かに聞きましたるは、愛知地方の自由党等が何か嫌疑を受けて其筋へ拘引されたるよし。其中にて村松愛蔵等は、随分自由党員中にて熱心家の聞へある者なれば、是は必ず何か国事上のことを計画して発覚したのだろうと推測して居ましたけれど、富田はどんなことをして来たのか知らず、又ただ本人が官の嫌疑で暫時身を潜めなきゃならぬと云ふに付、其れでは一時車でも挽ひて居たなら、発覚することもあるまいと申聞け、自分が兼て知る三浦亀吉方へ潜伏せしめた譯でござります。

　富田は、名古屋事件が露見し予審中に逃走して各地に潜んでいた。その後、東京に出て大井に会い、その紹介で東京駿河台紅梅町の三浦亀吉のところに行ったところ、三浦には匿ってもらえなかったが、山本與七に会い神奈川県高座郡座間村の居宅に伴われて行った。そこで今回の大阪事件の大矢正夫・難波春吉・内藤六四郎らと会い、彼らの軍資金集めの非常手段に参加した。その後、富田は警察に逮捕されて名古屋に護送され、名古屋重罪裁判所で、死刑の宣告を受けた。[14]

　第4の臓物受蔵罪について、大井は、ある日、長坂喜作らが金480余円を自分宅へ持ってきて、この金はかねて計画の朝鮮渡航の費用にあててもらいたいと置いて行ったもので、その時は長坂・山本・大矢らが非常手段で得た

14　関戸覚蔵『東陲民権史』583頁。

金とは知らず、後で知ったと証言した。

(オ) 大井憲太郎の弁論

大井は、板倉弁護人の弁論に先立って、自ら弁論したいと述べた。裁判長は「大井の申立は順序であれば、大井より順を追ひ弁論を致せ」と認めた。大井は、検察官は職掌もあり政治のことはお嫌いであろうが、われわれには大好物であり、常々政府の政策に注目しているものであると言って弁論に入った。彼が自分の信念を力説する弁論は相当長いが、その要点は次のとおりである。

- 我われは多年自由平等の主義のため刻苦した者である。
- 我われが朝鮮で事を挙げるのは、朝鮮政府の害悪を除くことである。
- 我われの大目的は、開化派の独立党による朝鮮の独立を助けることにある。
- 事大党の六擘を殪すのはその手段である。
- 本件計画は、好意主義によるものである。
- 復讐や侵略ではない。復讐や侵略のように認められては、迷惑千万である。
- そうでないことは、これまで口をきわめて陳述したところである。

大井は自分たちの計画は、独立党が朝鮮政府の事大党を倒して政権をとれば、必ず日清朝の葛藤が生ずるから、その機に乗じてわが国の内治改良を計ることであったが、途半ばで事が発覚したのは、真に残念でならないとその心情を吐露した。

(カ) 板倉中の弁論

彼に続いて、大井の弁護人板倉中が、次のように弁論した。

第1 外患予備罪について

この事件について謀議したというのは、朝鮮国に渡りその国の事大党を倒し、独立党に政権を執らせようというだけである。わが国の版図内にあるうちに事が発覚して今日に至った。

小林大井等は戦争の考えがあったにせよ、他の被告人らは暗殺襲殺等の意見

を持っていても、未だ謀議を尽くさない本件において、その予備中に発覚した。それ故、各自の意見を問うて、然る後に各自にその刑を定めるべきは当然のことである。それ故、本件多数の被告人に各自の心意いかんを問うてその事実を定めるべきで、首領の心を以て十把一束にこれを論じるのは、無罪の人を有罪に陥れ、無実の罪で鉄窓に沈む不幸を招く恐れがある。深くこれらの事情をご明断あらんことを希望する。

第2　犯人蔵匿罪について

　大井が落合寅市を有一館に差し向けたのは、落合はその身命を捨てて人民の疾苦を救おうと熱心のあまり遂に罪を法律に得るに至ったものであって、磯山は有一館で専ら人員募集に当たっていたから、その採否は彼の権限によるものであった。富田勘兵衛を三浦亀吉方に行かせたのは、面識のなかった富田に身を避ける所を乞われて、「三浦亀吉という人があろう。ここにでも行ってみたらよかろう」と言ったまでである。富田は三浦を訪ねたが、断られたということであり、大井にはこれをもって隠匿の事実があったということはできない。三浦は富田の身元を問うに当たり、大井は「いや私は知らぬ。決して頼む訳ではない」といい、三浦は「然らば断る」といったとの事実は明白であり、大井には富田の犯罪者であることを知ってこれを蔵匿した事実は決してないのである。

第3　贓物受蔵罪について

　大井はこれを認めて異議を唱えないが、その情状を開陳して裁判官に酌量を願うのは、弁護人の任務であると信ずる。山本大矢長坂らが陳述したように、大井は非常手段で得た金であることを知ったなら、必ずこれを受けないと思い、そのことを隠して渡したものである。公正な考えを持つ大井が、何故後になってこれを知って受け取ったと言ったのか、これは実に涙の落ちるのを覚えるものである。大井は平生愛する憂国憂民の志士が、その身を危うしてその名誉を棄て生命を賭して国家のために供しようとするのを斥けることはできなかった。何人と雖も少しく志あるものは、決して斥けることができない。大井には、贓物であることを知ってこれを受けた事実は決してないのである。

第4　爆発物取締罰則違反について

　磯山は大井に爆発物のことを話したとあるが、大井はその話を聞いたことをさえ記憶にない。ただ推知したにとどまるに過ぎない。大井は全く爆発物の製

造使用に関係していないことは、明らかである。

(キ) 検察官堀田正忠の論告

堀田検事の論告は、以下のようにわかりやすく筋が通ったものであった。

> 被告人大井の所為は、暴力をもって事大党を倒し、その妨害となる者は、悉(ことごと)く駆除することであった。これは動かせない事実である。
> 爆発物について、板倉弁護人は、協議はせず推知したものであるというが、爆発物を持って行き朝鮮計画に用いるとの協議は十分あったことである。大井が実行者となれば、用いるとの意思があることは、磯山がもし用いないときは、強いて用いさせると自ら言っているではないか。
> 爆発物は、本件計画に誠に必要なものであり、これを用いることは知れ切ったことである。爆発物は本件に欠くべからざるもので、爆発物があってこそ本件も成立つというべきである。認知と推知とは、それほどの違いはない。朝鮮計画に爆発物を用いる情を知るものとして、公訴権を維持するものである。
> 大井は富田勘兵衛について、官の追捕を免れて来たことを知って、三浦亀吉方を教え遣わしたことは明らかである。落合のこと、受蔵の点は、大井は細瑾(さいきん)を顧みないので、別に論じない。

(4) 公判廷の模様

(ア) 潔い態度と懸命の弁論

被告人らは、いずれも法廷で正々堂々と自分の信念と経験したことを述べ、あるいは滔々と雄弁を振るったが、いずれもその態度は潔いものであった。

弁護人らは、事実の真相を究明するために力を注いだ。法律論については、外患罪に関し、フランス刑法、ボアソナード刑法草案註釈やフランス法学者の学説を調査研究し解釈論を展開した。爆発物取締罰則については、各条文の解釈をめぐり驚くほど高度の法律論を示すなど、被告人の人権を擁護するために懸命の法理論を展開した。

(イ) 法廷の紛糾

検察官と被告人・弁護人は、双方とも一歩も引かず、法廷は常に緊張感に満ちていた。また、被告人らは熱血民権家であるから、尋問の際、しばしば怒りを露わにすることがあった。

(5) 刑罰の種類

大井をはじめ被告人らに適用が予想される刑法の刑罰は、次の一覧表のとおりである。刑罰は種類が多く複雑である。

重罪	死刑			官吏臨検し獄内において絞首
	徒刑	無期徒刑	無期	無期・有期を分かたず島地に発遣し、定役に服す ※
		有期徒刑	12年以上15年以下	
	流刑	無期流刑	無期	無期・有期を分かたず島地の獄に幽閉し、定役に服さない ※
		有期流刑	12年以上15年以下	
	懲役	重懲役	9年以上11年以下	内地の懲役場に入れ、定役に服す
		軽懲役	6年以上8年以下	
	禁獄	重禁獄	9年以上11年以下	内地の獄に入れ、定役に服さない
		軽禁獄	6年以上8年以下	
軽罪	禁錮	重禁錮	11日以上5年以下	禁錮場に留置し、定役に服す
		軽禁錮		禁錮場に留置し、定役に服さない
	罰金		2円以上無制限	納完しないとき、軽禁錮に換える

※ 徒刑・流刑に島地とあるのは、北海道のことである。

(6) 判決の言渡し

大阪重罪裁判所は、結審してわずか数日目の9月24日に判決を言い渡した。

㋐ 大井・小林・磯山……軽禁獄6年

大井については、外患予備・犯人隠避・贓物受蔵の事実があったと認定し、最も重い外患予備罪で処断するものとし、爆発物使用の共謀と犯人蔵匿については、無罪とした。すなわち、外患罪はその予備にとどまるので、有期流

刑より２等を減じ軽禁獄、犯人隠避罪は軽禁錮２月罰金10円、贓物受蔵罪は重禁錮６月罰金10円監視６月であるが、数罪倶発に係るので、刑法100条(「重罪軽罪を犯し未た判決を経ず二罪以上倶に発したる時は、一つの重きに従て処断す」) に照らし、重い外患罪に従い軽禁獄６年を言い渡した。

磯山・小林についても、外患罪はその予備にとどまるので、有期流刑より２等を減じ軽禁獄によるものとし、磯山の火薬私有の罪は罰金20円であり数罪倶発に係るので、刑法100条に照らし１つの重い外患予備罪に従い軽禁獄６年、小林についても外患予備罪で軽禁獄６年を言い渡した。また、磯山の強盗・氏名詐称受鑑札教唆の件は、証拠不十分で無罪とし、爆発物取締罰則違反の件は、開戦の際使用する目的に出たもので当該罰則を適用する限りでなく無罪とした。小林の爆発物使用の共謀・爆発物買入の紹介についても、無罪とし、新井の爆発物取締罰則違反も無罪とした。

　(イ)　大阪重罪裁判所は法律不遡及の原則をとったか

沼波瓊音(ぬなみけいおん)は、伊藤内閣が大井・新井らを死刑にすべく新しく厳罰規則を制定したが、児島惟謙が法律不遡及の原則に従いその適用を拒否したと述べている。[15] 第１次伊藤内閣は、新たに爆発物取締規則をつくって爆発物を密かに製造使用しようとする者は、死刑に処する刑罰を発布した。大井・新井の徒を死刑に処し、かつ永久日本に爆弾の危険をなくそうとした。伊藤内閣は、大井らを憎むあまり、新たに規則を制定し政府の威力により裁判官に大井らを死刑にさせようと考えた。大阪軽罪裁判所検事の意見は政府の期待したとおりであったが、重罪裁判所に移管されるに及びその所轄に属する重罪裁判所において、児島は頑として法に遡及力なしの原則を固持した。

我妻栄ほか編『日本裁判史録（明治・後）』もまた「明治18年、大阪事件では、児島惟謙は大阪控訴院長として、法律不遡及の原則を固守し、伊藤内閣が意図する『爆発物取締規則』の新法適用を認めなかった（原田光三郎『児島惟謙伝』）。児島はこの時、既に行政権の意向に屈しない態度を示して

15　沼波瓊音『護憲の神児島惟謙』249頁以下。

第11章　免許代言人・弁護士の刑事裁判——法廷で闘う免許代言人・弁護士

いる」[16]としている。

　田畑忍も「大阪事件は児島惟謙が不当の行政権力に迎合せず、これに反発して『法律不遡及の原則』を掲げてこれを貫き、もって被告の人権を擁護し、内閣の権力的暴挙を一蹴した事件として特筆に値するものである」[17]と述べている。同様の見解を示す文献は少なくない。

　しかし、児島は、事件の担当裁判官ではないし、「爆発物取締罰則」は、すでに明治17（1884）年12月27日に太政官布告第32号として制定されていた。大阪事件は、同18（1885）年5月以降に起きた事件である。

　沼波は、それ以前に爆発物取締規則はあったけれども、政府は厳罰を定めた新法を大井らの事件に適用させようとしたという[18]。しかし、この事件関係者を厳罰に処するため新しく厳罰が制定され、あるいは罰則を重くする改正がされたような事実はない。児島は、担当裁判官ではなく、彼が法律不遡及の原則を固守し新法の適用を拒否したということもない。したがって、政府が新しく厳罰規則を制定しこれを適用させようとしたということ、児島が法律不遡及の原則により拒否したというのは誤りである。担当裁判官自身が、既存の爆発物取締罰則の適用を否定したのである。

　㈦　被告人らに言い渡された刑

　大井・小林・磯山・新井らに言い渡された刑は、次のとおりである。

（外患予備罪）
・軽禁獄6年……大井憲太郎・磯山清兵衛・小林樟雄
・軽禁獄5年監視2年……新井省吾・稲垣示
・軽禁錮2年監視1年……田代季吉・魚住滄・久野初太郎ほか9名
・軽禁錮1年6月監視10月……館野芳之助・景山英ほか2名
・軽禁錮1年監視10月……山本憲・村野常右衛門ほか3名

（強盗罪）

16　我妻ほか・前掲（注9）165頁。
17　田畑忍『児島惟謙』50頁。
18　沼波・前掲（注15）249頁以下。

> これは軍資金を得るため、金のあるところから強引に取ってきたものであった。
> ・有期徒刑12年……長坂喜作
> ・軽懲役8年……山本與七
> ・軽懲役7年……菊田粂三郎
> ・軽懲役6年……大矢正夫ほか2名
>
> **(制縛罪)**
> ・重禁錮2年罰金30円……内藤六四郎・氏家直國ほか3名、同じく落合寅市(ただし、秩父騒動で明治19年3月17日重懲役10年の処分を受けたので、余罪は軽く罪を論じない)
>
> **(強盗罪)**
> これは、茨城県の強盗に関するもので、軍資金を得るため豪家に押し入って無理やりとってきたものであった。
> ・有期徒刑12年……山中三次郎
> ・重懲役10年……諏訪次郎吉
> ・重懲役9年……諏訪庄太郎
>
> その他重禁錮5年監視1年が2名、無罪放免となったのは、山際七司・久保財三郎・南磯一郎ら20名であった。

(エ) 大審院に上告

上記判決を言い渡された被告人のうち、大井・小林・新井・館野の4名は、擬律錯誤を理由に大審院に上告した。

上告審の免許代言人は、大井につき板倉中・野出銅三郎・関幸太郎(のち中島又五郎と交代)であり、小林・新井・館野につき大谷木備一郎・大岡育造・小川三千三であった。

大審院は、明治21 (1888) 年4月10日、爆発物取締罰則を適用すべきであるとして原判決を破棄し、事件を名古屋重罪裁判所に移送した。上告人らは、大阪の監獄より名古屋の監獄に送られた。

(オ) 名古屋重罪裁判所

名古屋控訴院の重罪裁判所は、明治21 (1888) 年7月14日、爆発物取締罰

則を適用し、大井・小林・新井について、第一審より重い重懲役9年、館野については第一審とほぼ同様の軽禁錮1年6月監視6月の判決を言い渡した。館野はこの判決に服したが、大井・小林・新井はこれを不服として再び大審院に再上告した。

しかし、大審院は、明治21（1888）年12月28日、上告棄却の判決を言い渡した。

大井・小林・新井は、治罪法436条に基づき、さらに大審院に哀訴した。哀訴という文言を用いているのは、大審院に哀れみを乞い情けにすがるという響きがあり奇異に感じる。当時の官尊民卑の時代風潮を反映した表現であるが、治罪法の哀訴の要件は、次にみるように何ら情状を考慮するものではない。

〔治罪法〕

第436條
　左の場合に於ては、大審院の裁判言渡に対し、検事長其他訴訟関係人より其院に哀訴することを得。
　　1　大審院に於て前数條に定めたる式を履行せさる時
　　2　訴訟関係人より申立たる条件に付き判決を為ささる時
　　3　同一の裁判言渡に付き二箇の条件齟齬したる時

大井ほか2名の哀訴も棄却され、こうして1年7カ月に及ぶ大阪事件の裁判は終了した。

大井・小林・新井は、重懲役9年が確定した。重懲役は、内地の懲役場で定役に服することになっていたから、大井らは名古屋監獄に入って定役に服していたが、明治22（1889）年2月11日、明治憲法発布の大赦により出獄した。大阪の梅田停車場に降り立った大井・小林・新井は、多数の人々の「大井万歳」・「出獄者万歳」の歓呼の声に迎えられ、花火まで打ち上げられた。

大井・小林・新井は、いずれものち衆議院議員となり、議会で活躍した。

I　星亨・大井憲太郎の刑事裁判

(7)　司法権独立の動き

　被告人の数が多いのに、大阪重罪裁判所は結審してわずか数日後に判決を言い渡した。なぜこのように短期間に判決が下されたのであろうか。しかも、言い渡された刑は、比較的軽いのである。

　これは大阪重罪裁判所の、意図的に政府の干渉を避け、裁判所の独立を図ろうとする動きによるものであった。陪席判事の1人矢野茂の回顧談が、以下のように、そのことを明らかにしている。

> 　自由党に対する当時の政府の弾圧振りは、峻厳酷烈全く無理非道の限りを尽くしたのであって、自由党員の犯した行為に対しては、事実の何たるを問はず、政府の内命で厳罰に処するという風であった。それで大阪事件の公判の審理も明治20年9月20日を以て結了するに至ったが、其判決書を作成するに当っての裁判官の苦労は、一方ならぬものがあった。即ち政府の烈しき干渉を避け、司法権の厳正なる独立を維持するために一切の面会を斥け、密かに裁判所の応接室に寝具を持ち込んで籠城の覚悟を極め、昼夜詰切りで碌々寝る暇もなく大急ぎで作成した始末であった。何にしろ此れだけの大事件の判決が、二日や三日で出来る筈はないのであるが、唯々政府から無体な干渉を受けぬ内にと云ふので、外患罪を中心として取急ぎ廿四日の宣告日に間に合わせたのである。従って、不備の点もあったかも知れぬが、出来る限り寛大の処置を執ったのである。又控訴院長の承認を経るに就ての不安と苦心があったが、幸ひ反対を受けず、所信通りに解決する事が出来たのである。[19]

　公判で審理にあたった3人の裁判官は、自分たちの判断で、政府からの干渉を避けるため急ぎ判決書を書き、控訴院長児島惟謙に承認を求めた。院長は監督責任を負う立場にあるが、これを承認したのである。

　政府から司法権の独立が図られたのは、大津事件の時からであるといわれているが、これに先立つ大阪事件の時に、すでに司法権の独立の動きが明確に出ていた。大阪事件の控訴院長は児島であり、大津事件の大審院長も児島

---

[19]　手塚豊『自由民権裁判の研究(中)』138頁、我妻ほか・前掲（注9）101頁。

249

であったことが注目される。

II 弁護士と官憲との衝突

　弁護士は、被告人の人権擁護のため職を賭して法廷に立った。そのため裁判官や検察官としばしば衝突することがあった。次の2つ事件は、弁護士が官吏侮辱罪に問われたものである。[20]

1 戸部富蔵弁護士

(1) 実に野蛮の法廷なり——官吏侮辱事件

　東京弁護士会の戸部弁護士は、明治31（1898）年2月21日、小田島助吉ほか2名の賭博犯被告事件の弁護人として、秋田県の湯沢区裁判所の法廷で証人喚問を請求した。その理由を述べるにあたり、「近来警察官の挙動を見るに、事件を検挙すること甚だしく乱雑に流れ」と言った時、訟廷詰巡査が進み出て、手をもって女性被告人の姿勢を正した。戸部はこれを見て、「その乱雑な一例を挙げれば、只今当法廷に出ている巡査靴音高く進み出て、被告人の身体に妄りに手をかけ、これを自在にしたがごとき、実に不穏当な挙動である。被告人は法廷に出ては決して身体の拘束を受けないことは、訴訟法に明らかである」と述べて、裁判官に注意するよう促した。

　ところが、佐藤悟裁判官は弁護人に対し、「裁判所は嘗て巡査に法廷の取締りを命じておいた。巡査は被告人の姿勢を正そうとしたもので、身体を拘束したものではない」と言った。

　戸部弁護人は、これに対し、裁判官が巡査の乱雑な挙動を制せず戒めず、これを看過するのは、立憲治下の人民に対し、心身の自由を害しかつ訴訟法を無視するものと言わざるを得ない。実に「野蛮の法廷なり」、「恐らくは国中何れの裁判所を問わず、このようなことのあるべきものではない。ただ当

20　高橋修「弁護士の職業倫理の具体的検討」（石井成一編・弁護士の使命・倫理（講座現代の弁護士(1)）207、233頁。

裁判所あるのみである」と裁判官を非難する発言をした。

(2) 有罪判決

これが刑法141条の官吏侮辱罪にあたるとして、明治31（1898）年3月、戸部弁護士は、秋田地方裁判所大曲支部で有罪判決を受けた。彼はこれを不服として宮城控訴院に控訴したが、同控訴院は、重禁錮2月罰金10円が相当として控訴を棄却した。同弁護士は、さらに上告して争ったが、棄却された。

2 小島憲民弁護士

(1) 吹けば飛ぶがごとき小役人——官吏侮辱事件

大分の小島憲民弁護士は、窃盗事件の弁護で立会検事近藤次郎の論告を徹底的に論破して反駁の余地をなくし、被告人は無罪となった。小島はその弁論中、検事に対し、「吹けば飛ぶような」、「不都合である」などと発言をした。検事は怒り「壇上において吹けば飛ぶがごとき小役人でかかる事件の真否を判断する能力はない」と言ったとして、小島を官吏侮辱罪で大分地方裁判所に起訴した。

小島は検事の起訴事実を否認し、立会書記渡辺百人が証人としてよばれ証言した。渡辺証人は検事に迎合することなく、「吹けば飛ぶということ」、「不都合であるということ」は聞いたが、「壇上において」、「小役人」ということは聞かず、「かかる事件の真否を判断する能力はない」の部分も確たる記憶もないと言い、「別に事件にするわけでもないだろうと思い、近藤検事が筆記したものをそのまま調書に記載したものである」と証言した。書記は真実を暴露する証言をしたところ、検事はますます立腹し、渡辺書記は小島を庇うものであると言い、今度は渡辺書記を偽証罪で起訴した。

大分弁護士会の弁護士は、小島・渡辺両人の弁護に乗り出し熱心に弁護した結果、大分地方裁判所は両名とも証拠不十分で無罪の判決を言い渡した。検事はこれを不服として直ちに長崎控訴院に控訴した。

大分の佐藤、熊本の河野、長崎の林・小川・山口・小山・重藤・丸岡ら8名の弁護士が弁護団を組んで控訴院に出廷した。

第11章　免許代言人・弁護士の刑事裁判——法廷で闘う免許代言人・弁護士

　事実尋問・証拠調べが終わり、弁護人らは弁論すべく「兵器弾薬を山積して開戦今や遅し」と待ち構えていたところ、作田検事の論告は、「本件は感情の衝突により生じたものと思われ、官吏侮辱の証拠は不十分なので、判事の御判断に一任する。渡辺の偽証も訴追するほどではなく、これも判事の御判断に一任する」というものであった。
　弁護団は、長広舌の弁論をするつもりで勇みに勇んでいたが、闘う相手がいなくなったため簡単な無罪の弁論をした。

(2)　**無罪判決**

　長崎控訴院の勝浦裁判長は、即決で両名無罪の判決を言い渡した。
　この事件がいつ起きたのかはっきりしないが、林弁護人は弁論の中で、「七月より実行せらるべき新刑法には、官吏侮辱罪の規定存せず、左れば新刑法は仮令いまだ実施せられざるも、官吏侮辱罪は精神既に死し唯形骸のみ存するのみなれば、強いて之を罰するの必要なし」と主張している。
　明治15（1882）年のボアソナード刑法は、同40（1907）年4月24日にドイツ刑法の影響を受けた新刑法にとって代わられ、翌41（1908）年10月1日に施行された。新刑法では官吏侮辱罪は削除されていた。
　林弁護人が「七月より実行せらるべき新刑法には、官吏侮辱罪の規定存せず」と述べた7月というのは10月のことだとすれば、官吏侮辱罪の規定のない新刑法というのは、この明治41年施行の新刑法（現行刑法）のことであろう。そうだとすると長崎控訴院に係属したこの事件は、明治41（1908）年のことであったと推測できる。
　法廷で小島弁護士に徹底的にやられた腹いせに、検事が尾ひれをつけた作文をして書記に書かせ、官吏侮辱罪で報復しようと企てたが、失敗に終わった事件であった。書記は、必ずしも裁判官や検察官に従順な者ばかりではなかった。

(3)　**官吏侮辱罪の廃止**

　免許代言人・弁護士の活動を規制するために利用された官吏侮辱罪は、明治40年に新刑法が制定されたのに伴い廃止された。そして、新たに公務執行

妨害罪が設けられ現在に至っている。

　官吏侮辱罪は、官吏を保護するものであったが、公務執行妨害罪は、公務そのものを保護するもので、両者には大きな違いがある。公務執行妨害罪の、公務の執行を妨害する行為は、暴行・脅迫に限られている。したがって、「政治の限界を超え余計な御世話である」とか、「実に野蛮な法廷なり」、「吹けば飛ぶがごとき、……不都合である」などと言っただけでは、公務執行妨害罪にはあたらない。

(4)　言論統制法の改廃

　明治23（1890）年、免許代言人や民権家が、帝国議会の衆議院に多数進出し立法に関与することになった。衆議院で多数をとる民党の活躍により、同26（1893）年4月に「集会及び政社法改正」と「出版法・版権法」が成立し、同30（1897）年3月には、「新聞紙条例改正」が成立して発行停止制度が廃止された。「保安条例」は、同31（1898）年6月に廃止された。こうして民権派に対する一連の弾圧立法は、順次廃止ないし改正されていったのである。

第12章　法典論争と免許代言人

▶本章の概要◀

　不平等条約を改正するため、日本には「泰西主義」に基づき国内法を編纂することが求められていた。政府は早くからこれに取り組んでいたが、明治23（1890）年にようやくボアソナード起草の民法ができ、ロエスレル起草の商法ができた。いずれも公布され施行を待つばかりであった。

　ところが、両法典の施行をめぐって、延期か断行かという「法典論争」が起きた。この論争で重要な役割を果たしたのは、免許代言人であった。ここでは、彼らの法典論争における活躍をみることにする。

I　民法典・商法典の編纂

1　民法典の編纂

　近代的な国内法を編纂することは、不平等条約改正の前提条件となっていたから、政府は江藤新平司法卿の時代からこれに取り組んでいた。民法については、明治12（1879）年に政府の委嘱を受けたボアソナードが起草を開始し、満10年の歳月を費やしてようやく同23（1890）年に完成した。この民法（いわゆる「旧民法」）は、自由・平等・公平を基本とするフランス法系の法典であり、次のような編成になっていた。人事編は、国情に沿ったものにするため、日本人磯部四郎・熊野敏三らが起草したものである。

I　民法典・商法典の編纂

民法人事編
　第1章：私権の享有及ひ行使　第2章：国民分限　第3章：親属及ひ姻属　第4章：婚姻　第5章：離婚　第6章：親子　第7章：養子縁組　第8章：養子の離縁　第9章：親権　第10章：後見　第11章：自治産　第12章：禁治産　第13章：戸主及ひ家族　第14章：住所　第15章：失踪　第16章：身分に関する証書

民法財産編
　総則　財産及ひ物の区別
　第1部　物権　第1章：所有権　第2章：用益権、使用権及ひ住居権　第3章：賃借権、永借権及ひ地上権　第4章：占有　第5章：地役
　第2部　人権及ひ義務[2]　総則　第1章：義務の原因　第2章：義務の効力　第3章：義務の消滅　第4章：自然義務

民法財産取得編
　総則　第1章：先占　第2章：添附　第3章：売買　第4章：交換　第5章：和解　第6章：会社　第7章：射倖契約　第8章：消費貸借及ひ無期年金権　第9章：使用貸借　第10章：寄託及ひ保管　第11章：代理　第12章：雇傭及ひ仕事請負の契約　第13章：相続　第14章：贈与及ひ遺贈　第15章：夫婦財産契約

民法債権担保編
　総則
　第1部　対人担保　第1章：保証　第2章：債務者間及ひ債権者間の連帯　第3章：任意の不可分
　第2部　物上担保　第1章：留置権　第2章：動産質　第3章：不動産質　第4章：先取特権　第5章：抵当

民法証拠編
　第1部　証拠　総則　第1章：判事の考覈[3]　第2章：直接証拠　第3章：間

1　星野英一「フランス民法典の日本に与えた影響」(北村一郎編・フランス民法典の2000年) 61頁以下、近江幸治『民法講義(1)民法総則〔第5版〕』29頁、前田達明編『史料民法典』42頁以下。
2　人権とは債権のことである。
3　考覈とは調査研究し物事を明らかにすることをいう。

255

> 接証拠
> 第２部　時効　第１章：時効の性質及ひ適用　第２章：時効の放棄　第３章：時効の中断　第４章：時効の停止　第５章：不動産の取得時効　第６章：動産の取得時効　第７章：免責時効　第８章：特別の時効　附則

　この民法の編成は、フランス民法のインスティトゥーティオーネン（institutionen）方式によったものである。これはガイウスの「法学提要」に由来し、物権と債権を峻別せず、訴訟法に関するものも含んでいるのが特徴で、ドイツ式の物権と債権を峻別するパンデクテン（pandekten）方式とは異なる。[4]

　当時の司法大臣は、山田顕義であった。不平等条約の改正は日本の大命題であるから、法典編纂は少々無理をしてもやらなければならない。元老院にかけても逐条審議はしないで、財産編なら財産編、人事編なら人事編で、大体これを可とするか否とするかで決めるべきであり、こういう議事法よりほかにないという考え方で[5]、元老院にはその大体をかけただけで一気に「大体論」で決めさせた。

　このような審議方法で、ボアソナード起草の民法財産編・財産取得編の一部・債権担保編・証拠編は、元老院・枢密院で審議され、明治23（1890）年４月21日、公布された。

　磯部四郎・熊野敏三らが起草した人事編および財産取得編の残部分（相続・贈与及び遺贈・夫婦財産契約）は、明治23（1890）年10月７日、公布された。

　そして、２年余りの長い周知期間をおいて、いずれも明治26（1893）年１月１日から施行される予定になっていた。

2　商法典の編纂

　政府は、明治14（1881）年にドイツ人のヘルマン・ロエスレルに商法の起

4　近江・前掲（注１）25頁以下。
5　三枝一雄『明治商法の成立と変遷』80頁。

草を依頼した。彼が起草した商法は、同22（1889）年に完成して元老院・枢密院にかけられ、大体論で審議された結果、同23（1890）年4月26日、公布された。

商法（いわゆる「旧商法」）は、次のとおり、第1編商の通則、第2編海商、第3編破産の3編からなるドイツ法系の法典で、民法典より早く、明治24（1891）年1月1日から施行されることになっていた。それは国内経済が進展し外国貿易が盛んになっており、公正な取引を行うためのルールとして商法の施行を急ぐ必要があったからである。

第1編　商の通則
　第1章：商事及ひ商人　第2章：商業登記簿　第3章：商号　第4章：商業帳簿　第5章：代務人及ひ商業使用人　第6章：商事会社及ひ共算商業組合　第7章：商事契約　第8章：代弁人　第9章：売買　第10章：信用　第11章：保険　第12章：手形及ひ小切手
第2編　海商
　第1章：船舶　第2章：船舶所有者　第3章：船舶債権者　第4章：船長及ひ海員　第5章：運送契約　第6章：海損　第7章：冒険貸借　第8章：保険　第9章：時効
第3編　破産
　第1章：破産宣告　第2章：破産の効力　第3章：別除権　第4章：保全処分　第5章：財団の管理及ひ換価　第6章：債権者　第7章：協諧契約　第8章：配当　第9章：有罪破産　第10章：破産より生する身上の結果　第11章：支払猶予

これはヨーロッパ方面で行われている商取引を基礎にした法典である。

明治22（1889）年2月11日、明治憲法が発布され、第1回帝国議会は、同23（1890）年11月に開会されることになっていた。これを待たずに慌ただしく民法商法の二大法典を公布したのはなぜであろうか。3つの要因をあげることができる。①明治社会の著しい発展に伴い民事商事の取引が公正に行われるための明確なルールが必要とされ、また、民事商事の紛争解決のために

裁判官や免許代言人など実務家の判断基準としての法規範が必要とされていたこと、②治外法権撤廃の条約改正交渉のために欧米諸国が泰西主義に基づく裁判所構成法・民法・商法その他の法典の制定を求めており、改正交渉を進めるために早期の法典完成を必要としたこと、③帝国議会の議に付すると審議に手間取る可能性が考えられるので、これを回避したほうがよいという思惑があったことである。

II 法典論争──延期派と断行派の攻防

1 社会的背景

　明治20（1887）年頃、井上馨外相による欧米諸国を外見的に模倣する鹿鳴館の狂騒を批判するジャーナリズム運動が生まれていた。近代化の必要性を認めながらも、欧化主義一辺倒の行き方を見直し、日本という国をあらためて見つめ直そうとするもので、同年2月、徳富蘇峰は民友社を興して雑誌「国民之友」を発行し、政府の欧化主義は貴族的欧化主義であると批判し、平民主義（平民的欧化主義）を唱えた。翌21（1888）年4月に設立された政教社では、三宅雪嶺、志賀重昂、杉浦重剛らが雑誌「日本人」を発行し、翌22（1889）年には、陸羯南が新聞「日本」を発行して国民主義を主張した。

　彼らは日本精神の回復発揚を掲げるが、単なる復古主義や偏狭な攘夷論の再興ではなかった。欧米文明のすぐれたところは認め、自由・平等・博愛の精神を尊重し、風俗・習慣の良い点は見習い、科学・技術・実業のすぐれているところは取り入れるべきであるが、欧米のものであるという名だけをもって採用するのではなく、日本の利益や幸福に資するかどうかを吟味すべきであるというものであった。

　彼らの主張は、平民主義・国民主義の新思潮として社会に広がっていった。

　このような社会的背景の中から、フランス法系の民法・ドイツ法系の商法の施行について、日本の国情を十分考慮し慎重にすべきであるという意見が

出てきたのである。

2 法典論争の発端——法学士会の意見

明治22（1889）年、旧東京大学および帝国大学出身の法学士（判事・免許代言人・行政官等）で組織された「法学士会」は、政府が二大法典の編纂を急ぎ、帝国議会の開会前に公布しようとしていることを知り、そのように急ぐべきでないとして、同年5月の総会で、法典編纂に関する意見を発表した。それほど長いものではないが、次のところが重要である。[6]

> 政府が法典編纂委員を設けて法律取調に従事せしめらるるは、我々の非難する所に非ず。唯其成功発布を急にせざらんことを希望するなり。惟ふに我邦社会は封建の旧制を脱し、百事改進の際にして、変遷極り無きが故に、今、例規習慣を按じて法典を大成せんとせば、封建の旧制に依る可らず、又専ら欧米の制度に則る可らず。其事業困難にして強て之を遂ぐるときは、民俗に背馳し人民をして法律の煩雑に苦しましむるの惧あり。

このように述べ、諸事変遷極まりない現状において、法典を急いで編纂するのは適当ではなく、焦眉の急あるものに限って単行法で定め、法典全部の完成は民情風俗の定まるのを待ち、あらかじめ草案を公表して広く公衆の批評を徴し徐々に修正を加え完成を期すべきであると主張したのである。

この意見書は、内閣総理大臣並びに枢密院議長に提出された。この法学士会の意見が「法典論争」の発端となった。[7]

3 法学派の争い

この当時、イギリス法学派とフランス法学派が二大勢力を誇っていた。

---

6 星野通編『民法典論争資料集』21頁。
7 法典論争については、穂積陳重『法窓夜話』、星野通『民法典論争史』、星野・前掲（注6）、岩田新『日本民法史』、石井良助編『明治文化史(2)（法制）』、大久保泰甫『ボアソナアド』などの文献がある。

259

イギリス法学派は、イギリス法の研究教授を主とする英吉利法律学校（現在の中央大学）・東京専門学校（現在の早稲田大学）・専修学校（現在の専修大学）で、官学では東京開成学校であり、二大法典の施行を急がず慎重にすべきであると主張した。

フランス法学派は、フランス法の研究教授を主とする明治法律学校（現在の明治大学）・和仏法律学校（現在の法政大学）で、官学では明法寮・司法省法学校であり、日本の近代化のためには、この程度の進歩的な内容の法典は断行すべきであると主張し、明治23（1890）年および25（1892）年の激しい法典論争となった。

両派に分かれて論争を指導したのは、免許代言人や法学者であった。

イギリス法学派は、英吉利法律学校に結集し、同校の機関誌「法理精華」、「法学新報」に延期論を発表した。

フランス法学派は、明治法律学校を本拠地とし、同校の機関誌「法治協会雑誌」や「明法雑誌」、「法律雑誌」によって断行論を展開した。

なお、明治19（1886）年に東京大学に独法科がおかれたが、その勢力はまだ微々たるものにすぎなかった。

4 両派の具体的論争──免許代言人の活躍

(1) イギリス法学派の施行延期論

延期論を唱える免許代言人は、増島六一郎・山田喜之助・江木衷・岡山兼吉・大谷木備一郎・元田肇・岡村輝彦・花井卓蔵らである。いずれも英吉利法律学校や東京専門学校の関係者である。学者としては穂積陳重・穂積八束・富井政章らがこれに属した。

次に、免許代言人の代表的な延期論を掲げる。

(ア) 増島六一郎の延期論

増島は、明治22（1889）年6月、「法学士会の意見を論ず」という講演内容を英吉利法律学校の機関誌「法理精華」に以下のように発表した。[8]

> 元来法律の用を全うしようと欲すれば、章句に編纂した空理は必要でない。ただ法律学を修得し、これを実行する能力を養成しその技術に長ずる人を要するだけである。今わが国において急務とするのは、成文の法律ではなく、どのような事実が起きても、普通の理論を標準とし何ら躊躇することなく落着いて事を処理する練達の士を得ることにあるのみである。

増島は、イギリスに学んだ英法系の実務法律家であり、法律学の普及振興・法律技術に長ずる人材の養成こそが、今のわが国の急務であると説き、民法典編纂公布は時期尚早であると主張した。彼は、英吉利法律学校の創立に中心的な働きをし、初代校長を務めた人であり、東京代言人組合会長となった。[9]

(イ) 山田喜之助の延期論

山田は、明治22（1889）年7月、「立法の基礎を論ず」と題する講演内容を「法理精華」に以下のように発表した。[10]

> 立法の基礎は何を標準とするかというと、それはその国の歴史人情慣習である。西洋法は西洋諸国の歴史人情慣習を反映している。わが国は言語歴史人情慣習が異なるのであるから、西洋のある1・2カ国の法律をまったく模倣することは沙汰の限りである。法理だの宗教だのと外国の事物を基にして法律を立てることは失策である。外国の法律を模倣してわが法典となすのは適当でない。

山田は、西洋諸国の歴史宗教慣習などはその国に固有のもので独自性をもっており、これを反映する法律もまたその国独自のものであるから、フランス法やドイツ法を模倣してわが国の法律とするのは適当でない。わが国の歴史宗教慣習に即した法律を制定すべきであるという法実証主義に基づく論旨を展開した。

---

8 星野・前掲（注6）20頁。
9 小林俊三『私の会った明治の名法曹物語』18頁。
10 星野・前掲（注7）233頁。

彼は、東京大学でウィリアム・イー・グリスビー、ヘンリー・ティ・テリー、井上良一らからイギリス法を学んでいたから、彼の法律家としての英知は一貫してイギリス法にあった。[11]

(ウ) 江木衷の延期論

江木は、明治22（1889）年10月から12月にかけて、「法理精華」に以下のような「民法草案財産編批評」を発表した。

> 評判高い新法典案は、民法商法だけで大約5000条を下らない大部のもので、これが一時に発布されたら、法学社会は大騒動となるだろう。近頃諸方の学校で、取り越し苦労にもその講義を始めて他日の準備に抜け目がない。これほど無用の暇つぶしの事業は、他に容易に見当たらない。

こう言って早々と講義を始めた学校を皮肉った。

江木は、民法草案が財産権を物権と人権としたことに不都合はないが、その定義と区別が明確でなく、物権の中に、物権なのか人権なのか不明なものがあるなど一定していないと指摘し、さらに草案の総則には古風な定義が羅列してあり、民法教科書でも流行遅れとして採用しないものも含まれていると批判し、民法草案財産編の重要規定の修正は不可避であると主張した。[12] 古風な定義の羅列と批判した彼の指摘は当たっていた。

彼は、明治17（1884）年に東京大学英法科を卒業した。イギリス法に通じた人で、英吉利法律学校の創立に参加した。検事・司法省・外務省・内務省の各参事官を務め、官職にありながら法典論争で政府を批判した。その後、官職を辞め、同26年2月に免許代言人となり、弁護士法施行後は、弁護士となった。演説は下手であったが、達文家で訴訟上の準備書面は常に堂々たる論文であった。刑法・民法・民事訴訟法等に関する多くの書物を著わした学者弁護士であり、陪審制度の必要性を熱心に説きその実現に努めた。[13]

11　小林・前掲（注9）47頁以下。
12　星野・前掲（注6）25頁。

㈍　花井卓蔵の延期論

　花井は、明治22 (1889) 年10月、「法理精華」において「嗚呼民法証拠編」と題し、以下のような批判を発表した。

　権利義務を定める法律は主法であり、手続を定める法律は助法である。これは法学通論の常套語である。民法・刑法は主法の部門に属し、治罪法・訴訟法は助法の部門に属する。証拠法は訴訟法の一部であり、権利義務の根源となるべき事実の証明に関する手続を定めるものである。しかるに、民法草案をみると助法たる証拠法が、主法である民法の部門に配列してあるが、これは法理の大則を誤ったものである。刑事証拠は助法である治罪法中に規定しながら、民事証拠に限り主法である民法中に規定したのは、立法の主義を誤ったものである。

　花井は、刑法と治罪法のように実体法と手続法は区別すべきであり、民法の中に手続法である証拠法が入っているのは配列を誤ったものであると主張した。彼のこの批判は筋が通っていた。

　彼は、明治18 (1885) 年に英吉利法律学校が創立されると同時に入学し、同21 (1888) 年に卒業して代言人試験に合格し、代言業務を開始して間もなく法典論争が始まり、新進気鋭の法曹として延期論文を発表したのである。

　彼は弁護士として大成し、足尾鉱毒兇徒聚衆事件、星亨暗殺事件、日比谷焼打事件、大逆事件、京都豚箱事件など著名な刑事事件の弁護人を務め、その弁論は説得力ある大弁論で「花の弁論」といわれ、天才弁護士と称せられた。足尾鉱毒兇徒聚衆事件においては、総括的な大弁論を行い、検察官の兇徒聚衆罪の主張を論破した。東京弁護士会長、衆議院議員（副議長）を務め、陪審法の起草に関与した。

13　利谷信義「江木衷」（潮見俊隆編・日本の弁護士）102頁以下、小林・前掲（注9）65頁以下。
14　星野・前掲（注6）33頁。
15　小田中聡樹「花井卓蔵」（潮見俊隆編・日本の弁護士）177頁以下、向井健「明治・大正期の著名弁護士」（現代の弁護士（司法篇）（法学セミナー増刊））212頁。

彼には、明治25(1892)年5月に発表した「法典と条約改正」という論文があり、法典編纂と条約改正とは外交上の一政略にすぎず、法典が実施されれば条約改正が成就するわけではないと主張している。

　(オ)　穂積八束の延期論

　最もセンセーショナルな題で世の注目を浴びたのが、穂積八束の「民法出てゝ忠孝亡ふ」である。この論文は、明治24(1891)年8月25日の「法学新報」に発表された。以下のような内容であった。[16]

> わが国は祖先教の国・家制の郷であり、権力と法は家に生まれたものである。氏族や国家は、家制の拡充したものに過ぎないのであって、一男一女の愛情によりその居を同じくする家をもってわが民法の主義としようとするのは、わが国固有の家制にはないもので、これを行えば民族血族を疎んじ家制は亡びる。

　比較的短い論文で民法上の理論的な検討を加えたものではなく、わが国は祖先教・家制主義に基づく国であり、欧米のような個人を基本とする民法はこれを亡ぼすものであって採用すべきではないという復古的主張であった。

　穂積八束の「民法出てゝ忠孝亡ふ」という覚えやすく口調のよい題名の論文は、世間に情緒的に訴えるのに大いに効果があった。彼はこのほか「国家的民法」、「耶蘇教以前の欧州家制」という論文も発表した。

　(カ)　その他の延期論

　これらに加えて、延期派の論文としては、土方寧の「民法証拠編の欠点」、奥田義人の「箕作司法次官の演説を分析せよ」、同「人事編の抵触及重複」、同「法典断行説の妄を弁す」、岡野敬次郎「英法の爲に妄を弁す」、高橋健三の「法典実施断行論者の自白」、松野貞一郎の「民法商法交渉問題」などが発表された。

　(2)　フランス法学派の施行断行論

　フランス法学派に属する免許代言人は、和田守菊次郎・塩入太輔・信岡雄

16　星野・前掲（注6）82頁。

四郎・磯部四郎(当時検事、のち弁護士)である。いずれも明治法律学校の関係者であり、同学派の宮城浩蔵・岸本辰雄は、明治法律学校の創立者である。フランス諸法に通じていた大井憲太郎も、断行論を唱えた。法学者は梅謙次郎・井上正一である。梅は和仏法律学校の学監・校長を務めた人であり、井上は明治法律学校の教頭を務め、岸本辰雄校長を補佐した人である。立法者側の箕作麟祥・岡内重俊・熊野敏三・大木喬任らも当然断行派であった。箕作は、ボアソナードとともに明治法律学校の名誉校員となった人である。

当時の免許代言人は、どのような断行論を唱えたのか。3人の論文をみると、次のとおりである。

㈦ 和田守菊次郎の断行論

和田守は、明治22 (1889) 年7・8月、断行派の機関紙「法治協会雑誌」に「法典の修正実施先後論」を発表し、以下のように法典を早期に実施すべきであると主張した。

> 日本現時の法典は、フランス・イタリア・ベルギー・ドイツ等の諸法律を比照し参酌しその華を抜きその粋を集めたものである。1800年代の初めに編纂されたフランス法典は、爾来ほとんど100年の星霜を費やしその間に発見され補充すべき欠陥、削除すべき徒文、更正すべき瑕疵等既往100年間の実際上の経験と学者の議論をことごとく引用して編纂したものである。殊にわが国の人情風俗慣習を親しく視察し、これを集めて全国民事慣習類集とし、そのうち保存する必要のある慣習成例はなるべく採用する目的で、明治初年より以来ほとんど20年の長年月を費やし、その間編纂委員諸氏の非常な熱心と尽力により初めて完結したものであるから、現時の法典は日本今日の時勢に背戻しないものである。速やかにこれを実施することが、国家の幸福となり臣民の利益を増進す

---

17 岸本辰雄は、箕作麟祥の家塾に学んだ後、大学南校を経て司法省法学校に正則1期生として入学した。フランスに留学、帰国後、明治法律学校の創立に参加した。太政官御用掛、法制局・司法省の各参事官を経て大審院判事となった。法典論争で断行論を唱えた。司法官弄花事件で大審院判事を辞めて弁護士となり、明治法律学校で民法・商法を講義した。明治法律学校の生みの親・育ての親といわれている。向井・前掲(注15) 207頁。

18 星野・前掲(注6) 92頁。

> るものとなる。この法典は、泰西文明諸国の法律に比べて、最も完全なるものであることを信じて疑わない。

　このように論じたうえ、この法典を実施して世態風俗慣習に背戻しないかどうか熟察し、その後不完全な点が明らかになり修正する必要が生じた場合は、そのとき修正すればよく、延期論者がいうような私利のためにする児戯的修正などすべきではないと主張した。

　彼には、明治24（1891）年10月、「穂積博士民法を誤解す」と題し「法治協会雑誌」に発表した論文があり、これは以下のように、穂積八束の「民法出てゝ忠孝亡ふ」を厳しく批判したものである。[19]

> 　穂積は、漫然民法全部を一括して祖先教・家制主義を破滅し、極端個人主義によるとするが、民法は人事財産取得担保証拠の５編より成立し、人事編および取得編の一部である相続編を除く外は、ことごとく純然たる財産権上の関係にすぎない。人事相続編は、わが国の風俗慣習を多く取り入れ、先祖の家系を保護し戸主制・家族制を認め、所謂祖先教家制主義を採用している。穂積はいまだ民法全体の素読さえしていないのではないか。

　彼は、財産編と人事編相続編を区別して論じたのは卓見で、祖先教・家制主義は財産編には関係がなく、人事編相続編はそれを採用しているのであって、八束の批判はあたらないと反論したのである。

　　(イ)　塩入太輔の断行論

　塩入は、明治24（1891）年８月、「新法典の十大原則を明にす」と題する論文を「法治協会雑誌」に発表し、自然法思想は、人々が社会生活をするのに最も適する法であり、民法典は最もよく自然法思想を表していると主張した。[20] さらに同26（1893）年４月には、「法典と自由との関係を論ず」と題する以下のような論文を同誌に発表した。[21]

19　星野・前掲（注６）128頁。
20　星野・前掲（注６）108頁。

Ⅱ 法典論争——延期派と断行派の攻防

> 日本国は法典がなければ、人々の私権を保護することはできない。言論集会出版の自由のない国においては、真正な事実を公然社会に発表することができず、事実は常に隠々の間に埋没し真正の歴史がない。今の日本は自由国ではないから、真正の歴史がなく尊重すべき慣例もない。それゆえ、人の私権を保護するために法典が必要である。

彼は、法典を実施することが、人民の自由と権利を保護することになるという重要なことを指摘したのである。

(ウ) 大井憲太郎の断行論

大井は、明治24（1891）年8月、「我が帝国に於ける法典の利害如何」と題する論文を「法治協会雑誌」に発表し、以下のようにわが国を早く法典国にすべきであると主張した。[22]

> わが国諸法の革新は既に浅くない。ほとんど全くわが固有の例規を一変して文明諸国の通典に倣っている。それ故に、裁判官・訴訟代言人にその人を得るためには、なお幾多の星霜を期さなければならない。この機運に際し法典を布くことなしに、一に裁判官・代言人の学識経験にのみ頼らんとするのは、難きを求めるのみならず大いに弊害あることを恐れる。わが国情に基づき一定の法律を設け以てわが国を法典国にすべきである。
>
> 裁判所構成法・刑法・刑事訴訟法などは、文明諸国の法典を参酌してわが旧法を更新し、その他百般法律の大要は、諸国の法を折衷しているのに、なぜ民法商法についてだけ不法典論を主張するのか、わが国の境遇利害いかんに鑑み、採るべきは採り、捨てるべきは捨て、公平至当に帰するのみである。わが国情を察せず、わが歴史を顧みず、いたずらに法律の干渉を忌みてわが国を不法典国にしようとするある一派の学者、自分たちのためにするところがあって、商法を忌むこと蛇蠍の如き偽紳商輩は、もとより国是いかんを語るに足りない。わが国を法典国にするか、不法典国にするかは、至大至重であり直ちに国家の

---

21 星野・前掲（注6）143頁。
22 星野・前掲（注6）128頁。

> 大利害に関する問題であることを記憶すべきである。

　延期派の増島は、法典編纂より法律実務家を得ることこそ急務であると主張したが、大井は正反対で実務家の学識経験のみに頼ろうとするのは、難きを求めるもので大いに弊害があるから、早く法典を設け裁判の基準を整えるべきであると断行論を唱えたのである。

　　　(エ)　その他の断行論
　これらに加えて、断行派の論文としては、免許代言人信岡雄四郎の「土方法学博士の法典実施の意見を読む」、磯部四郎の「法理精華を読む」、同「新法制定の沿革を述ぶ」、同「法典実施の必要」、岸本辰雄の「法典発布に就て」、宮城浩蔵の「法典維持論は英法学者より起る」などが発表された。
　イギリス法学派にとって、フランス法系の民法が実施されることは、学校のその後の運命を左右する大問題でもあったから、力の入れようは大変なものであった。衆議院・貴族院の議員に対し、訪問説得を行い、意見書や請願書を送付し、その中には脅迫じみたものまであるという有様であった。フランス法学派も同様に断行の必要性を説き、両院議員に働きかける猛烈な政治活動を行った。
　延期・断行両陣営に分かれた免許代言人らは、頻繁に演説会を開いて自派を応援し、新聞は社説を書き記事を載せて延期派を応援し、あるいは断行派を応援した。
　商法の施行時限（明治24（1891）年1月1日）が切迫してきた。熾烈な論争が繰り広げられている中で、同23（1890）年11月25日、第1議会が開催され、両派の争いが、ついに議会に持ち込まれるに至った。

5　議会における論戦

　帝国議会では、明治23（1890）年12月に商法の延期戦が行われ、次いで、同25（1892）年5月に民法の延期戦が行われた。

Ⅱ 法典論争——延期派と断行派の攻防

(1) 商法の延期戦
　㋐ 衆議院における論戦

　延期派に属する議員らは、商法は外国法を模倣したもので、わが国古来の慣習を無視しており、修正すべき点が多々あると非難し、明治23（1890）年12月、商法の施行期限を民法の施行期限である同26（1893）年1月1日まで延期するという「商法及商法施行条例施行期限法律案」を衆議院に提出した（提出者永井松右衛門[23]）。そして、同23（1890）年12月15日と16日の両日にわたり審議が行われ、衆議院議員で免許代言人の元田肇・岡山兼吉・大谷木備一郎・関直彦らが商法の施行延期の熱弁を振るい、断行派の免許代言人で衆議院議員の高梨哲四郎・宮城浩蔵、明治法律学校の教頭である井上正一、新聞記者、外交官経験者である末松謙澄らが、これを迎え撃って激しい論戦を交わした。

　彼らが議院で述べた意見は、いずれも長いものであるが、第1読会における延期派の元田肇と断行派の高梨哲四郎の各意見の要点を記すと、次のとおりである。

　(A) 元田肇の延期論[24]

　商法の第1条は、この商法に規定のないものは民法の通則によると定めている[25]。これは、民法と同時でなければ行うことができないということである。
　日本の法律であれば、日本の特性を有しなければならないが、外国人の起草である商法をみれば、日本の慣習ではなく、外国のドイツあたりの慣習からできており、日本の特性でできていない。
　法典とするには、十分に人民に知らせることが必要であるが、来年の1月1

---

[23] 永井松右衛門は、愛知県選出の衆議院議員で当選2回、第八国立銀行と横浜正金銀行の創立に参加し役員を務め、第八国立銀行の頭取、尾三銀行取締役など主として銀行畑の実業家で商法実施に影響を受ける立場にあった。
[24] 『帝国議会衆議院議事速記録1』91頁以下、広瀬順皓編『政治談話速記録（元田肇談話速記）第7巻』301頁以下。元田肇は、昭和3（1928）年に第25代衆議院議長を務めた。
[25] 商法1条「商事に於て本法に規定なきものに付ては商慣習及ひ民法の成規を適用す」。

269

日より施行するという。周知期間が短すぎる。この法典は難しく研究を要するし、新熟語も多くあって分からない。分かるようにするのは政府の義務である。今日これを実行するのは不都合である。

(B) 高梨哲四郎の断行論[26]

商法を施行するためには、民法がなければならないという考えはおかしい。明文がなくても、民法があることは知れ切ったことである。したがって、商法と民法は必ず一緒に制定しなければ不都合であるというのは机上の空論である。

周知期間が短いというが、四千万人すべてに飲み込ませなければならないという議論は、当議会に出すべき議論ではない。言葉が難しい、周知期間が短いというのは、いわゆる痴人の夢で、法律というものは誰でもこれに通じるというものではない。経済上の分業があるのと同じく、法律は法律家に相談してその指図を受けなければならないことは知れた道理である。

延期論者は、商法の中に日本の慣習に背き、あるいは未だかつてないところの慣習を新設し必要ないものがあるというが、その条文を示していない。

本件は、法律問題ではなく、政治問題である。したがって、諸君は藩閥勲閥を破ろうという時に当たって、このような問題に躊躇するのは、維新の際や明治23年の立憲政体を開かれた際の諸先輩に対し、会わせる顔がない。

このように両派の免許代言人は、法律家として白熱した議論を戦わせ、第1読会は午後5時28分に終了したが、引き続いて午後6時30分から第2読会が開かれた。夜間になっても熱心に審議を行った結果、商法および商法施行条例の施行期限は、明治26年1月1日まで延期するという意見が多数を占めた。

なお、これとは別に「商法及び商法施行条例の一部施行に関する法律案」が提出され、第1読会・第2読会が開かれたが、この一部施行法案は否決された。

---

26 『帝国議会衆議院議事速記録1』118頁以下。

延期・断行両派の論戦の後、衆議院で採決された結果は、延期189対断行67で、商法施行延期法案は可決され、貴族院に送られた。[27]

(イ) **貴族院における論戦**

明治23(1890)年12月20日、貴族院の議に付せられ、延期派と断行派の2日間にわたる激論の末、延期派が多数を占め、商法施行延期法案は可決成立し、商法の施行は、民法施行期限の同26(1893)年1月1日まで延期することに決まった。

(ウ) **院外論戦の開始**

延期派は、商法施行延期の勝利を収めてますます意気があがり、次は民法を施行延期に持ち込むことを企てた。そこで、延期派は免許代言人や法学者らが「法典実施延期意見」[28]を発表し、民法の施行期日を延期し、その間にこれを修正すべきであると主張し、次の延期理由の7カ条を掲げ、刺激的な民法商法典批判を行った。

新法典は
- 一 倫常を壊乱す。
- 一 憲法上の命令権を減縮す。
- 一 予算の原理に違ふ。
- 一 国家思想を欠く。
- 一 社会の経済を攪乱する。
- 一 税法の根原を変動す。
- 一 威力を以て学理を強行す。

断行派は、これに対し、2年後に到来する民法の施行を断行するため、免許代言人・法学者らが「法典実施断行意見」[29]を発表し、延期派は国家の秩序を紊乱し倫理を破頽するものであるなど、次の9カ条を掲げて激しい反撃を

---

27 星野・前掲(注7)37〜38頁。
28 穂積・前掲(注7)336頁、星野・前掲(注6)171頁。
29 穂積・前掲(注7)337頁、星野・前掲(注6)152頁以下。

加えた。

> 法典の実施を延期するは
> 一　国家の秩序を紊乱するものなり。
> 一　倫理の破頽を来すものなり。
> 一　国家の主権を害し独立国の実を失はしむるものなり。
> 一　憲法の実施を害するものなり。
> 一　立法権を放棄し之を裁判官に委するものなり。
> 一　各人の権利をして全く保護を受くる能はさらしむるものなり。
> 一　争訟紛乱をして叢起せしむるものなり。
> 一　各人をして安心立命の途を失はしむるものなり。
> 一　国家の経済を攪乱するものなり。

　両陣営の意見書に続いて、多数の反論書・意見書が飛び交った。断行派は、東京府下の免許代言人有志100余名からなる断行意見書を発表した[30]。院外で論戦が戦わされているうちに、明治25（1892）年になった。

　延期派の議員は、先に延期となった商法と施行期限のくる民法とをあわせて延期するために、民法商法施行延期法案を議会に出すことにした。

(2)　民法の延期戦
(ア)　貴族院における論戦

　明治25（1892）年5月16日、延期派の議員は、民法・商法は同29年12月31日までその施行を延期するという「民法商法施行延期法案」を先に貴族院に提出した。

　この法案の審議は、明治25（1892）年5月26日から28日まで連日行われ、賛否両論が沸騰し、議場は喧騒を極め、蜂須賀茂昭議長は、たびたび号鈴を鳴らして議場の整理を行わざるを得ないほどであった。採決の結果はまたもや延期派が多数を占め、上記法案は可決された。その後、貴族院議長から同月28日付けで衆議院議長あてに送付された。

30　穂積・前掲（注7）339頁。

Ⅱ　法典論争──延期派と断行派の攻防

(イ)　**衆議院における論戦**

　衆議院では、明治25（1892）年6月3日、「民法商法施行延期法案」について審議に入り、延期派と断行派の論戦が交わされた。第1読会・第2読会で、この法案の審議に積極的に取り組んだのは、免許代言人議員の大岡育造・関直彦・宮城浩蔵・渡邊又三郎・小笠原貞信・丸山名政・立川雲平・三崎亀之助であり、民権政治家の島田三郎（新聞記者）・加藤政之助（新聞記者）・野口襞（自由党）・鈴木萬次郎（会社役員）・渡邊洪基（大書記官）らであった。

　討議の途中、宮城浩蔵・丸山名政・山田東次に渡邊又三郎・村松亀一郎ら[31]が加わった断行派10名が、最も批判の多かった民法中の人事編と財産取得編のうちの相続法の実施を来る明治27（1894）年12月31日まで延期するという修正案を提出した。この部分だけ延期して他の部分を断行しようとする作戦であった。

　しかし、大勢はいかんともしがたく、明治25（1892）年6月10日、修正案は反対多数で否決され、結局、原案採決の結果、延期派が多数を占め「民法商法施行延期法案」は可決成立したのであった。この時の議場における採決の模様は、次のとおりである。[32]一部延期の修正案を先に採決し、その後、原案の採決を行った。この時の議長は星亨である。

議長	是から決を採ります。成丈早く這入るやうに願ひます。もうよければ閉鎖します。どうです。
	（まだいけませぬ、少しお待ち下さいと呼ぶ者あり）
	（もう宜しい宜しい棄権者だ棄権者だと呼ぶ者あり）
議長	もう閉鎖致します。
	（宜しい宜しいと呼ぶ者あり）
議長	閉鎖を閉鎖を

31　宮城浩蔵（明治法律学校創立者）・丸山名政（明治法律学校卒業）・山田東次（和仏法律学校卒業）は、いずれもフランス法系の法律学校の関係者である。
32　『帝国議会衆議院議事速記録4』576頁。

第12章　法典論争と免許代言人

（もう少しお待ち下さいと呼ぶ者あり）

議長　入場せんでも一二人のために待つことは出来ぬ、閉鎖々々。

（鈴木萬次郎君あとは二階から飛び下りべしと呼ぶ）

議長　是より記名投票致します。さうして諸君に念ために申しますが、即ち此一部延期説と題する方より決を採らうと考へる、即ち一部延期説に同意の方は白札を御入れ下さい。不同意の方は青、同意が白で不同意が青。

（鈴木萬次郎君みんな青を入れゝば宜いんだと呼ぶ）

議長　是より氏名を点呼致します。

（町田書記官氏名を点呼す）

議長　是より投票箱を開きます。

（書記官投票の数を計算す）

議長　投票の結果を御報道致します。

　　　出席者総数　　261
　　　可とする者　　107
　　　否とする者　　152

（拍手起こる）

　　　可否の数に加わらざる者　2

（此時発言を求める者多し）

議長　報告が終らない中に、発言しても役に立たない——即ち修正案は否決されました。

野口裦　本員は三読会を省略する、即ち二読会で以て確定議にすることを建議致します。

（賛成賛成の声起こる）

議長　是は順次に依るとさう云ふ訳には参りませぬからして、却て早くしやうと思って遅くなりますから、議長がやるやうに諸君は……

（どうか明日に願いますと呼ぶ者あり）

（直ちに確定すべしと呼ぶ者多し）

議長　原案に就いては、即ち不同意があっても仕方がない訳でござりますが、決を採って極めませうか、如何致しませう。

（原案で異議なしと呼ぶ者あり）

Ⅱ 法典論争――延期派と断行派の攻防

> 議長　さすれば原案の通り、直ちに二読会は極まりました。
> 　　　（異議なし異議なしと呼ぶ者あり）
> 議長　是より三読会を開くや否や。
> 　　　（直ちに開くべしと呼ぶ者多し）
> 議長　それならば酷く御議論がなければ、直ちに三読会を開くことにします。
> 　　　（異議なし異議なしと呼ぶ者あり）
> 議長　それならば即ち三読会の確定議、即ち原案を確定する原案に賛成の諸君は、起立なすって下さい。
> 　　　　起立者　　多数
> 議長　多数と認めます。（拍手起る）依って原案通り確定致します。（拍手起こる）

　こうして同日午後7時38分に議事は終了し、民法・商法両法典は、明治29（1896）年12月31日まで施行を延期することに確定した。

(3) 法典論争の性質

㋐ 自然法思想と法実証主義

　フランス法学派は、時や場所の違いはあっても、人を殺すなかれ、人の物を盗むなかれというように共通の法の原則があるという自然法思想に立脚するものであったが、イギリス法学派は、時と場所により生成する法は異なるという法実証主義の考え方であった。自然法思想と法実証主義の考え方の相異が両派の論争に影響していた。

㋑ ティボーとサヴィニーの論争

　穂積陳重は、両派の論争は、ドイツにおけるティボーとサヴィニーの論争と似ているという。[33]

　この論争は、ハイデルベルク大学のティボーが「諸邦分立のドイツを統一するためには、ドイツにおける共通の普通民法を制定すべきである」と主張したのに対して、ベルリン大学のサヴィニーは、「法は発達するものであっ

33　穂積・前掲（注7）344頁以下。

て製作すべきものではなく、それは一国に法があるのは国民に国語があるようなもので、普通法典をつくることで統一できるものではない。法は国民の肢体であって衣服ではない」と主張したのであった。

　ティボーは、自然法思想により法は万世不変・万国共通のものであると主張したが、サヴィニーは、法は国民的・発達的なものであると主張し、この考え方から歴史法学派が起こるに至った。サヴィニーの反対により、ティボーの法典編纂論は実行されなかった。しかし、その後、ドイツ帝国ができ、一国一法が行われることになった。

　　(ウ)　法律問題と政治問題

　以上のように法理学的な分析ができるとしても、論争の実体を率直にみると、功利主義的な学派の対立に政治的な利害が加わった論争であったと考えられる。フランス法系の法律学校にとってフランス法系の民法が施行されることは望ましいが、イギリス法系の法律学校にとってはそうではない。延期か断行かは、法律学校のその後に大きな影響を与えるという功利主義的な考え方に政治的な利害が絡まって論争に発展したものである。断行派の高梨哲四郎が、議会で「本件は法律問題ではなく、政治問題である」と述べているのはその表れである。

　　(4)　法学派の興亡

　法典論争に敗れたフランス法学派は一時の勢いを失ったが、勝利を得たはずのイギリス法学派も伸びなかった。皮肉にも両派に代わって勢力を拡大したのは、ドイツ法学派であった。この学派が漁夫の利を得た格好になった。

6　ボアソナードの帰国

　ボアソナードは、「公布から施行まで2年半の期間をおいたのは長すぎた。速やかに施行していれば、法典論争は起きなかったであろう」と残念がったという。彼は22年の長きにわたり、日本に滞在し日本に骨を埋めるつもりで

34　大久保・前掲（注7）162頁。

あったが、明治28（1895）年に帰国した。

ボアソナードにフランス法を学んだ司法省法学校正則第 1 期生の加太邦憲は、次のように評した。[35]

> ボアソナードは、仏国の法律博士にしてわが政府の聘に応じ明治 6 年末来朝し、本邦にありて22年間民刑の法案起草学生の薫陶等に尽瘁し其任務を果たせしを以てなり。右のほか彼は内閣外務省等の顧問たり、又明治 7 年台湾征討よりひいて日清両帝国間に事を構え、政府は大久保利通を特命全権大使に任じ清国に派遣し折衝の任に当たらしむるや、彼に其随行を命じ顧問に備へ良好の結果を収めしこと並びに断獄につき古来より本邦に行われし拷問を廃し証拠に依るへきを司法大臣に献策して其実行を見るに至りしこと、又21・2 年に大隈外務大臣が治外法権を撤去せんがため、法官に外国人を入れ混合裁判制を設けんとして世論の反感を買いし際、其非を政府に献策せしこと（この際大隈は遂に来嶋恒喜なる者の爆弾に懸り隻脚を失うに至れり）の如き特筆すべき功績もありたり。

現代の民法概説書には、民法典の沿革さえふれないものがある。沿革にふれたものでも、ボアソナード起草の旧民法は、法典論争の結果、結局一度も実施されない運命となり、[36]彼は失意のうちに帰国したという論調である。[37]今やボアソナードの名前さえ忘れ去られようとしている。

フランスの法学者が、危険を冒して極東の発展途上国日本にきて、明治維新を経てなお近代法を知らない日本人に、万国に通用する自然法思想を説き最新のフランス法を教え多くの法律家を育て世に送り出した。彼は政府の委嘱を受け、フランス法を模範とする「刑法」・「治罪法」の編纂をなし遂げ、これは明治15（1882）年 1 月 1 日から施行された。

さらに民法起草に着手して以来10年の歳月を費やして民法典を完成した。

---

35 加太邦憲『自歴譜』153頁。
36 我妻栄『新訂民法総則（民法講義 I ）』10頁。
37 野田良之「ギュスターヴ・ボワソナード先生来日百周年記念行事」における「挨拶」日仏法学第 8 号48〜49頁。

この民法は、フランス民法をモデルとしたもので、これが公布された後、ドイツ式の新民法が制定施行されるまで、裁判所において準則ないし条理として大いに用いられた。それだけではなく、ボアソナードが起草した旧民法の多くの規定は、新民法の中に受け継がれており、今日の日本人の私法生活を保護し支えているのである。彼は、日本に近代法の種を蒔き育てるため人生の重要部分を捧げた。彼の功績は不朽のものである。

ボアソナードは、帰国した後、南仏のコート・ダジュールに住み、日本におけるフランス法の教授、拷問廃止と立法事業、台湾出兵・条約改正などの重要問題について、日本政府の顧問として働いた日々を懐かしみながら余生を過ごした。彼の貢献に対し、日本は年金を送って感謝の意を表したのである。

Ⅲ 新法典の編纂と現代の民法商法改正

延期された法典を修正するために、伊藤博文内閣は「法典調査会」を設け、明治26（1893）年3月から新法典の編纂に取り組んだ。

1 新民法典

民法の起草委員に梅謙次郎、穂積陳重、富井成章が選ばれた。彼らはフランス法系の旧民法を基本にしながら、ドイツ民法第1草案・第2草案その他諸国の民法を参考に修正を施し、パンデクテン方式を採用して第1編総則・第2編物権・第3編債権・第4編親族・第5編相続に編成した。前3編（総則・物権・債権）は、帝国議会の議を経て成立し、明治29（1896）年4月27日に公布、後2編（親族・相続）は、同31（1898）年6月21日に公布され、いずれも同年7月16日から施行された。[38]

---

38 岩田・前掲（注7）525頁、近江・前掲（注1）6頁。

2　新商法典

商法の起草委員は、岡野敬次郎・梅謙次郎・田部芳であった。

新商法は、帝国議会の議を経て成立し、明治32（1899）年3月9日に公布され、同年6月16日に施行された。

3　不平等条約の改正

刑法・裁判所構成法・民事訴訟法・刑事訴訟法に次いで、新民法および新商法が施行された。明治27（1894）年7月16日、イギリスとの間で不平等条約の改正に成功し、同32（1899）年7月17日から施行された。フランス・オランダ・ロシア等諸外国との間の不平等条約も改正された。これにより、領事裁判権および外国人居留地は廃止され、外国人に内地居住の自由が認められる反面、日本の裁判権に服することになった。後回しになっていた関税自主権は、同44（1911）年に回復した。徳川幕府が、安政5（1858）年6月、アメリカとの間で結んだ日米修好通商条約をはじめ諸外国との間で結んだ不平等条約を改正し、治外法権を撤廃し関税自主権を回復するまでに実に53年にわたる長い歳月を要したのである。

4　法典調査会等における弁護士の活躍

法典論争における免許代言人の活躍は、院内院外いずれにおいてもめざましいものがあった。また、免許代言人は帝国議会に多数進出し、政府提出の弁護士法案に重大な削除修正を行って議会を通過させ、明治26（1893）年に弁護士法を成立させたことはすでにみたとおりであるが、同32（1899）年の第13議会の時、花井卓蔵・三好退蔵ら弁護士議員は、刑事判決にも証拠の標目のみならず判決理由を書くべきであるとして刑事訴訟法の改正を成立させた。[39] 翌33年の第14議会で、弁護士は登録後3年を経過しなければ大審院で

---

[39] 島田武夫「弁護士の歴史」自由と正義27巻7号88頁。

職務を行うことができないという弁護士法12条の削除案を提出して可決廃止した。

政府は、明治34（1901）年に刑法改正案を第15議会に提出したが、弁護士会は、臣民の生命身体財産に重大な影響を及ぼす刑法は、内容を公表してその可否を世論に問うべきで突然提出して短期間に議会を通過させようとするのは失当であると反対した。弁護士議員の菊池武夫・三好退蔵らが法案の議会通過を阻止した。政府は第16議会にも同法案を提出したが審議未了となり、第17議会は衆議院の解散もあって結局廃案となった。[40]

政府は、法律の成否に弁護士の力が大きく影響することを知り、明治39（1906）年頃から、内閣や司法省下の法典調査会・法律取調委員会等の委員に弁護士を選任するようになった。弁護士の大岡育造・江木衷・花井卓蔵・原嘉道・鳩山和夫・藤沢幾之輔・元田肇・鵜沢総明らが委員として法案を作成する段階から関与した。同40（1907）年には、衆議院議員中、弁護士の職を兼ねる者は、実に65名に達していた。[41][42]

① 大岡育造は、法典調査会、臨時外交調査委員会、衆議院議員選挙法改正調査会の委員を務め法案の作成に関与した。彼は衆議院議員として13期にわたり活躍し、衆議院議長を重任すること3回に及び、文部大臣を務めた。

② 江木衷は、法典調査会、法律取調委員会、臨時法制審議会の委員となり、民法・商法・刑事訴訟法・陪審法等の立案改正事業に参画し、特に陪審法の制定に尽力した。[43]

③ 花井卓蔵は、法律取調委員会の委員、臨時法制審議会副総裁、刑事訴訟法改正調査会の委員として刑法改正・刑事訴訟法改正等の改正作業に関与し、陪審法案調査会の委員として同法成立に尽力し、衆議院議員を

---

40 島田・前掲（注39）88頁。
41 島田・前掲（注39）88頁。
42 大野正男「職業史としての弁護士および弁護士団体の歴史」（大野正男編・弁護士の団体（講座現代の弁護士(2)））59頁。
43 利谷・前掲（注13）104、118頁。

7期務め副議長に就任した。
④ 原嘉道は、法律取調委員会の委員として商法改正の立案に関与し、司法省の嘱託で民事訴訟法の改正作業や破産法・和議法の法案作成に関与した。
⑤ 鳩山和夫は、法典調査会の委員、外務省取調局長、隈板内閣の時には外務次官となった。衆議院議員を9期務め議長に就任した。
⑥ 藤沢幾之輔は、法律取調委員会、臨時法制審議会、衆議院議員選挙法改正調査会、裁判所構成法改正委員会の委員として法案づくりや改正作業に参画し、衆議院議員を13期務め、衆議院議長、商工大臣に就任した。
⑦ 元田肇は、法典調査会、法律取調委員会、裁判所構成法改正委員会の委員として立案改正事業に参加し、連続16期にわたり衆議院議員として活躍し衆議院議長を務めた。
⑧ 鵜沢総明は、法律取調委員会、陸海軍治罪法改正委員会、刑事訴訟法改正調査委員会の委員として改正作業に参加し、陪審法実施準備委員会の委員として陪審法実施のために活躍し、衆議院議員を6期務めた。

彼らは法律案の作成段階から委員として参加し、弁護士としての意見を反映させ、また、衆議院における弁護士議員として法律の制定・改正に活躍したのである。

5 現代の民法・商法改正

(1) 民法改正

法典論争後に制定された明治民法は、その後部分的な改正が行われたが、第2次世界大戦後の新憲法の下で親族・相続編の大改正が行われた。新憲法24条は、家族や相続に関する事項は、個人の尊厳と両性の本質的平等に立脚して制定されなければならないと定めていたからである。

その後中小の改正が行われたが、平成16 (2004) 年11月、第1編総則～第3編債権のカタカナ文語体をひらがな口語体に改め、貸金等根保証契約規定を追加するなどの改正が行われた。平成18 (2006) 年6月、一般社団法人及

び一般財団法人に関する法律が制定された関係で、第1編総則の公益法人に関する規定の大部分が削除された。

現在、改正が議論されているのは、第3編債権である。学者有志による民法（債権）改正検討委員会は、フランス法に由来する条文にドイツ法学が解釈論として導入された結果、条文から離れた無理な解釈が判例・学説として集積され法律家でなければ理解できない現状にあり、消費者法も取り込んで一般国民にもわかる債権法にする必要があり、地域的な市場経済の統合や経済のグローバル化の時代に対応する取引の一般法としての国民の債権法にする必要があるといっている。[44]このような認識に基づいて同委員会は検討結果を改正試案として発表した。明治期に制定された現行民法は、今日でも大きな影響を及ぼしているのである。

日本弁護士連合会（以下、「日弁連」という）の司法制度調査会民法部会は、この民法改正の動きにすばやく反応し調査検討を進め、平成21（2009）年6月にはシンポジウムを開催し、各地の弁護士会や弁護士に民法改正に関する議論への参加を求め、各弁護士会は実務経験に基づいた意見書を日弁連等に提出し、個々の弁護士も意見を発表している。

平成21（2009）年1月、法制審議会の民法（債権関係）部会は、民法改正について検討を開始した。日弁連は、法制審議会委員として岡正晶弁護士（第一東京弁護士会）、中井康之弁護士（大阪弁護士会）、幹事として高須順一弁護士（東京弁護士会）、深山雅也弁護士（第二東京弁護士会）を推薦しバックアップしている。同部会は平成23（2011）年12月20日現在で、すでに多数回の会合を重ね中間的論点整理を行っている。

法律実務家たる弁護士は、民法にかかわる事件を第一線で扱っており、その実務経験に基づく知見を積極的に発信することが期待されているのである。

(2) 商法改正

商法は経済情勢の変化に対応するため改正されることが多い。明治期に制

---

44 内田貴「債権法改正の前提」自由と正義60巻9号11頁以下。

定された商法は、その後改正を積み重ねた。戦後、新憲法の制定に伴い昭和23（1948）年と25（1950）年に株式会社に関する改正が行われた。その後も改正が行われたが、最近では平成17（2005）年6月29日に、商法中の会社に関する条項、有限会社法、商法の特例に関する法律を一本化し、カタカナ文語体をひらがな口語体にする「会社法」が国会で成立し、同年7月26日、公布された。これにあわせて商法の第1編総則の一部および第2編会社が削除され、有限会社法、株式会社の監査等に関する商法の特例等に関する法律（商法特例法）などが廃止された。

この法案提出の経過は、まず法制審議会の会社法部会で「会社法制の現代化に関する要綱案」がとりまとめられ、法制審議会に提出されて採択された後、法務大臣に答申された。法制審議会委員として河和哲雄弁護士（東京弁護士会）、奈良道博弁護士（第一東京弁護士会）らが参加し、弁護士としての意見を反映させている。日弁連は委員らをバックアップした。

法制審議会の答申に基づき法務省で法案の作成作業が行われ、閣議決定された後、会社法案が国会に提出された。まず衆議院で審議に入り趣旨説明と質疑が行われた後、同院法務委員会に付託され、日弁連司法制度調査会の内藤良祐弁護士、浜辺陽一郎早稲田大学法務研究科教授・弁護士、元日弁連副会長の久保利英明弁護士が参考人として意見を述べた。これらを参考にして衆議院で法案の一部修正が行われた。次に参議院でも同様に同法務委員会に付託され、日弁連副会長益田哲生弁護士、大田洋弁護士が参考人として意見を述べた。衆参両院には、弁護士議員が活躍している。[45]

このように要綱作成、法案審議に際し弁護士が活躍しており、日弁連も彼らをバックアップし、全国の弁護士会の意見を集約して意見表明を行うなど新しい会社法の制定に貢献したのである。

法律の制定や改正は今も昔も変わることなく行われており、明治期に弁護士が法律実務家として立法事業に携わった伝統は、その後も受け継がれてお

45　相澤哲「会社法の創設の経緯及び概要」自由と正義56巻10号83頁以下。

り、現在でも日弁連や弁護士会のバックアップの下、弁護士は法律実務家として立法事業に参加し重要な役割を果たしているのである。

第13章　司法権の独立——大津事件と免許代言人

▶本章の概要◀

　明治24（1891）年、来遊中のニコライ皇太子が滋賀県大津町で警備の巡査に襲われるという日本中を震撼させる事件が起きた。巡査は逮捕され裁判にかけられるが、政府は対ロシア外交上の問題から刑法の皇室に対する罪をもって極刑にするよう大審院に干渉し、大審院は司法の独自性を主張して激しく対立した。

　このような状況の中で裁判が行われたが、大審院の法廷では検察官と免許代言人が刑法の規定の適用をめぐり激しい論戦を繰り広げた。ここでは、事件の内容、政府と大審院の対立、免許代言人の活躍ぶりを取り上げる。

I　ニコライ皇太子遭難

1　事件の概要

　大津事件に関する多くの文献によれば、事件の概要は、次のとおりである。[1]
　ニコライ皇太子（ロシア）、その親戚ジョージ親王（ギリシャ）一行は、京都滞在中の明治24（1891）年5月11日午前8時30分、有栖川威仁（たけひと）親王の案内

---

[1] 大津事件については、児島惟謙『大津事件日誌』、沼波瓊音『護法の神児島惟謙』、田畑忍『児島惟謙』、遠山茂樹ほか『児島惟謙——大津事件と司法権の独立について』、尾佐竹猛（三谷太一郎校注）『大津事件』、尾佐竹猛『明治秘史疑獄難獄』、青野暉『児島惟謙小伝』、我妻栄ほか編『日本政治裁判史録（明治・後）』、田岡良一『大津事件の再評価』、日本弁護士連合会『日本弁護士沿革史』など多くの文献がある。

で、宿泊旅館を出て滋賀県大津の遊覧に向かった。沿道の民家は、ロシア・ギリシャ・日本の三国旗を掲げ、大津営所の兵隊、各学校の生徒らが大勢動員され整列して迎えた。

　一行は三井寺、正法寺、琵琶湖の遊覧をした。昼前に滋賀県庁に入り昼食をとり、物産展示場を見ていくつか物産品を買い上げた。同日午後1時30分、京都に帰るため滋賀県庁を出た。先導役は滋賀県警部木村武、次に京都府警部竹中節、滋賀県知事沖守固、接伴員1名、その次に、ニコライ皇太子、ジョージ親王、威仁親王の順で、皇太子と親王、威仁親王の人力車には一車3人曳きで、他の車は2人曳きであった。彼らの次に、井上東宮職員、皇太子の隋従員十数名、川上操六陸軍中将以下接伴員らが乗った人力車は40余両を数えた。

　大津警察署長桑山吉輝は、沿道で警備する巡査らに対し、皇太子殿下は空前絶後の大賓であるから十分に注意して警備にあたるよう訓示し取締心得を交付して熟読記憶するよう命じていた。

　巡査津田三蔵は、大津町京町通字下小唐崎5番地屋敷津田岩次郎方の北側で、他の巡査とともに警備のために立っていた。彼は、桑山署長から厳重な訓示を受けていたにもかかわらず、ロシア皇太子は天皇に謁見ご挨拶もしないで、長崎・鹿児島を視察し神戸に上陸して京都に至り、大津まで来遊したのは大逆無礼であると考えた。皇太子にはわが国を横領しようという野心があり、近江の地理形勢を視察にきたに違いない、と世間の風説と同様のことを考え、もし、このまま皇太子を生かして帰せば、他日必ずわが国を侵略するに相違ない。今お命を頂戴するほかない、と決意し、人力車に乗って通過中の皇太子に対し、敬礼したとみるや否や、突然走り出し皇太子に迫った。そして、帯剣を引き抜き日本刀の切れ味を知れ、とばかり、右頭部めがけて斬りつけ、さらに二の太刀を浴びせた。皇太子は突然の襲撃に驚き人力車を左に飛び下りて、右手で出血した頭部の傷を押さえながら、大声をあげて8メートルほど前に走った。津田はなおも剣を持って追いかけた。

　ジョージ親王は、皇太子の次の人力車に乗っていたが、飛び下りて先刻県

I　ニコライ皇太子遭難

庁で買ったばかりの竹根鞭で津田の背中を乱打した。皇太子の車夫向畑治三郎は、津田の両足を捕まえて引き倒した。この時津田の手から剣が離れた。ジョージ親王の車夫北賀市太郎が、これを拾って津田の頸と背中に斬りつけた。先導役の木村警部は、後方の騒ぎに気づいて駆けつけ津田を取り押さえ、巡査江木猪亦と同藤谷幹一に捕縛させた。

　威仁親王は、左側の永井呉服店に「店先を借りる」と言って皇太子を床几に案内し、ハンカチを出して進めると、皇太子は自分で血を拭いながら「エト、ニチヲ（何でもない）」と言ったが、右頭部顳顬部（こめかみ）と同部後方の２カ所から出血し右瞼から頬に流れていた。隋従医ラムバフが急いで包帯をした。

　その後、ニコライ皇太子を人力車に乗せ幌を下ろし、駆けつけてきた斎藤時之歩兵大尉が率いる儀仗兵に護衛され、滋賀県庁に引き返した。ジョージ親王、威仁親王ほかの者は、皆徒歩でこれに続いた。送り出したばかりの県庁は、皇太子が襲われたとの報に大騒ぎとなり、急いで休息所を整えた。皇太子は県庁で暫時休息をとった。それから、皇太子は、厳重な警戒の下、馬場駅から汽車で京都に帰ることになった。同駅から親王らとともに定刻の普通汽車に乗り、夕方京都駅に着いた。将校・警部・特務巡査らに警備されてニコライ皇太子、ジョージ親王は、京都駅から馬車で宿泊旅館常盤に帰った。

　沖守固滋賀県知事は凶変に驚き、松方正義内閣総理大臣・西郷従道内務大臣・土方久元宮内大臣に電報を打ち、威仁親王は天皇に電報を発した。

　皇太子遭難の電報は、松方内閣・明治天皇に届き、非常な驚きを与えた。

　大津では、大津地方裁判所の判事三浦順太郎と同土井庸太郎が、県庁で一行を見送ったところであったので、直ちに下小崎の現場に駆けつけ、近くの巡査吉田保宅の裏庭で江木猪亦巡査らに見張られている津田に会った。津田は、頭部と背中に傷を負い、血を流していたので、捕縄を解き医師の応急治療を受けさせた。その間、三浦と土井は現場検証をし、交替で津田を尋問したが、興奮と傷の痛みで、彼の答えは途切れ途切れで一向に要領を得ない。そこで、入監後尋問することにして彼を膳所（ぜぜ）の未決監に収容した。その夜、大津地方裁判所より職託を受けた京都地方裁判所予審判事の河村松三郎・岡

田透は、車夫の向畑治三郎・北賀市太郎、警部の木村武・竹中節をはじめ巡査らの証人調べを行った。

2 事件後の推移

児島惟謙の『大津事件日誌』を基に事件後の推移をみると、次のとおりである。いずれも明治24（1891）年5月のことである。[3]

(1) 大審院諸判事の刑法解釈

児島院長は、13日、大審院に出頭し諸判事と会い、津田の事件に関し刑法116条の解釈を求めた。

〔刑　法〕

> 第116條
> 　天皇、三后、皇太子に対し危害を加ヘ又は加ヘんとしたる者は、死刑に処す。

判事たちは一様に、116条の天皇云々は、わが帝室のことであり、外国の皇室を含まないと言った。

(2) 大津地方裁判所の予審開始

千葉貞幹大津地方裁判所長は、13日午後、津田の犯罪を普通法律に準拠すべきものとして予審に着手した、と大審院長に報告してきた。児島院長は、直ちに「法律の解釈は正当である。他の干渉を顧みず、予審を進められたい」と回答した。

(3) 検事正の予審中止請求

ところが、15日、司法省の指示を受けた三好退蔵検事総長は、大津地方裁判所山本正巳検事正に指令を出して予審中止の請求を行わせた。千葉所長は、この中止請求を受け、京都にきた三好検事総長に会い、管轄違いの言渡しをすることを約束して一件記録を三好総長に手渡した。

2　尾佐・前掲（注1）132頁。
3　児島・前掲（注1）9頁以下。

(4) 三浦判事の管轄違いの決定

　三浦順太郎予審判事は、18日、本件は刑法116条の犯罪に係るもので、当地方裁判所の管轄すべきものではない、として管轄違いの言渡しをした。大津地方裁判所は、検事の希望どおりの結論を出したのである。

　三好検事総長は、同日、津田の犯罪は裁判所構成法50条第2、55条および刑法116条により「大審院の特別権限に属する事件」につき、速やかに予審判事を任命するよう児島院長に請求してきた。

〔裁判所構成法〕

第50條　大審院は左の事項に付裁判権を有す。
　第1　終審として
　　(イ)　第37條第2に依り為したる判決及第38條の第1審の判決に非さる控訴院の判決に対する上告
　　(ロ)　控訴院の決定及命令に対する法律に定めたる抗告
　第2　第1審にして終審として
　　　　刑法第2編第1章及第2章に掲けたる重罪並に皇族の犯したる罪にして禁錮又は更に重き刑に処すへきものゝ予審及裁判
第55條　大審院長は第50條に依り大審院に於て第1審にして終審を為すへき各別の場合に付、大審院の判事に予審を命す。但し便宜に依り各裁判所判事をして予審を為さしむることを得。

---

(5) 児島院長の予審判事任命

　児島院長は、法律上の請求であるから、これを容れざるを得ないとして、18日午後3時、電報をもって大津地方裁判所の土井庸太郎判事を大審院特別法廷の予審判事に任命した。土井予審判事は、直ちに調査に着手した。

4　我妻ほか・前掲（注1）159頁。

3 児島院長の対応

(1) 松方総理と児島院長の面談

　松方総理大臣は、明治24（1891）年5月18日午前、児島大審院長を官邸によんで、「このことはわが国家の一大事で、内閣はもちろん目下京都において陛下は大いに宸襟を悩ませられ実に恐縮に堪えず、青木周蔵外務大臣は露国公使にわが帝室に対する刑法を適用する旨伝え、西郷内務大臣は各府県へ皇室に対する法律をもって処分することに閣議決定したので、人民において不穏の挙動なきよう取り締まるべきことを訓令した」と言った。そして、「裁判所においてその適用がないときは、陛下の思召しに反し、政府の威信を内外に失するに至る。やむなく戒厳令を発して兇漢を死刑に処するしかない。これらのことを考慮して、内閣の希望を達せられよ。将来裁判官に対し、たとい公私にいかなる困難が生じても、われらが一身に引き受けて保護する」と言った。
　児島院長は、これに対し、次のように答えた。

　裁判官の職務は独立不羈であり、院長であっても事件の担当裁判官に容嘴することはできない。欧米各国の現行法を調査しても、他国の皇帝・大統領について特例はあるものの、皇太子あるいは皇族等に関しては、これがない。露国の如きは、皇帝に危害を加えた者か、または国事犯のほか、死刑に処するものがない。その他は何人に対しても、徒流に止まる。わが刑法116条は、わが国の天皇・三后・皇太子の場合に限る特例と解釈するのが正当である。したがって、その法条を他国の君主皇族等に適用すれば、疑いなくわが主権を亡失し、諸外国の軽侮と嘲笑を受けて国威を失墜することになる。いかなる国難があろうとも、法官は、法律の正条に拠り法律の神聖を墨守するのみである。法律については口頭では意を尽くせないので、意見書を起稿する。明日提出するので

5　児島・前掲（注1）34～36頁。
6　児島・前掲（注1）37頁以下。
7　裁判官の職務権限は独立しており、これを束縛することはできないことをいう。

> 熟考あらんことを希望する。

　松方総理大臣は、津田の事件につき、国家外交の大事を第一に考えるべきであると主張し、児島院長は、裁判所が職権により判断すべきことだと主張した。

　松方は児島が強硬だと考え、担当判事を説得することに変更し、担当裁判官の名前を聞いた。児島はすでに心に決していたので、躊躇することなく担当判事7名の名前を筆書して渡した。

(2)　3大臣による4判事の個別面談

　山田顕義司法大臣・陸奥宗光農商務大臣・大木喬任文部大臣が、18日正午、司法省に集まり、担当判事の堤正巳・中定勝・高野真遜・木下哲三郎の4判事をよんだ。4判事は司法省に赴いた。陸奥大臣は堤判事、山田大臣は中判事と木下判事、大木大臣は高野判事と面談した。大臣は判事の朋友や同郷者であり、あるいは恩義ある先輩であった。各大臣が内閣の意向を伝え、各判事を説得したのである。

　土師経典判事は、西郷内務大臣と親しい関係にあり、内閣に同調するから説得の必要がなく、安居修蔵判事と井上正一判事は、皇室に関する罪を適用することに対して強硬な反対論者であるからよばれなかった。内閣は4人を説得すれば、多数をとることができると考えたのである。

(3)　土井判事の予審意見

　予審を命じられた土井庸太郎判事は、予審を行い、18日午後10時、大審院長に対し、刑法116条に該当する犯罪であるとの予審意見を電報で報告した。[8]

　児島院長は、この段階ではまだ静観していた。諸判事の解釈は先に示したとおり、本件には刑法116条（天皇・三后・皇太子）は適用されないという意見であり、却下する可能性があったからである。

　児島院長は、予審判事の意見書と検事総長の意見書を担当裁判官7人に手

8　土井予審判事の詳細な意見書は、児島・前掲（注1）46頁以下、尾佐竹・前掲（注1）（大津事件）179頁以下に登載されている。

渡した。

(4) 担当判事の会議と決定

　担当裁判官7人は、18日午後10時30分にこれら書類を持って会議室に入り、長時間にわたり協議をした結果、19日午前2時過ぎ、本件は本院の公判に付すべきであると決定した。児島は、院長室で首相と司法大臣に出す意見書を書いていたところ、担当裁判官会議の結果が児島に報告された。

　児島はこの決定を聞いて、4判事が大臣と面談したことが重大な影響を与えていることを知った。却下ではなく大審院の公判に付すと決定し、形勢が逆転してしまったのである。

(5) 山田司法大臣の告示

　大審院の公判に付すとの決定により、児島院長は職務上やむなくその旨を山田顕義司法大臣に通告した。山田大臣は、19日午前8時、津田の裁判のため、大津地方裁判所において、大審院の法廷を開く旨告示した[9]。これにより、担当判事は、大津へ出張することになった。児島院長はこのまま黙視してはおれないと思った。幸い6日前に大審院長に就任したばかりで、大阪控訴院長への事務引継ぎをしていなかった。これを名目に大津を経由して大阪に出張することにした。

(6) 穂積・添田の来訪

　児島が今後のとるべき方法を考えていた時、法学者穂積陳重が訪ねてきた。児島と穂積は、ともに宇和島出身の同郷人で親しい間柄であった。児島は、刑法116条の解釈と前夜起草した意見書を穂積に示して意見を求めたところ、穂積も全く同意見で正当であると答えた。さらに穂積は、有益な諸外国の前例を示して児島の考えを確実にし、一段とその決意を固めさせた。

　穂積が去り、旅装を整えていると、添田寿一という人物が訪ねてきた。風采は粗野で一見壮士風であった。彼は大蔵参事官で、長官のとる方針は誤っていると進言したが用いられず、憤慨して児島院長の考えを聞きにきたとい

9　尾佐竹・前掲（注1）（大津事件）186頁。

うのであった。彼は「今やこの国家の危機に際し、一縷の望みはただ閣下の一身にかかる。閣下は、いかなる態度を以てこの大事に処せられるか」と問うた。児島は、その熱烈な愛国の至情を喜び、自分の意見の概略を話し、「今後の結果はただ卿これを熟視せよ」と言い放った。2人の訪問は、児島にとって喜びであり、その決意を一層強くさせた。

(7) 担当判事と院長の大津出張

担当判事は、19日午後9時50分、新橋より夜行列車で大津に向かった。児島院長も大阪控訴院への事務引継ぎの出張届けを司法省に提出し、松方総理大臣に約束していた意見書を、同総理と山田司法大臣に提出した後、7判事と同じ列車で新橋を発った。司法権の危機を目前に、児島の胸中には決意するところがあった。

4 児島院長の決断

(1) 諸判事への説得

(ア) 堤判事への説得

担当7判事は、5月21日午前10時、大津地方裁判所の構内で来る5月25日に公判を開始すると決定した。児島院長は、判事らに対する政府の不当な干渉・圧力をはね返すためには、自分の見解を開陳するしかないと考えた。児島は宿舎の一室に堤裁判長をよんだ。彼は堤判事に対し、大略次のように語ったという。

今般の事件は、実にわが国法権の威信存亡が決まるところで、司法官の栄辱・法権の独立は担当判事にかかっており、その責任は重大である。本件着手以来、諸判事らの行動を見ると、その意向が危疑の間に彷徨い怪しむべきところが少なくない。去る18日午後判事らが司法省で大臣と面会し何を諮ったか。自ら顧みてやましいことはないか。私情をもって天下の大義を曲げるのは、男

---

10 児島・前掲 (注1) 55〜56頁、尾佐竹・前掲 (注1)（大津事件）188頁。
11 児島・前掲 (注1) 66頁以下。

> 子の執るところではない。先には普通法律に準拠すべきであると公言した者が、18日午後たちまち内閣の意向に賛同するに至ったのは何のためか。弁解するところがあるか。司法官は、憲法に保障された独立不羈の国家機関である。この不羈神聖なものが、権門要路、いや朋友の干渉甘言に迷い卑屈な挙動を敢て為し職権を辱めて顧みないのは、国家百世の歴史に汚辱を残すものである。よくよく注意をすれば、国家の栄辱と憲法の権威のため、内閣の考えには大いに反対の態度に出ざるを得ない。18日に面会した大臣、朋友を欺くか、天下国家を欺いて一身の安泰を望むのか。今やその一つを選ばざるを得ない。いずれの途を選ぶのか。誠に国家の大事は、担当判事らの一挙一動にかかっている。請う熟慮せよ。

児島は堤判事に、総理と司法大臣に提出した意見書の写しを渡し、「公判期日が迫り、事が急転しているから遠慮するいとまがなく、感情が高ぶって激しいことを言ったが許されよ。少々考慮するところがあって、大阪に引き取るが、その結果によっては、大いに決心するところがある。なお、幸いにして私の言うことを是認することがあれば、直ちに通信せられよ。喜んで当地に来て協議に応じる」と言った。

語り終えた児島は、列車で大阪に向かった。堤判事は、停車場に児島を見送り、別れの握手に際し、落涙して袖を濡らしていた。児島は、私情と正義の間に立って苦悶する堤判事の心境を察し同情に耐えなかった。

　　(イ)　堤判事の返答

23日午後2時、堤判事の電報が児島院長のところに届いた。それには、「相談あり直ちに来津を乞う」とあった。児島は、急いで大阪を発って大津に向かった。大津に到着すると、堤判事が児島のいる部屋にきて、次のように言った。[12]

> 児島院長の意見書を読み、なおかつ熟考に熟考を重ねた結果、誠に既往のことは非であり方針を誤ったことを悟った。事は国家の興亡にかかるところであ

12　児島・前掲（注1）70頁以下。

> り、今ここに断乎として方針を一変し、私情を顧みず職務のために一身を国家
> のために捧げるのみである。

　彼の言葉には大いに決心するところがあった。堤判事は、続いて自分が１人決心しても、他の判事が内閣の意見に従えば効果がない。４判事の同意者が必要である。安居・井上の２判事は、最初より頑強に普通法律適用説であり懸念はないにしても、他の４判事の意見は内閣の意見を維持主張するであろうから、院長が他の１人を反省させてもらいたい。そうすれば４名の同意者を得られると言った。児島院長は、「然り。素よりその責に当るべし。安んぜよ」と答えた。[13]

　　(ウ)　安居・木下・土師判事への説得
　児島は、安居判事を招き、自分の意見を述べると、同判事は進んで賛同した。その後、安居判事は木下判事をよんで児島の意見を述べ、密かに反省を促したところ、「内閣の説に沿う考えは断乎として取り消す。本件は刑法中他に正条がないから、普通人に対する法条を適用するのが正当である」と答えた。

　児島は、さらに土師判事を招き、自分の考えを明示して同判事の良心に訴えたところ、これに直ちに応じて、「内閣の意に沿う考えは誤りで、普通人の法条を適用するのが正当である」と答えた。

　こうして堤・安居・木下・土師判事の意見が揃った。

　井上判事は、最初から普通法律適用説であったから、これを加えると５判事の意見が揃ったのである。

　　(2)　内閣への通知
　児島院長は、判事らが大臣らを欺く結果となり、感情的な衝突が起きるのを避けるために、内閣に通知しておいたほうがよいと考え、三好検事総長に話をして、24日午後２時、山田司法大臣あてに「被告津田三蔵一件、刑法第

13　児島・前掲（注１）71頁。

百十六条、皇室に対する罪を以て処断するの見込みなし」と電報を発した。[14]

内閣は事の意外さに驚き閣議を開いて、その真相を確かめるため、山田司法大臣・西郷内務大臣を大津に出張させることにし、三好検事総長あてに公判を延期すべしと打電した。これを受けて検事総長は堤裁判長に対し、「津田三蔵一件、明日25日公判開始の処、原告官に於て事故之有るに付き、当日公判開廷延期を請求す」と通知した。[15] 堤裁判長は、直ちに会議を開き、その延期請求を認めた。

(3) 山田・西郷両大臣による最後の干渉

山田・西郷両大臣は、25日午前10時、大津に到着し県庁に入り一室を閉じて児島院長と三好検事総長の4人で会談した。児島の『大津事件日誌』により、両大臣と児島院長のやりとりを問答式に再現すると、次のようになる。

> 山田　津田の一件皇室に対する法律を適用しないとの電報は、今日までの進行より見て意外のことである。その理由を聞きたい。
> 児島　刑法第116条はわが皇室に対するもので、外国の君主・皇族に適用すべきものでないことは、これまで何度も述べ意見書を提出したとおりである。
> 山田　足下の意見は充分に了解するが、担当判事も同意見であるか。
> 児島　過日来同宿してその意見を観察するに、その一・二を除けば悉く同意見と推測される。
> 山田　その一・二を除くとは誰々なるか。
> 児島　裁判事件に関し裁判官の各自の意見を公言することは、本人の栄辱に関するのみならず、裁判上最も秘密を守らなければならないことであり、これを指名することはできない。裁判に関することは、ただ一切を裁判官に任されよ。今日に至っては、如何なる干渉手段をとっても、それは結局徒労に帰すだけである。
> 西郷　予は元より法律論は知らないが、そのような処分をすれば、陛下の思

14　児島・前掲（注1）74頁。
15　児島・前掲（注1）74頁。

召しに反するのみならず、露国の艦隊は品川湾頭に殺到し、一発のもとにわが帝国は微塵となる。法律は国家の平和を保つものではなく、国家を破壊するものというべきものである。

児島　法律は国家を破壊すると言われたが、暴言も甚だしい。法律は国家生存の動脈である。閣下はこれを無視せよと言われるのか。願わくば明答されたい。日露両国国交を断絶して開戦すると否とは、素より裁判官の関するところではない。裁判官の眼中、ただ法律あるのみである。青木外務大臣は、露国公使にわが皇族に対する法律を適用する旨通告したと聞く。これは神聖侵すべからざる司法権を動乱せんとするものである。外務大臣はもとより一切の行政官が司法権を左右しようとする者あらば、これは疑いなく憲法破壊者である。一時を彌縫せんがために法律を左右すれば、却って露国及び列国の嘲笑を受け、将来言うべからざる弊害が生ずる。

西郷　該事件については爾来陛下宸襟を悩まされ、今般予ら勅命により出張した。裁判官は勅命と雖も承諾しないのか。

児島　勅命と雖も法律に背戻すると思量するときは、親しくその理由を上奏して決するところあり。これ臣子の分として最も努むべきところのものである。閣下はいかなる勅命を帯びて出張されたか。該裁判官に刑法第116条皇室に対する罪により処分せしめよとの勅命であるか。謹んで拝聴せん。

児島の逆襲に西郷は黙って返す言葉もなかった。そのような勅命はなかったからである。山田大臣は、一転して各裁判官を再度説得しようと考え、次のように言った。

山田　今大審院長に対して議論しても、当該裁判官が承諾しなければ効果がない。裁判官に面会し親しく意見を述べたい。足下は各位に面会のことを照会せられよ。

児島　承諾した。ただし、本人らの諾否は保障しない。

こうして会談は対立したまま終了した。児島院長は、三好検事総長を伴っ

て宿舎に帰り、各判事を招いて、司法大臣の面会申入れを伝えたところ、安居判事は、司法大臣が本件のことで面会を求められるのであれば、公判の際、検事の職務をもって十分弁論させるべきで、本件の審問もしないうちに原告の地位にある内閣員に会って予談するのは、われらにとって必要でないだけでなく、裁判官の最も慎まなければならないところであると主張した。堤判事も、大臣に面会すれば、裁判官の面目を汚すおそれがある。この際はむしろ障壁を築いて面会を謝絶するほうが、相互の利益であると拒絶すべきことを明言した。他の判事も2判事の意見に賛同し、面会謝絶の回答をするよう児島院長に託した。

　児島は、三好検事総長に、担当判事は面会謝絶の意見であることを、先に司法大臣に伝えるよう依頼した。児島は三好検事総長を同席させて、面会謝絶は担当判事の意思であることを証明させようとしたのである。

　児島院長は、先に三好検事総長に報告させた後、1時間経って司法大臣を訪ねて判事らの意見を述べた。

　山田大臣は、「裁判官にして諾せざれば、是非なし。事茲に到りては、卿等裁判官の意に任ずるの外なかるべし」と言った。そして、「わが政府は、徳義上露国に対して努めざるを得ず、予ら両名に出張を命じ、公判に際しては検事総長に、わが皇室に対する罪を適用する主義をもって弁論させることに決した。而して判決はただ卿ら裁判官に一任するのみ」であると言った。

　児島は、西郷大臣にも面会して裁判官の面会謝絶の意見を伝えた。西郷は、すでに酒気を帯び不平を漏らしていた折であったから、「裁判官は司法大臣の面会をも諾せざるか。無礼ならずや」と憤然大喝した。

　児島院長は、「地方官が内務大臣に服従するがごとき義務は、法官と司法大臣との間には存在せず。服従すべきはただ法律あるのみ。いかなる人の命令も諾することなし。これが法官の特色である」と答えた。

　西郷は、酒気と怒気で真っ赤な顔であり、言葉も不穏当で聞くに耐えないものであった。そこで、児島院長は、長居は無用と早々に引き取った。彼は、宿舎に帰りその顛末を各判事に告げた。

26日午後8時、各判事は会議を開き、翌27日に公判を開始する旨決定し、関係者に伝え開廷準備に入った。

Ⅱ 法廷論争

1 公判の状況

　公判は、明治24（1891）年5月27日午後0時50分、大津地方裁判所の大審院特別法廷で開かれた。上段の席に、裁判長堤正己、陪席判事の土師経典・中定勝・安居修蔵・井上正一・高野真遜・木下哲三郎が座り、裁判所書記の席に西牟田豊親・笹本栄蔵がいた。検事席には、検事総長三好退蔵・大審院検事川目亨一が着席した。[16]

　被告人津田三蔵は、看守に付き添われて入廷し、弁護人の谷沢龍蔵・中山勘三も入廷して弁護人席に着いた。

　傍聴席には、児島惟謙大審院長、野村維章大阪控訴院検事長、千葉貞幹大津地方裁判所長、その他の判事検事、渡邊千秋滋賀県知事、大浦兼武警保局次長、近府県の高等官ら32名、近府県の免許代言人15名がいた。本件は安寧秩序を害するおそれがあるとして公開が停止され、新聞記者や一般の傍聴は許されなかった。

　三好検事総長は起訴状を朗読し、被告人の巡査歴・犯行の動機・警備中の様子を述べ、犯行現場の状況について「殿下京都へ還御の際、被告は又同所小唐崎町津田岩次郎宅前に警衛をなし居たりしに、同日午後1時50分頃、殿下が同所を通御せられ、御車の近付を見るや、被告は其の機失うべからずと為し、直に帯剣を抜き、殿下の御頭を目掛けて切付け、尋で又一刀を切付けたれば、殿下は右こめかみに2箇所の創傷を負わせられ、直に御車を飛び下り難をさけさせられんとしたるを、被告は抜刀を提げ、殿下を追尾せしに、

16　尾佐竹・前掲（注1）（明治秘史疑獄難獄）468頁以下。

車夫向畑治三郎、北賀市太郎、警部木村武、巡査江木猪亦、藤谷幹一等の為、現場に於て取り押えられたるものなり」と述べた。

谷沢弁護人は、審理に入る前に、本件において、被告人がロシア皇太子に危害を加えた行為は刑法116条にあたるとのことであるが、116条は天皇・三后・皇太子に対する行為を制裁する正条であり、被告人の事件は当公判廷において審判すべきではない。この事件は、大審院の特別権限には属せず管轄違いであると申し立てた。

しかし、堤裁判長は、大審院においてすでに大審院の公判に付すと決定している以上、管轄違いの申立てはできないと却下し、直ちに本件対審を進めると述べた。

被告人津田三蔵は、人定質問の後、罪状認否においてロシア皇太子の頭部に二刀を加えたことは間違いないと認めたうえ、死を覚悟でなしたものであり、自ら死するを得なかったのは残念であるが、今日に至ってはやむを得ない。「国法によって処断せらるるのほかなし。ただ願わくばその国法によって処断せらるるについては、何とぞ露国に媚びるがごときことなく、我が邦の法律をもって公明正大の処分あらんことを願うのみ」と述べた。彼は予審尋問をとおして刑法の適用条文が問題になっていることを知っていたのである。彼の陳述を聴いて法廷内は粛然となった。

証拠調べで各証人調書の朗読が行われた。証人向畑の尋問が行われ、予審調書のとおりの証言があった。

堤裁判長は、物証として津田に刀を示したところ、彼は感慨深い様子でその刀を手にとって見たいと言ったが、裁判長は「その方の手には渡し難い。その所より見るように」と告げてこれを見せた。津田は、その刀はニコライ皇太子を切り付けた刀で自分のものに相違ないと答えた。

谷沢・中山両弁護人は、被告人は事実について認めており、当時の関係者証人数人も証言していることなので、これを争わないと述べた。

17　児島・前掲（注1）90頁。
18　尾佐竹・前掲（注1）（大津事件）213頁。

300

事実および証拠調べが終わったので、裁判長は弁論に移ることを告げた。そこで、検察官が論告求刑を行い、弁護人が弁論を行った。

2 検察官の論告求刑

三好退蔵検事総長と川目亨一大審院検事は、次のように論告した。

(1) 三好検事総長の論告

① 天皇・三后・皇太子に対する罪は、普通人に対する犯罪より一層厳罰に処することにしたのは、その所為が皇室の尊栄を汚すためのみでなく、わが国の安寧を危うくすること、もとより尋常殺人罪の非ではないからである。日本人が、外国人君主・皇族に対し危害を加えまたは加えんとした所為があるときは、その害の及ぶところ重大であり、わが国の安寧を損なう結果となることは、尋常殺人罪の比ではない。日本人が、わが君主・皇族に対し罪を犯した場合と、外国君主・皇族に対し罪を犯した場合とで日本の安寧を害したことに大差はない。かれこれ処罰方を区別する理由はない。したがって、刑法116条の天皇、三后、皇太子とあるのは、わが天皇、三后、皇太子のみならず、広く外国の天皇、三后、皇太子をも包含するものと解釈しなければならない。

② 刑法草案には、日本の文字を冠してあったのを、その後に「日本の」文字を削ったのは、外国の君主、皇族に対する犯罪にも及ぼさんとする意味である。

③ 外国の君主、皇族に対する犯罪を明記しなかったのは、外国の君主、皇族が日本に渡来するのは、古来その例を見ることはなはだ稀で、これらの人に対して暴行を加える者があるがごときは実に絶無の事実であったから、刑法中特に明文を掲げるのを避けただけである。弁護人は外国の例をあげるが、それは外国のことであり、わが刑法を解釈する理由とはならない。

(2) 川目検事の補充論告

① 検事総長が論じたとおり、刑法草案に日本とあったのに、刑法でことさら

削除したのは、日本の文字があるときは、ただわが国の天皇、三后、皇太子に対する犯罪のみに適用することになって、その意味が狭い。ゆえに広く外国の皇帝・皇太子等の犯罪にもまたこれを適用するため、立法者が日本の文字を削除したのである。
② わが皇室に対する犯罪と外国の皇室に対する犯罪はともに、国家の治安を害すること大なるもので、通常人に対する犯罪と同視すべきではない。したがって、本件のように外国の皇太子に対し危害を加えた者も、また刑法116条を適用する趣旨であることは明らかである。
③ 刑法は内乱に関する罪と、外患に関する罪との区別があるが、皇室に対する罪については内外国の区別はない。刑法183条には、内外国の貨幣と明記したのは、刑に軽重を付けるために区別したものである。これらの区別があることをもって、皇室に対する罪とは、わが皇室に対する犯罪のみを指したもので外国皇室に対する犯罪はこれを包含しないとの例証にはならない。

法律の見解については、(弁護人とは)全く正反対であるから、この上は相当の裁判を求めるしかない。

(3) 検察官の求刑

三好検事総長は、取り調べられた証拠により公訴事実は証明十分であり、被告人の行為は刑法116条に該当する。よって、当該法条を適用して処断すべきであるとして死刑を求刑した。[19]

3 弁護人の弁論

(1) 弁護人の経歴

被告人津田三蔵の弁護人を務めたのは、免許代言人の谷沢龍蔵・中山勘三であった。[20]彼らはどういう人物であろうか。明治25(1892)年10月に出版された北村竹次郎の『近江代言人評判記』によれば、大略次のとおりである。[21]

---

19 尾佐竹・前掲(注1)(明治秘史疑獄難獄)474頁以下、日本弁護士連合会・前掲(注1)83頁以下、滋賀弁護士会『滋賀弁護士会史』93頁以下。
20 日本弁護士連合会・前掲(注1)80頁は、免許代言人森肇も大津事件の弁護人となり、千葉弁護士会『千葉県弁護士会史』31頁は、免許代言人板倉中も大津事件の弁護に関与したという。彼らも谷沢・中山両弁護人を背後で支えていたのである。

Ⅱ 法廷論争

(ア) 谷沢龍蔵

谷沢は、大津代言人組合に属する免許代言人である。嘉永5（1852）年6月、若狭国遠敷郡西津村に生まれた。小浜藩の士族の出で、藩校で漢学を学び、選抜生として上京し法律学経済学を学んだ。官途に就くのを厭い、法律専門家として公衆の利益を増進しようと考えた。

明治9（1876）年2月22日、「代言人規則」が制定されると、代言人試験を受けて合格し免許代言人となった。敦賀県において事務所を設け代言事務を行っていたが、同県が廃止され滋賀県と合併したので、事務所を大津町に移した。同13（1880）年5月13日、「改正代言人規則」が制定され、免許代言人は地方裁判所ごとに代言人組合を設立することになった。谷沢は、設立された大津代言人組合の会長に就任し改選ごとに再選された。[22] 条約改正問題が起きた時、彼は地元に政友会という政治結社をつくり同志を募り条約改正反対を主唱し、意見書を同会の名で元老院に建白した。大津事件が起きるや、谷沢は津田の国選弁護人になった。

(イ) 中山勘三

中山は、大津代言人組合に属する免許代言人である。安政6（1859）年5月、滋賀県犬上郡彦根に生まれた。彦根藩の士族の出で、幼くして藩の儒学者に漢学を学び、明治5（1872）年頃から外国語学校で英語を学んだ。同7（1874）年には名古屋に設立された県立成美学校の幹事に抜擢されたが、病を得て翌年大津に帰り療養した後、同9（1876）年大津北州社に入り法律学を修め、翌10年3月、代言人試験に合格し免許代言人となった。帝国水産会社の訴訟で活躍し勝訴して広くその名を知られた。大津代言人組合の会長を務め、また、滋賀県会議員となった。

中山と谷沢は、「宇治川の先陣を争う者の如し」と評されるよきライバルであったが、大津事件が起きると、中山は、津田の親族より弁護を依頼され

---

21 北村竹次郎『近江代言人評判記』1～13頁。
22 谷沢は、明治21（1888）年12月、滋賀県会議員となり副議長・議長を務めた。その後、滋賀県選出の衆議院議員となり4期務めた。

て私選弁護人となり、谷沢弁護人とともに津田のために弁護を行った。

(2) 谷沢弁護人の弁論

① 刑法116条は、わが皇室に対する罪であって、外国の皇太子に対し為した行為については、罰する正条はない。天皇と称するのは、日本の天皇を指す特別の尊称であって、帝または王というような広い呼称ではない。

　刑法草案131条には、特に「日本の天皇云々」とあって、明らかに日本の文字を冠しているのを見ても、立法の精神において該条は外国の皇室を包含するものではない。現行刑法には、日本の文字は冠していないが、本邦の天皇であることは明瞭であるから、日本の文字は無用としてこれを削ったのであって、決して草案の趣旨を変更し、外国の皇室までも包含させるためこれを削ったのではない。

　政府は第1議会に刑法改正草案を提出したが、この改正案第4章に「国際に関する罪」という項目を新設し、外国の皇族に対し危害を加える行為を、普通人に対するものより厳しく処罰することを提案した。その理由として、現行刑法は不備な点があるから、これを補うものであると説明している。これは現行の刑法には、外国の皇族に対する加害行為を、普通人に対するよりも厳しく処罰する規定がないことを認めている証拠である。

② 法律の備不備は別個の問題である。裁判官は、不当に法律を適用してその不備を補うことはできない。本件に就き、刑法116条を適用しようとするのは、すなわち、不当の適用をして法律の不備を補うものであって、もとより裁判官のなし得ることではない。1867年第3世ナポレオンの世に、露帝第1世アレキサンダーのパリ博覧会に臨まれたとき、これを殺害しようとした者があったが、フランス刑法にはこれを罰する正条がなかったため、通常の謀殺罪に処せられたのは好例である。

③ 外国の皇太子に対し十分の尊敬を表すべきことは、国際上の礼儀において当然である。しかし、その尊敬を表するには、固より法律の範囲内に止まらなくてはならない。本件被告人は大国の皇太子に対し罪を犯したもので、日本臣民の憤激はもちろん天皇陛下の深く宸襟を悩ませ給うたのであるから、一般の感情よりいうときは、被告人を厳刑に処するもやむを得ないところであり、加えて被告人においてその死を甘んずるものであるから、法律のいか

んにかかわらず、刑法116条により処分するのも妨げないようにもみえる。しかし、被告人は憲法23条の法律によるのでなければ処罰されることなく、同24条に従い法律の定めた裁判官の裁判を受ける権利を奪われることもなく、また、刑法2条に定めるように明文がなければ処罰されることはないのである。したがって、本件被告人の行為は、刑法292条の未遂につき、同112条により処断すべきである。

④　三好検事総長は、外国君主・皇族の本邦に渡来少なき故に云々と言われたのは、渡来のない当時であるから外国の皇室の規定がなかったのであり、法の欠点をあげたものである。本件の結果は重大であっても、刑法2条がある以上罰することはできない。わが国はすでに立憲国となったのであり、法律の明文により罰するほかはない。もとより利害により法を左右することがあれば、実に慨嘆に耐えないのである。前に述べた仏国において露国皇帝に対する事件の処分は、あたかも今日の事件の場合と同一である。

⑤　（検察官とは）正反対の論であるから、強いて論じないが、これまでの事蹟について外国を包含するとすれば、法律は徒法と言わざるを得ない。本件のごときは、たとい一人のこととはいいながら、社会の紛乱がないよう独立の裁判権をもって公平至当の裁判があることを望むものである。

(3) 中山弁護人の弁論

①　一家の家法を設ける場合、その中に主人とだけあって、特に他家の主人ということがない限り、その家の主人を指すのであって、他家の主人を包含しないことは明瞭である。現に内乱に関する罪と外国に対する罪とは書き分けており、刑法132条には陸海軍官署、官吏とあって、特に日本の文字は冠していないが、日本の陸海軍官署、官吏を指すのであって、外国の陸海軍官署、官吏を指すのではないことは明らかである。同129条以下には特に外国の文字があり、同83条にも外国の金銀貨を偽造し云々とある例をみても、特に外国の文字がない以上は、日本に限ることはもちろんである。もし、政府といい、官署、官吏というのは、外国を包含するものとすれば、宇内万国の刑法というべきもので、日本の刑法ではない。もし、同116条に外国の皇室を包含するとすれば、われわれは数十人の君主を戴いたものと同じ結果になり不

都合もはなはだしい。この点よりみても、該条に外国の君主を包含しないことは明らかである。日本の文字を削ったのは、日本の刑法であるから、日本の文字は全く贅字であり必要としないから削除したのである。決して外国の君主までを包含させるために削ったものでないことは、弁護人らが喋々するまでもない。

② 検察官は、害の大小により処罰を異にすべきもののように論じられたが、本件が未曽有の事件であるといっても、正条がなければこれを罰することができないのはもちろん、害の大小により云々というようなことは、刑法改正にあたり注意すべき立法論であって、今ここに刑の適用を論ずる場合にいうべきことではない。

③ 本件重大事件は、陛下から臣民まではなはだしく心を痛ませたものであり、感情からすれば被告人を厳罰に処しても飽き足らないものがあるとしても、感情をもって法律を左右することはできない。万一その感情をもって法律を曲げるに至れば、裁判上の汚点を将来の歴史に残すことになることをおそれる。よろしく公明な裁判がなされることを望むものである。

(4) 弁護人の卓越した弁論

弁護人は、本件の結果が重大であっても、外国の皇太子に対する犯罪について正条はなく、刑法116条で処罰することはできない、条文の本来の趣旨を超えて拡張解釈してはならない、裁判官は法律を不当に適用して法律の不備を補ってはならない、感情で法律を左右してはならない、解釈論と立法論とをかれこれ混同してはならないと述べ、被告人の行為は刑法292条の普通謀殺罪の未遂であり、既遂の刑に一等または二等を減ずる112条により処断すべきであると主張している。

〔刑　法〕

第292條　予め謀て人を殺したる者は、謀殺の罪と為し死刑に処す。
第112條　罪を犯さんとして已に其事を行ふと雖も、犯人意外の障碍若くは舛錯に因り未た遂げさる時、已に遂けたる者の刑に一等又は二等を減す。

弁護人は、刑法2条の「罪刑法定主義」の大原則に立って堂々の論陣を張った。刑事弁護が始まってわずか10年にすぎないのに、このようなすぐれた弁論を行った弁護人のレベルの高さに驚くばかりである。当時の免許代言人は、中央・地方を問わず法律学の研究に極めて熱心で、事実の真相究明に努めるとともに、被告人の人権擁護のために高度の法理論を駆使して弁護にあたった。『滋賀弁護士会史』は、「当会の大先輩が司法の独立がかかった大事件において歴史に残る活躍をしたことは当会の誇りとする」と述べている。[23]偉大な先輩をもった滋賀弁護士会は幸いである。

4 大審院の判決

大審院は、即日判決を言い渡すことにし、5月27日午後6時、裁判官、検察官、被告人、弁護人、傍聴人が開廷の時と同じように着席した。判決の時は、新聞記者、一般人も傍聴を認められ多数の者が出席した。

堤裁判長が、次のとおり判決を言い渡した。[24]

〈判　決〉

　　　　　　　　　　　三重県伊賀国阿拝郡上野町大字徳居町士族
　　　　　　　　　　　滋賀県近江国野洲郡三上村大字三上寄留
　　　　　　　　　　　　　　　　　　津　田　三　蔵
　　　　　　　　　　　　　　　　　　安政元年12月生

右三蔵に対する被告事件、検事総長の起訴に依り、審理を遂ぐる処、被告三蔵は、滋賀県巡査奉職中、今回露西亜皇太子殿下の我が国に御来遊せらるるは、尋常の漫遊に非ざるべしと妄信し、私（ひそか）に不快の念を懐き居る処、明治24年5月11日、殿下滋賀県下来遊に付き、被告三蔵は大津町三井寺境内に於て警衛をなし、其の際殿下を殺害せんとの意を発し、時機を窺い居る処、被告三蔵は尋（つい）で同町大字下唐崎町に警衛し居たりしに、同日午後1時50分頃、殿下が同所を通行あらせられたるに当り、此の機を失せば再び其の目的を達する時なかるべし

23　滋賀弁護士会史・前掲（注19）94頁。
24　日本弁護士連合会・前掲（注1）79頁、児島・前掲（注1）106頁以下。

と考定し、其の帯剣を抜き、殿下の頭部へ二回切付け、傷を負わせ参らせしに、殿下は其の難を避けんとせられしを、被告三蔵はなお其の意を遂げんと之を追躡（じょう）するに当り、他の支うる処となり、其の目的を遂げざりしものと認定す。

右の事実は被告人の自白、証人向畑治三郎の陳述、大津地方裁判所予審判事の作りたる検証調書、証人北賀市太郎（北賀市市太郎）、西岡太郎吉、医師野並魯吉、巡査菊池重清の予審調書、及び押収したる刀により、その証憑充分なりとす。之を法律に照らすに、其の所為は、謀殺未遂の犯罪にして、刑法第292條、第112條、第113條第1項に依り、被告三蔵を無期徒刑に処するもの也。但犯罪の用に供したる刀は、滋賀県庁に還付す。

明治24年5月27日

大津地方裁判所に開く大審院法廷に於て、検事川目亨一、立会の上、宣告す。

大審院部長判事	堤	正	巳
大審院判事	中	定	勝
同	土師	経	典
同	安居	修	蔵
同	井上	正	一
同	高野	真	逹
同	木下	哲三郎	

児島院長は、穂積陳重あてに「カチヲセイスルニイタレリアンシンアレ」という電報を打った。

その後、児島院長は、山田司法大臣を宿舎に訪ねて、判決の結果を報告した。次のやりとりは、児島の大津事件日誌に基づいて再現したものである。[25]

山田　事ここに至っては、もはや是非もない。司法権の強固と独立は、これもって社会に示すに足るが、行政官の困難をいかんせん。予は昨日述べたごとく、事の成否を卿ら裁判官に一任する覚悟があるが、西郷は必ず不平不満を鳴らすであろう。足下これより同人旅館に至って、逐

25　児島・前掲（注1）111頁以下。

> 一顛末を報告せられよ。

児島は、言下に承諾し西郷内務大臣の宿舎を訪ね、判決結果を報告した。西郷は大いに失望し、憤懣やるかたなく、判決を批判して言った。

> 西郷　なぜ凶悪なる津田三蔵の生命を絶たなかったのか。国家の安寧はこれにより傷つけられ、今や戦争は避けることができなくなった。

西郷はひどく激昂した。児島も黙ってはいなかった。どうも西郷と児島は、気が合わなかった。一方は政治家であり、他方は司法官であって、その立場と性格の違いが際立っていた。

> 児島　およそ社会に法律ほど窮屈なものはない。今回のごときも法律に正条があり[26]、閣下らを満足させる結果とならなかったが、これは法理上やむを得ないものであるから了解せられよ。ただ戦争を開始するか否かは、閣下らの胸中にあるが、願わくば礼譲をもって平和の局を結ばれんことを望む。露国が野心をもって、兵力を弄び、蛮力をもってわが国に殺到襲来することがあれば、戦争は避けがたいであろう。事ここに至れば、法官が一隊を組織して国民軍となり、閣下ら将軍の指揮のもとに、一方面にあたることを辞さないものである。もちろんその際は法律を担ぎ出すまい。

このように言って児島は辞去した。

両大臣と検事総長は結果が出たので、その日の夜上京することになった。児島院長は、諸判事と各府県知事、その他多くの人々とともに大津駅に見送りに行った。その時、西郷は児島の姿を認めて、彼の説得に耳を貸さなかった児島に対するあてつけであろうか、車窓から大声で言った。

26　法律に正条がありとは、刑法2条、292条、112条、113条1項のことを指す。

第13章　司法権の独立――大津事件と免許代言人

> 西郷　児島さん、耳ありますか。

　西郷はこう三度繰り返した。児島は、西郷の大臣とも思えぬ言辞を黙過することができず、車窓に歩み寄って言い返した。

> 児島　西郷さん、眼はありますか。もし、あればご覧なさい。
> 西郷　もはや裁判官の顔を見るのもいやである。私は踏み出して負けて帰ったことはない。今度初めて負けて帰ります。この結果をご覧なさい。
> 児島　裁判官を見ると否とは閣下のご勝手である。法律の戦争は、かの台湾で猪鹿を狩るのとは違います。腕力と鉄砲では法律の戦争には勝てません。この結果を見よとは何ということですか。場所柄も顧みず、国務大臣の口にすべきものですか。

　児島は、西郷が明治7（1874）年4月、台湾征伐に行き猪鹿狩りをしたことを皮肉ったうえで、腕力では法律の戦には勝てないと言い、大臣にあるまじき言いぐさを咎めて抗議した。この時汽車の隣りの窓より、山田司法大臣が乗り出して児島に手を振り、三好検事総長も声をかけた。

> 山田　西郷はすでに酔っている。委細は自分が知っているので黙せよ。
> 三好　忍ぶべし。忍ぶべし。

　こうした騒ぎの中で、汽笛一声黒煙を吐いて東都に向かい出発した。
　翌28日午前9時30分、児島院長は大審院諸判事を大津駅に見送って次のように言った。[27]

> 児島　卿らは帰京すると判決に対して、内閣側よりあらゆる攻撃を受けるだろう。しかし、卿らはただ法律の囲内に潜み、論難弁駁をして争わな

27　児島・前掲（注1）115頁。

> いように。判決の是非は輿論にまかせてよい。たといいかなることがあっても、一身上のことは決して短慮しないように。進退については、予は卿らと共にすることを盟う。予はこれより大阪に退き暫く帝都の形勢を窺い機に臨んで出京する。

児島は、その後大阪に行って北畠治房控訴院長に事務引継ぎを行い、機をみて上京した。

東京府下の免許代言人30余名は、大津出張の判事を亀清楼に招待し、司法権の独立を全うしたことを謝し、席上、今後司法権の独立に関し、わが代言人は大いに尽力すると決議した。[28]

5 判決後の動向

山田司法大臣・西郷内務大臣・青木外務大臣は、内閣の考えたとおりの裁判を大審院にさせることができなかったことおよび対ロシア外交上の責任をとって辞任した。

ロシアに駐在の西徳次郎全権公使は、明治24（1891）年6月4日、「ロシア皇帝陛下はその国の法律に基づくものであれば満足するほかはない」とのことである旨外務省に伝えてきた。政府は、ロシアの出方をひどく案じていたが、その危惧は消滅した。裁判官に対する違勅論・判事懲戒論も雲散霧消した。残ったのは、司法権が行政権から独立したことであった。

大審院より無期徒刑の判決を受けた津田三蔵は、明治24（1891）年5月30日、神戸の仮留置監に送られた後、7月2日、北海道釧路集治監に収容された。彼は、事件の時、刀傷を負った。その傷は癒えたものの身体は衰弱していたので、普通の労役には耐えられず藁工をしていたところ、9月27日、肺炎に罹り3日後の同月30日死亡した。[29]

---

28 尾佐竹・前掲（注1）（大津事件）230頁。
29 尾佐竹・前掲（注1）（大津事件）251頁。

6 法的問題点

(1) 管轄権問題

　大審院が本件を特別権限事項として同院の公判に付すと決定したが、審理の末、普通殺人未遂事件と認めたのであれば、管轄違いとして大津地方裁判所に差し戻すべきであるのに、これをしないでそのまま裁判を行ったのは違法ではないかという問題がある。これが担当判事が職務上の義務に違反したとする懲戒処分論の根拠となった。

　司法省は、この管轄違いの判事懲戒処分論に対し、次のように答弁した。[30]

> 　大審院は別裁判所ではなく普通の上級裁判所である。刑事訴訟法第316条には、前数条（大審院特別権限）に定めたものを除くほか、予審公判の手続は、第3篇第4篇の規定を準用するとある。その第4篇の第240条には、地方裁判所において被告事件が区裁判所の管轄に属すると認めたときでも、判決をなすべしとの規定がある。したがって、普通殺人罪は下級裁判所の管轄に属しても、上級裁判所である大審院が裁判することは、法律上適切な解釈であり、大は小を兼ねるのは普通の概念である。判事懲戒法の官職上の威厳信用を失うとあるのは、判事が法律の適用を誤ったというような場合に適用することはできない。もしそうでなければ、第二審が第一審の判決を破棄した場合、第一審の判事は常に懲戒しなければならないことになる。合議体の判決の場合、その判決に同意しなかった者は懲戒することはできない。そうするとその同意の有無を調査しなければならないが、それでは合議の秘密を漏らすことになって、到底行うことのできない議論である。

　大審院が普通殺人未遂罪と認めても、大津地方裁判所に差戻しすることなく、自ら裁判を行ったことは、当時の刑事訴訟法が大は小を兼ねることを認めており、かつ、本件が国際的な問題であって速やかな解決が必要であったから、許容されるものであったといってよいだろう。

30　尾佐竹・前掲（注1）（大津事件）229〜230頁。

(2) 裁判官の説得問題

　大審院長が事件の担当判事を説得したことが、司法権の独立の内容である裁判官の職権の独立を害しているのではないかという問題がある。今日の裁判官は、内閣・国会・裁判所のいずれの権力からも干渉されることなく、良心に従い独立してその職権を行使し、憲法および法律にのみ拘束される。もとより、裁判所の内部、特に司法行政上の監督権を有する裁判所や上司・同僚からも独立して職権を行使する。この見地からみると、大審院長が担当判事に対し、自己の見解を示して説得したことは、裁判官の職権の独立を害したことになる。

　松方内閣は、児島院長に対して、対ロシア外交上、ロシア皇太子に害を加えた津田をわが国の皇族に対してしたのと同視して死刑の判決をするように圧力をかけたが、大審院長はこれを頑強に拒絶した。そこで、内閣は方針を変えて大審院判事たちに圧力をかけた結果、彼らはそれに従おうとしていたから、大審院長がこれを放置すれば、担当判事は内閣の干渉に屈してその意向に沿う裁判をする可能性は極めて高かった。

　当時の行政府は、慣例のように裁判所に干渉していた。飯田事件の檄文や加波山事件・大阪事件の民権家らが、政府に頤使（いし）されている裁判所に対し、激しい憤りと批判を加えていたことからも明らかなように、裁判所の最大の課題は、何よりも行政権から独立することであった。本件の場合、行政府は裁判を担当する大審院判事に直接圧力をかけ、彼らはこれに従おうとしていたから、大審院長1人だけで抵抗しても、到底司法権の独立を図ることはできなかった。大審院長と大審院判事が一体となって行政権力と闘う必要があったのである。したがって、院長が担当判事を説得したのは、当時としては司法権の独立のために必要かつやむを得ないことであったというべきである。

　なお、児島院長の行為は、行政府の急迫不正の干渉から裁判所を守るためやむを得ない手段であったとしてのみ是認されるという見解もある。[31]

31　家永三郎「在野法曹の人権のためのたたかい」（現代の弁護士（司法篇）（法学セミナー別冊））103頁。

7　児島惟謙の人間像

　司法権の独立のために児島惟謙が行政府に対して示した頑固一徹な態度、自己の法的信念を貫く気魄はいったいどこからきているのであろうか。青野暉『児島惟謙小伝』によれば、児島の生立ちは、次のとおりである。[32]

(1)　児島の生立ち

　児島は、天保 8 (1837) 年 2 月 1 日、宇和島藩家老宍戸弥左衛門の家臣金子惟彬(これあきら)・母直子の二男として宇和島堀端で生まれた。金子雅次郎といったが、のち宇和島藩を脱藩する際に、児島惟謙の仮名を用いたことから生涯これを名乗ることになった。幼年時代は恵まれない生活を過ごした。1歳の時に父母が離婚し、5歳の時まで田中伴大夫のところに里子に出された。父が再婚したので、8歳の時父の下に戻り文武の修業に励むようになった。しかし、家が貧しく二男であったため、16歳の時父方の親戚である野村の緒方家に、18歳の時岩松の小西家に寄遇した。いずれも酒造家で、そこで酒造りの手伝いをしながら、文武修業に励んだ。彼は士族の出であるが、町家の生活も経験しているため視野が広かった。21歳の時宇和島藩の名家梶田長門に招かれ文武修業に専念した。特に剣道に秀で23歳の時、剣道師範の免許を得、宇和島藩の各地から乞われて剣道を教授した。

　児島が青年時代を過ごした宇和島の藩主は、西洋事情に明るい伊達宗城(むねなり)である。極めて進取の気性に富み、西洋の文明を積極的に取り入れ、治水事業を行い、産業を振興するなど幕末の名君といわれた。宗城は、保守的な幕府に批判的で、蛮社の獄で入牢した後逃亡した蘭学医高野長英を匿い、村田蔵六（のちの大村益次郎）を招いて蘭書兵学の翻訳研究、軍艦の設計、藩士への蘭語教育をさせ、前原嘉蔵（のちの前原喜市）に藩独力の蒸気船を建造させるなどした。宇和島藩の開明的な進取の気風は、児島にも強い影響を与え

---

[32] 青野・前掲（注1）は、児島の青年期・維新運動・明治初期にかけての人間形成について述べている。

た。

　児島は、幕末に脱藩して京都に出て諸藩の志士と交流し、長崎では坂本龍馬とも知り合い、勤王倒幕運動に参加した。戊辰戦争の際、彼は北海道総督の参謀楠田英世（佐賀藩）の部下として越後柏崎に出撃した。明治2（1869）年3月、児島33歳の時、新潟県の御用係、外国方庶務係や町会所商社取締係をした。翌3（1870）年に楠田が品川県知事となり、その求めで児島は品川県の権少参事となった。

(2)　裁判官になる

　明治4（1871）年7月、司法省が設置され、楠田英世が司法省明法権頭となった。児島も司法省に移り、司法省七等出仕となった。司法卿は、開明的な司法制度の創設に力を注いでいた江藤新平（佐賀藩）であった。児島は江藤に出会いその影響を受けて、翌5（1872）年、判事となり、裁判官生活に入った。その当時、長州出身の陸軍大輔山県有朋と政商山城屋和助が結託して陸軍省の巨額の金を不正流用した山城屋事件が起きた。江藤司法卿は、山城屋事件を徹底して究明しようとしたが、明治6（1873）年10月、征韓論争で下野したため事件の解明はうやむやになってしまった。

　その後も薩長閥と政商との癒着が問題となった三谷半九郎事件、尾去澤銅山事件、京都府事件、北海道官有物払下げ事件などが起きた。児島はこのような薩長藩閥政府の不正は正さなければならないと考えていた。児島は藩閥外の出身であり、不正を行う政府に批判的であった。

　児島は、近代的な司法制度の確立のため、裁判所を設け法典編纂に取り組んでいた江藤を尊敬していた。その江藤が佐賀の乱で、薩長藩閥政府により梟首という極刑で処断された。児島は、裁判所にいてどうすることもできなかった。西南戦争が起きた明治10（1877）年当時、児島は名古屋裁判所長であった。同18（1885）年、児島が大阪控訴院長であった時、免許代言人大井憲太郎らの大阪事件が起きた。担当判事らが、政府の干渉がある前に急ぎ判決しようとして児島院長の了承を求めた時、彼はこれを強く支持した。このような伏線があって、大審院長に就任して間もなく大津事件が起きたのであ

った。

愛媛弁護士会の有志らは、昭和14（1939）年、裁判所構成法施行50周年記念祝典の際、護法の人児島惟謙の功徳を記念して、出生地の宇和島市堀端町に頌徳碑を建立した。[33]

8 大津事件はなぜ大事件となったのか

強国や文明国でこの事件が起きたのであれば、国中が大騒ぎすることなく簡単明瞭に済んだ事件である。[34]しかし、明治24（1891）年当時の日本は、強国でもなく文明国といえるほどでもなかった。ようやく2年前に憲法が制定され、三権分立の体制がとられたばかりで、いまだ司法権独立の実体も整っていない頃であった。強国ロシアを恐れる藩閥政府が過度に狼狽し、慣例のように大審院をはじめ下級裁判所に干渉したところ、大審院長の強固な反撃にあって、行政権と司法権が激しく対立し、社会を巻き込む大騒動となったのであった。

9 その後のニコライ皇太子

ニコライ皇太子は、皇帝アレキサンドル3世と皇后マリアとの間の嫡男で、明治27年（1894）年に皇帝ニコライ2世となったが、明治37（1904）年2月〜38年（1905）年8月の日露戦争で敗れ、大正6（1917）年、ロシア革命が起きて逮捕退位させられ、その翌年、遠地で処刑される悲劇的な最期を遂げた。ロマノフ王朝は彼を最後に滅亡した。

10 司法権の独立が問題となったその後の事件

戦後の新憲法の時代においても立法権との関係、司法権内部の関係で、司法権の独立が脅かされる事件が起きた。

---

33 愛媛弁護士会『愛媛弁護士会史』29頁。同会は児島惟謙を「護法の人」と評している。
34 児島・前掲（注1）9頁。

(1) 立法権との関係

浦和充子事件は、昭和23（1948）年、母子心中を図り3人の子供を殺したが自分は死にきれず自首した母親に対し、浦和地方裁判所が懲役3年執行猶予3年の判決を言い渡した事件である。これについて、参議院法務委員会は国政調査権の名をもって調査を行い、量刑不当と決議した。最高裁判所は、これは司法権の独立を侵害し、国政調査権の範囲を逸脱するものであると抗議した。

吹田黙とう事件は、昭和28（1953）年、大阪地方裁判所で吹田で起きた騒擾事件の刑事裁判が開かれた時、被告人らが法廷で朝鮮戦争の戦死者に対し黙とうをしたが、佐々木哲蔵裁判長はこれを制止しなかったという事件である。これについて、国会の裁判官訴追委員会は、訴訟指揮の当否を調査するとし裁判長を証人として喚問しようとしたが、裁判長はこれを拒否し、最高裁判所は現に係属中の事件について調査するのは司法権の独立を侵害するおそれがあると申し入れ、訴追委員会は調査をとりやめた。

最高裁判所は、その後、司法行政上の監督者の立場から「法廷の威信について」という通達を全国の裁判官に出し、裁判長の訴訟指揮は遺憾であったとする意見を表明し、裁判官の職権の独立を害するようなことをした。

(2) 司法権内部の関係

裁判官の職権の独立を侵害する平賀書簡事件が起きた。

防衛庁は北海道長沼町馬追山にナイキ基地を建設することにし、農林大臣はそのために必要な保安林指定の解除をした。これに対し、地域住民が農林大臣を相手にその解除処分の取消しを求めて札幌地方裁判所に訴えを起こした（長沼事件）。これは自衛隊と憲法9条の関係が問題となる事件であった。同裁判所の平賀健太所長は、昭和44（1969）年、事件担当の福島重雄裁判長に対し、書簡を送り、国の裁量判断を尊重し憲法判断を避けるようにという、裁判内容にかかわる助言をした。これは裁判官の職権の独立を侵害するものであると問題になり、最高裁判所は国民の疑いの念を抱かせたとして平賀所長を転任・注意処分にしたが、福島裁判官については、札幌高等裁判所が平

賀書簡を公表したという理由で口頭注意処分にした。しかし、福島裁判長が公表しなければ、司法行政上の上司が干渉し裁判官の職権の独立を侵害したことを看過することになる。したがって、公表を理由に札幌高等裁判所が口頭注意処分にしたのは、国民の目からみれば理解しがたいことであった。

最高裁判所は、この事件の後、憲法を擁護し平和を守ることを目的とする青年法律家協会の会員である司法修習生の裁判官採用を拒否し、さらに同会員の裁判官再任を拒否した。

最高裁判所は、外部に対しては、司法権の独立を強く主張しこれを保持していると評価し得るが、司法内部においては、裁判官の人権を軽視するような対応をしたといわざるを得ない。

11　司法消極主義

裁判官は、いつ、いかなる時、政治的社会的な重大事件を担当するかわからない。ひとたび事件を担当することになった時、さまざまな重圧がかかるであろう。だが、いかなる権威権力や批判にも屈せず、臆せず、おもねらず、裁判官の良心と憲法および法律に従って公正な裁判をしなければならない。

裁判所、殊に最高裁判所は、国民の基本的人権の制限にかかわる重要事件において、行政裁量論、立法裁量論、統治行為論、内部規律論などにより合憲判断をし、あるいは憲法判断を回避する司法消極主義をとる傾向があり、多くの国民が不満とするところである。学者はその主たる原因が長期政権の下で内閣は政権に有利な判決を出しやすい人物を最高裁判所裁判官に選任しがちであり、司法行政事務を行う最高裁判所事務総局もまた同様の傾向をもち裁判官の人事統制を行っているからであるという。フランスやアメリカでは、政権交代があるごとに司法部も変わるとされている。わが国でも自民党から民主党へ政権交代が実現したが、まだ日が浅く学者の指摘があたっているのかどうか確認できない。裁判所が自らの権限をむやみに縮小するような司法消極主義をとることは、「憲法の番人」の役割を課されている裁判所としてふさわしくない。

他方で、議員定数不均衡違憲判決、愛媛玉串料違憲判決、在外国民の選挙権に関する違憲判決、最近では日本人父と外国人母との間に生まれた子の国籍取得を認めない国籍法違憲判決なども出している。基本的人権を最大限尊重する裁判所として自らを変えていけるのかどうか、国民の厳しい目が注がれている。

　裁判官は、行政権、立法権、司法権内部のいずれの判断にも左右されてはならない。裁判官の拠るべき唯一の規範は、裁判官の良心と憲法および法律である。

　大津事件において、児島惟謙が行政府の判断を断乎として拒否し大審院独自の立場で裁判すると宣した毅然たる態度は、すべての裁判官がもつべき模範を示しているといえよう。

第14章　免許代言人・弁護士の巨人

➤本章の概要◀

　代言人規則により免許代言人が誕生して以来、彼らは自由と民権の伸張のために闘い、社会のオピニオンリーダーの役目を果たしてきた。その役目は、弁護士法制定後は弁護士に引き継がれた。彼らは自由民権精神（今日の基本的人権擁護精神の源流である）をバックボーンとし、在野精神が旺盛であったから、権威に反抗する多くのエピソードを残している。彼らの活躍する姿を紹介したい。

I　山崎今朝彌の弁護士大安売

1　自由人山崎今朝彌

　山崎は、西南戦争があった明治10（1877）年9月15日、信州諏訪に生まれた。兄弟7人親子9人で一家団欒しているところに、村人が訪ねてきた。村人は、この家の者は禅僧が問答をしているようで何だかさっぱりわからない。いつも変わらず気楽なことばかり言っているとあきれていた。山崎の家では、反語・冗談・とぼける・駄洒落・語呂落ちなどが自由に飛び交っていた。彼のユーモア・諧謔・駄洒落・皮肉・暗喩・誇張・自由奔放な考え方は、このような家族の中で育まれたのである。

2　山崎の初仕事と渡米

　山崎にはユーモアに満ちた自伝ともいうべき『弁護士大安売』[1]がある。彼は自歴を披露しているがこれが傑作である。以下のように、どこまでが本当で、どこが脚色で、どこが放言・妄言かわからない。彼の面目躍如たるものがある。[2]

> 　君姓は山崎、名は今朝彌、明治10年逆賊西郷隆盛の兵を西南に挙ぐるや、君これに応じて直ちに信州諏訪に生る。明科を距るわずかに八里、実に清和源氏第百八代の孫なり。幼にして既に神童、餓鬼大将より腕白太政大臣に累進し、大いに世に憚らる。人民と伍して芋を掘り、車を押し、辛酸嘗め尽す。かたわら経済の学を明治法律学校に修め、大いに得る処あり。天下嘱望す。不幸、中途試験に合格し官吏となる。久しく海外に遊び、ベースメント・ユニバシチーを出で、欧米各国いろいろ博士に任じ、特に米国伯爵を授けられる。誠に稀代の豪傑たり。明治40年春2月、勢いに乗じて錦衣帰朝、一躍ただちに天下の平弁護士となる。君資性豪放細心、すこぶる理財に富み、財産合計100万ドルと号す。すなわち、業を東京に興し、たちまち田舎に逃亡し、転戦3年、甲信を伍え、各地を荒し、再び東京に凱旋し、爾来しきりにふるわず、天下泰平会、帝国言い訳商会、私立天理裁判所、軽便代議士顧問所、各種演説引受所等みな君の発明経営するところたり。

　アメリカに渡ったのは事実だが、「ベースメント・ユニバシチーを出で」というのは皿洗いをして苦労したことをいい、さまざまな経験が「いろいろ博士」となり、「米国伯爵」というのはアメリカにはそのようなものはないから、日本の実在の華族を揶揄したものである。「誠に稀代の豪傑たり」と言い、自らをからかう余裕をみせている。

　彼は、明治33（1900）年に明治法律学校（現在の明治大学）に学び、翌34年

1　山崎今朝彌の『弁護士大安売』、『地震、憲兵、火事、巡査』は、多田道太郎『自由主義』に収録されている。
2　森長英三郎「山崎今朝彌」（潮見俊隆編・日本の弁護士）256頁。

11月、「不幸」、中途試験に合格し司法官試補になり甲府に着任した。その翌日、糸山貞規上席検事から「ナニ出てみたまえ、何でもない」と押し出され、初仕事として検事代理で区裁判所の公判に立ち会った。公判廷で調べが終わってポカンとしていると、牛田とか何とか牛の字のつく判事が「検事閣下、刑の適用は」と催促した。彼は検事の仕事を教わる前にいきなり法廷に出たから、何もわからず「俺にはわかりません」といって公判廷を逃げ出した。[3] 初仕事で出鼻を挫かれる経験をして、どうも検事の仕事は自分の性に合わないと辞めてなぜか渡米した。在米の日本人社会主義者岩佐作太郎、赤羽一らと知り合った。幼少より家族の中で猛特訓を受けて身に付けたユーモア・諧謔・自由の精神は、在米中に一層磨きがかかり、彼の生涯を貫く大旗印となった。

> **コラム　駆け出し弁護士の法廷実務**
>
> 　明治から大正時代に弁護士になった者は、いきなり法廷に出ることが多かった。山崎今朝彌が司法官試補になった時、初めて出た刑事法廷から逃げ出したように、駆け出し弁護士もまた法廷のことはよくわからない。
>
> 　大正10年に弁護士試験に合格した静岡の鈴木信雄弁護士は、被告代理人として民事法廷に出たが、被告の座る席がわからない。まごついていると、原告代理人の先輩弁護士が、「被告だからこちらですな」とさりげなく教えてくれた。裁判官から被告の答弁を聞かれたが、請求棄却の言葉が出てこない。すると、原告代理人の先輩が、「被告だから原告の請求棄却でしょうな」と教えてくれる。修習のなかった時代の弁護士は、多かれ少なかれ恥をかきながら先輩弁護士に教えられて法廷実務を身に付けたのである。

3　多田・前掲（注1）73頁。

3　弁護士開業と面白広告

　山崎は、明治40（1907）年春2月に帰国し、東京弁護士会に入った。彼の『弁護士大安売』によれば、「気が驕り心が大きくなっていたときであるから、前後のわきまえもなく米国大使館前に事務所を開き、大々広告をし」たが、その効なく開業して間もないのに「没落して信州諏訪に退却した」。

　同年10月に諏訪に事務所を設けて、種々の広告を出した。広告を見た上諏訪区裁判所の松沢常四郎判事が、「君の大胆さにはあきれた」と言った。その広告は「下らぬ判決に不服ある者のために　上諏訪町本町　山崎博士法務局　電話224番　専ら公共的に控訴事件を取り扱う」というものであった。

　山崎の事務所の門前には、「泥棒・掛取り・醜議員の類いっさい入るべからず」という表札が掲げてあった。

　彼はその後、故あって諏訪から甲府に転戦し、ここでもまた面白広告を出した。「売出につき　弁護士大安売　甲府法務局長平民法律所長　山崎今朝彌　甲府遊郭大門前旧化物屋敷」というものであった。

　この広告を見た甲府の弁護士らと家主から苦情を言われた。弁護士らは、前半部分を問題とし「弁護士は、呉服屋・太物屋とはちがう。弁護士大安売などと、呉服屋・太物屋のお株を奪うようなことはするな」ということだった。家主は、後半部分を問題とし「たといもとは化物屋敷であったにせよ、それをことさら新聞にまで吹聴する法はない。借りる者に迷惑はなくても、貸す身になれば後で借りる者が少なく、家賃も安くなり大いに迷惑である」というのであった。なるほど家主がいうのは至極もっともだ。弁護士諸君の考えには賛成できないが、これとて人の嫌がることを強いてやる必要もないから、新聞広告を改めることにした。

　弁護士大安売はやめにして「民刑品々　弁護士山崎今朝彌　追って旧化物屋敷の儀は今後家賃に障るとて大屋大目玉につき全部取り消し」という取消

　4　多田・前掲（注1）68～70頁。
　5　太物屋（ふとものや）とは、綿織物・麻織物など太い織物で、絹織物に対していう。

広告をした。

彼は「弁護士大安売」の広告をした時、弁護士諸君の反応がはなはだ面白く気に入ったので、自伝的なユーモア溢れる『弁護士大安売』と題する書物を出すことにした。

4 結婚通知書

彼は明治42（1909）年に細君をもらった。その「結婚通知書」が以下のように、またユニークなものであった。[6]

> 旧山形さい、奥州弘前産なりといえども日本語を良くす。明治卅九年度女子学院の出、元来ヤソなり。多弁頓狂にして少々薄野呂の傾きあるも、貞淑人好にして悪心少なし。最初は何だか厭の感ありしも目下は至極結構なり。何一つこれというて出かす事はなけれども、身体強壮にして能く食す。維時（これとき）明治42年2月13日。

この細君が、山崎の親類が田舎から出てくると、「あなたの親類はなぜ皆あんなに剽軽（ひょうきん）なのでしょう」と言った。一族の駄洒落・ユーモア・反語・冗談は相変わらず健在であった。

彼は甲府で300円余りも貯めて、翌43年東京に再進出した。今度は銀座大通裏に自宅兼事務所を開設した。彼の言葉によれば、「巣ごしらえができぬ前に、隣家へ交番所ができあがったには、少なからず驚いた」という。交番ができたのは、自由主義者山崎を監視し警戒するためであったが、「何かえって愉快を感じた」と笑い飛ばして気にする風もなかった。

5 新聞紙法違反弁護事件

時は進んで大正10（1921）年7月25日、広島県呉で小川孫六が「民権新聞」第1号を発行し、次の丹悦太の論文「自由？死？」を掲載した。[7]

---

6 多田・前掲（注1）72頁、森長英三郎『史談裁判』30頁。
7 森長・前掲（注6）133頁。

> 憲法29条に保障せられたる、言論著作印行集会及び結社の自由の如き、附属法律の為に保証金無きプロレタリヤは思想発表の具として一新聞紙をも発行するを得ず、即ち無産者は印行の自由を殆ど根底より奪はる。社会運動者、労働運動者が言論集会結社に、不法の圧迫干渉を受け、甚だ敷自由を束縛せられつつあるは天下周知の事実なり。我国には、現時海外文明国に類例無き、治安警察法第17条なるものの厳存せるあり、……斯の如くして憲法の保障なるものは、往々事実に於て無産者に役立たず、茲に到って憲法は、プロレタリアの為には空文にして、反古同様のものに非ざるなきやを疑ざるを得ざるなり。其他の汎有法律規則も、特権階級の保護は至れり尽せりと雖も、無産者は殆ど保護の埒外に放置せらるるの観なきに非ず、而も罰則の適用例は、ブルジョアーには寛大にプロレタリヤには峻厳苛酷を極む。

別にどうということもない文章であるが、その当時、これが新聞紙法41条の「安寧秩序を紊した」[8]という理由で、大正10（1921）年11月18日、第一審呉区裁判所が有罪判決をした。小川・丹の2人はこれを不服として控訴審の広島地方裁判所に控訴したが、同裁判所もまた、同年12月26日、記事を書いた丹に50円の罰金、編集発行人小川に60円の罰金を言い渡した。

丹と小川はともに赤貧洗うがごとき暮らしで弁護士に依頼する費用がない。そこで無料で上告をお願いできないかと山崎に言ってきた。山崎もまた貧乏を自認している弁護士であり、これを快諾した。

6　上告趣意書──全国の司法官は皆偉大なる低能児の化石なり

山崎の上告趣意書[9]は、次のとおりである。

> 事実は全く其通り、少しの誇張も虚飾もなく、文詞用語も亦頗る冷静平凡、

8　明治42（1909）年5月6日公布の新聞紙法41条は、「安寧秩序を紊し又は風俗を害することを新聞紙に掲載したときは発行人、編輯人を6月以下の禁錮又は200円以下の罰金に処す」と定めていた。

9　森長・前掲（注6）134頁。

> 奇矯に失せず激越に渉らず、十数年来萬人均しく、文章に演説に、都鄙到る処に言ひ古され、語り尽されたる、有触れたる論議なれば、毫末も社会の平静を紊り共同の生活を乱すものにあらず、若し之をしも強ひて安寧の秩序を破壊するものなりとせば、日毎日常の新聞雑誌は悉く秩序紊乱となる。

極めて明快正当な主張であり、大審院も納得するものであった。
ところが、山崎はこれに続いて、彼の真骨頂を発揮する文章を書いた。

> 　之を不問に付する全国の司法官は、原審判事山浦武四郎殿、江木清平殿、西豊芳二郎殿3名を除くの外、皆偉大なる低能児の化石なりと謂はざるを得ず。天下断じて豈此の如き理あらんや。然らば原審が奮然と意を決して之を安寧秩序紊乱と目し、新聞紙法第41条に問擬したるは不法も亦甚だしきもの、真に呆れて物が言へずと云はざるを得ず。

大審院は山崎の上告理由を認め、原判決を破棄して上告人2名を無罪にした。大審院の判決は、民権新聞に掲載の論文は「単に現行制度の不備社会組織の欠陥を指摘して攻撃するに止まり、不法の手段に因り又は急激にこれを変更せんことを試みるものに非ざるときは、其掲載事項は現に社会状態の安定を破壊する虞なき限り未だ以て安寧秩序を紊すものと謂ふを得ず」[10]というものであった。

こうして新聞紙法違反に問われた被告人2名は、山崎弁護人の努力により大審院で無罪になったわけである。めでたし、めでたしであったが、事はこれで終わらなかった。

7　山崎弁護士懲戒裁判

山崎が上告趣意書で、「全国の司法官は皆偉大なる低能児の化石なり」と言ったことが、弁護士法および東京弁護士会会則に違反するとして、東京控

10　森長・前掲（注6）134頁。

訴院検事長が、東京控訴院における懲戒裁判所に懲戒の申立てをしたのである。弁護士法31条2項は、検事正が「懲戒訴追を検事長に請求」すべく、弁護士に対する「懲戒事件に付いては管轄控訴院に於て懲戒裁判所を」開くことになっていた。

　山崎は、懲戒裁判所はおそらく大弁護団をつけてひと波乱あるだろうと思っているから、出し抜いてやろうと考え、弁護人なしで欠席を決め込むことにした。彼は、もし、譴責程度の判決であれば、係判事に判決文を自署してもらいこれを売り出す。罰金であれば、同僚に義捐金を拠出してもらいこれにあてる。軽い停職であれば、「懲戒になるまで」という小説を書いて売り出す。重い懲戒になれば、「低能になるまで」という小説を書いて売り出す。もし、除名になれば、司法官専門の金融業の看板を掲げて、判事検事相手に高利貸しをするなどの名案を発表して1人悦に入っていた。

　彼は懲戒裁判には予定どおり欠席することにしたが、単に欠席するだけでは芸がないから、懲戒裁判を担当する3人の裁判官は、予断を抱いていると忌避申立てをした。別の部が審理して申立てを却下した。彼はこの却下決定に対して抗告した。抗告審が何か面白い理屈でも付けてくれるかもしれないと思ったからであるが、残念ながら彼を喜ばせるような内容もなく却下された。

　こうして懲戒裁判が始まったが、彼は予定どおり欠席した。すると欠席判決が出た。停職4カ月であった。

　山崎は、今度は大弁護団を組んで大審院における懲戒裁判所に上訴し裁判所を驚かせた。彼は「多少矯激に走りたる傾きは之れ有りとするも、畢竟皆慨世の余憤に反省を促す警世の文字となりたるに過ぎざれば、寧ろ其為め其地位を向上せしむる憂こそあれ毫も弁護士の体面を汚すものに非ずと信じ候。されど強いて無罰を希望する者に無之候へば……口頭弁論期日には出廷も仕らず本案については一言の弁解も仕らず」という上申書を提出した。そして、

11　高橋修「弁護士の職業倫理の具体的検討」（石井成一編・弁護士の使命・倫理（講座現代の弁護士(1)））214頁。

1日でも早く和気あいあいのうちに裁判せられんことを希望すると催促しながら、懲戒判事全員の忌避申立てをし、事件がごたついて延びていると、さらに、「口頭弁論期日を一日も早く指定願いたい。明日の期日を今日の通知でも差支えなく、判決言渡しは即日願いたく、送達一切は電話で連絡があれば当方から書記課に出向いても差し支えなし」という上申書を提出して裁判所を揶揄した。彼はたびたび上申書を提出し裁判所を散々閉口させておいて、機をみてさっと取り下げ、肩すかしをくらわせて停職4カ月を自ら確定させた。

新聞は喜んで彼のいう「全国の司法官は皆偉大なる低能児の化石」であると繰り返し報道した。

法壇で大いに威張っている裁判官は「皆偉大なる低能児の化石」である、と山崎が言ったことが、世人を大いに喜ばせ納得させる効用があった。

彼は、その後「私は大審院で『全国の司法官は皆偉大なる低能児の化石なり』と喝破したため、第一審・第二審とも重罪に処せられた被告を無罪とし、其効能を以て休暇4カ月の恩命を蒙りました」と休暇宣言の葉書を方々に配った。そして、この休暇中に『偉大なる低能』を書いて出版した。[12]

8　上告弁護士

山崎は、上告弁護士を自認しよく広告をした。「東京市芝区新桜田町19番地　上告専門所　所長上告専門弁護士　山崎今朝彌」[13]。なぜ上告弁護士なのかというと、破棄の愉快が格別だからであるというのである。それに「普通弁護士として第二流は愚か、第三流もまずすこぶる危いと明見し」と控えめに言いつつ、「上告弁護士としてなら日本では世界一にもなりかねまじきおそれがある」からであると自負し、また、いくら破棄が好きでも、立派にできている原判決をみるときは、第1につまらぬところに破棄の理由となる欠点がなければよいがと案ずる心づかいもみせた。上告弁護士を名乗るとおり、

12　柏木博「弁護士倫理の歴史的検討」自由と正義29巻1号16頁。
13　多田・前掲（注1）81頁。

彼は原判決を分析し、見事にその弱点を把握して上告理由とするすぐれた能力があった。

彼は貧しい者の弁護や代理をしたから、自分の暮らしも楽ではなかった。彼は、弁護士の苦楽について、「苦」は、欲と良心との間に立ち、報酬を依頼人より取ることなり。金は欲しいし、気の毒ではあると言い、「楽」は、敗ける覚悟で、富豪官憲を相手に訴訟をすることであると言う。彼はまた年賀の挨拶に、「無料専門わがまま御免の平民法律所事件のみ多くなり、業務ますます繁栄を極め大いに弱り抜き申し候、新年よりは断然ここに改心つかまつり、なるべく無料道楽事件には遠慮を願い正に拗ね者の本性を現わして目下の不景気に反抗し、極力景気よく金儲けに熱中つかまつりたくと存じ候、ついてはいやしくも割よき法律事務は何種に限らず多少にかかわらず、何でも猛烈に取り扱いもうすべく候につき、何とぞ然るべきお引立てのほどをひとえに願い上げ奉り候」と書いた。冗談とも本音ともとれることを述べている。今日の弁護士も共感するところが多いのではなかろうか。

9　法律事務所の旗印

山崎は自らの事務所の旗印は、「民主主義」と「自由主義」であると主張した。「民主主義は、世界の大勢であり天下の世論であって、これに逆行する頑迷の徒、危険の思想は必ず滅びる。事務所は、民主を提唱して8年、今日ようやく世に認められるようになり嬉しい限りである。いささか確信するところがあり、努力をもって信任に応え成績を挙げ期待に背かないように期したい」という。また、「自由主義は、自在に準範を生じ準範は自然に規律をなす。秩序があり整然としている。自由主義をもって専恣放縦無規無則、人を駆って再び猛獣に回するものであるというのは、畢竟専制家又はその代弁人の曲論である。愚論であり、空論であり、ポリシーであり、ゴマカシである。然らばここに自由の大旆を押し立て、旗鼓堂々また新たなる1年を奮

14　多田・前掲（注1）73頁。
15　多田・前掲（注1）86頁。

戦したい」と述べた。[16]

　統制立法に取り囲まれ、官憲が常に監視している時代に、わが事務所の旗印は民主主義・自由主義であると堂々と宣言したことは、自由人山崎今朝彌の真骨頂であり、彼の信念、自信と誇りを示すものであった。

　明治42年から同44年頃、東京弁護士会の両派が、役員選挙で鎬(しのぎ)を削っている真っ最中、花井弁護士を会長に松田源治弁護士を副会長にその他それぞれ常議員を候補に推薦し、「コトシャコウデモ、マタライネンハショクンノジクコウゼヒタノム　東京弁護士会役員選挙理想選挙団本部　印」という葉書を配った者がいた。アレは山崎だ、イヤ山崎ではないと、いろいろ邪推憶測があった。大した迷惑もなかったが、実際アレは山崎であった。弁護士諸君の相変わらずの選挙騒動に嫌気がさして理想選挙をしたらどうですかと忠告したものであった。[17]

　山崎は、ユーモアと諧謔・風刺をオブラートにして、徹底して権威に抵抗する民主主義・自由主義弁護士であった。彼の功績は弁護士の幅を大きく広げたことであり、人々が彼の言動を通じて弁護士に関心を寄せ親しみやすい存在にしたことである。今日でも型破りのユニークな弁護士として語り継がれている。

Ⅱ　多くのエピソードを残した免許代言人・弁護士

1　免許代言人・弁護士の自由民権精神

　明治時代の多くの免許代言人・弁護士は、人民の自由と民権の伸張のために先頭を切って闘ってきた。自由民権精神がバックボーンになっているから、彼らは権威に抵抗したエピソードをいくつも残している。

16　多田・前掲（注1）89～90頁。
17　多田・前掲（注1）94頁。

Ⅱ　多くのエピソードを残した免許代言人・弁護士

(1)　青木徹二

　彼は、慶応義塾で商法の教授をしていたが、商事弁護士に転じた。正義感が強く憂国の志士の気風をもっていた。彼は、思う存分遠慮なく気兼ねなく論じたいと言い、「皇室に対する敬・不敬という道徳上の事柄に向かって法律を差し向けるのは、一体全体筋違いである」と雑誌「東方時論」に発表し、不敬罪廃止論を唱えて逮捕された。取調べの滝川秀雄検事が青木に所論の変更を求め、後悔しているか尋ねたところ、彼は「このように騒がれるなら、もっと著名な雑誌に執筆すべきであった」と言った。彼は、この事件で軽禁錮4月の実刑となり入獄した。[18]

(2)　足立進三郎

　彼は、人情深い性格の持ち主で、その弁論の根底には被告人の罪に陥った境遇に対する深い同情があった。法廷において「このようなことを申し上げるのは、ぐちでございます、お笑い戴いて結構でございます」と言いながら、切々と人の心に訴える弁論を行い、天皇制官僚の権威をかさに威張って半ば人間性を失っているような判検事の肺腑をえぐり羞恥の念を呼び起こさせた。[19]
　大本教事件の被告人出口王仁三郎が不敬罪・治安維持法違反に問われ、7年近い勾留生活に呻吟しているのをみて、足立は決然保釈請求をした。大本教の施設はすでに官憲の手で破壊され草茫々の廃墟となっていた。彼は「王仁三郎をその廃墟に立たせて泣かせてやって欲しい。泣く自由だけでも与えてやって欲しい」と人情迫る名弁論をして保釈させた。[20]
　彼の人情味溢れる弁論の根底には、弱者に寄り添う人間性と反骨の精神があった。

(3)　石黒涵一郎

　彼は、ある時控訴院の法廷において、裁判長に記録の閲覧を求めた。裁判長は、記録を投げるようにして渡したのが床下に落ちた。彼は身を屈めてこ

---

[18]　向井健「青木徹三」（潮見俊隆編・日本の弁護士）232頁以下。
[19]　山中永之佑「足立進三郎」（潮見俊隆編・日本の弁護士）208頁以下。
[20]　山中・前掲（注19）218頁。

れを拾うのを潔しとせず、やおら草履をぬぎ、足の指を用いてその記録を机上につまみ上げたという。

彼は法廷においても政界においても剛直をもって知られた。自由民権運動に加わり集会条例で3回処罰を受け、明治20（1887）年に星亨らとボアソナードの条約改正反対意見等を印刷して全国に配布し出版条例違反で軽禁錮1年の判決言渡しを受けて入獄した。[21] 岡山教会の信徒として明治19（1886）年にキリスト教主義の山陽英和女学校（現在の山陽学園）を創立し、教育界に貢献した。

(4) 菊池侃二

彼は、立憲政党に属し大阪の自由民権運動に取り組んだ。明治20（1887）年8月、大阪の監獄で服役中の者に重い石を背負わせているのは、「監獄の精神に反し、有害無益の残忍な行為である」と大いに攻撃し、大阪代言人組合の寺村富栄・砂川雄峻・森作太郎・渋川忠二郎らとともにその不法なことを論じて山田顕義司法大臣に廃止を求め、この悪弊を廃止させた。[22] 彼は、大阪事件の刑事弁護をはじめ多くの刑事事件を扱った。彼の刑事弁護により無罪判決を得てその恩に感じている者は少なくなかった。そのため好評であったが、彼は決して奢ることのない温良謙譲の人であった。[23]

(5) 岸清一

彼は、大学時代に自由民権運動に共鳴し、政談演説会に出るのをこのうえない楽しみとしていた。弁舌を練るためしばしば演説をしたが、彼の熱意溢れる出雲弁の演説を聞いた者は、外国語で演説していると誤解し、何を言っているのかさっぱりわからなかった。自由民権運動の影響で自主独立の免許代言人になり、修練のおかげで法廷の弁論は堂々たるものとなった。口頭弁論は、あくまで口頭で弁じるものであるという信念で、準備書面に書いたこ

---

21 波多野二三彦「岡山の弁護士」自由と正義27巻8号23頁。
22 砂川雄峻『法曹紙屑籠』417頁、山中永之佑「渋川忠二郎」（潮見俊隆編・日本の弁護士）43頁以下。
23 三田六太郎編『大阪組合代言人公評録』20頁以下。

Ⅱ　多くのエピソードを残した免許代言人・弁護士

とを長々と述べるので、裁判長がしびれを切らして「書面どおりならこちらでもよく拝見しておきますから、そのへんで……」と何度言っても、「いやもう少しです」と言って最後まで読み通した。判事も彼には歯が立たなかった。[24]

末は博士か大臣かと言われた時代に、彼は青少年に対し、いつも「商人でも何でもよい、唯日本一の人物になりなさい」と語った。英米に留学し帰朝後は外国人関係の訴訟を多く手がけ、育英事業や体育事業に大きな足跡を残した。代々木に岸記念体育会館がある。[25]

(6)　澤田正泰

彼は、岡山で熱心に自由民権運動を行った。警察が近づかないよう川に船を浮かべて、その上から大いに政談演説を行い、自由の歌を高唱した。[26]船上の政談演説は、警察の干渉を避けるための奇抜なアイデアであった。彼は自由主義を奉じ、自由と民権の伸長のために活躍した免許代言人で、石黒涵一郎とともに大阪事件の弁護人を務めた。

(7)　高木益太郎

彼は、ある時東京地方裁判所の民事の法廷で、裁判長尾立鼎三の訴訟指揮を不当として忌避申立てをし、休廷中の法廷で、「あんな小僧ドンにわかるものですか」、「なんだ小僧判事が」などと言い、検事が懲戒裁判にかけようとするとこれを不満とし、さっさと登録を取り消し、必要があればまた登録し、検事が申立てするとまた取り消すということを繰り返した。[27]

この時代、弁護士が被告人に対し、判事や検事を「石ころと思え」とアドバイスしたことが問題になったり、「小僧判事」事件が有名となり、弁護士俳人宮島次郎が「石ころや小僧判事や秋のくれ」と詠んで物議を醸したこともあった。

24　小林俊三『私の会った明治の名法曹物語』147頁以下。
25　江藤价泰「岸清一」(潮見俊隆編・日本の弁護士) 152頁以下。小林・前掲（注24）173頁。
26　波多野・前掲（注21）24頁。
27　高橋修「弁護士の職業倫理の具体的検討」(石井成一編・弁護士の使命・倫理（講座現代の弁護士(1)）) 237頁、森長・前掲（注6）111頁以下。

333

高木は、生粋の江戸っ子で反骨精神が強く、彼の刑事上告は自ら考案した形式的欠陥の指摘に秀で、大審院の破棄判決を得ることが多かった。彼の上告論には、区裁判所から大審院に至るまで非常に神経を使うようになり、裁判所に判決形式を統一させるに至った。

彼は、衆議院議員として6期にわたり活躍し、個人で人権保護に関する法律案を提出した。東京法学校（現在の法政大学）に依嘱され総務部長の仕事を引き受けたりした。

彼は、常に反権威主義の立場を貫き、「法律新聞」紙上で、天皇制国家の権威主義的法律家の代表として検事総長平沼騏一郎、判事のち検事総長鈴木喜三郎を不倶戴天の敵として徹底的に批判した。[28]

(8) 鯰江貞継

彼は、名声を望まず高潔な人で独居生活をし、食事の準備中に依頼人がくれば、自ら飯を炊きながら応対し、裁判所に出頭する時は、門口に「只今裁判所へ出頭中」と掲示し、暑中3時頃には「只今昼寝中」と掲示していた。往来で一升徳利と竹の皮包みを提げて歩いているのをみると、それは依頼者からの報酬であった。[29]

(9) 野平穣

彼は、刑事事件の弁論を終わりもう1人の弁護人に交代する時「お後は師匠が御機嫌を伺います」と落語口調で言って判検事を笑わせ、弁論中に「裁判長お椅子の脚に火がついております」と言い、裁判長が慌てて足元を見ると、「というようなことがあったならば」と弁論を続け、検事の論告に対し「若い割には案外理屈がわかるようだが、しかし、本件のような家庭関係の込み入った事件は、まだまだわかるはずがない。検事も子供の一人でもできてから後に篤と考えてみなさい。その時は私の今日言うたことのもっともなことにお気が付かれるであろう」と言って法廷の諸人を笑わせ、それがためこの検事は、他の判検事からいつもこのことで冷やかされた。[30]

---

28 清水誠「高木益太郎」（潮見俊隆編・日本の弁護士）188頁以下。
29 砂川・前掲（注22）44頁。

Ⅱ 多くのエピソードを残した免許代言人・弁護士

(10) 鳩山和夫

　彼は、判事のいない法廷は「法廷となる場所ではあるけれども、法廷ではない」と言って、煙草をぷかぷか吹かせて廷吏をやきもきさせた。[31]士族の出であるが、その人格は平民的であった。人に接するに上下の差別をしない。特に言葉の上において上下に平等で包容力があったから、多数の人々は彼に尊敬の念を抱くに至った。温和な人柄の良さが買われて東京代言人組合の会長に選ばれた。訴訟はあまり上手ではなかったが、訴訟の要諦をつかむのにすぐれていた。彼は、東京専門学校（現在の早稲田大学）の創立に参加し、明治23（1890）から同40（1907）年まで長きにわたり第3代校長を務めた。[32]

　彼は、第2回衆議院議員選挙に当選し、その後も当選を重ねた。政治は法律の応用であるから、人民の権利を保護するためには、政治家は法律家でなければならないと考えていた。政界に身をおいても法律家を任じていた。[33]同25（1892）年、政府提出の弁護士法案の職務区域制限条項、高額の登録料・保証金条項などを衆議院特別委員会委員長としてバッサリ削除した。彼は、免許代言人・弁護士であるとともに、すぐれた教育者、政治家でもあった。

(11) 増島六一郎

　彼は、反骨精神豊かな人物で、「弁護士はサムライ仕事で人を助けることにある」と言い、人権を抑圧する政府の御用学者東京大学加藤弘之のことを、「時の総長は加藤弘之といったが、実は腐儒の一人で、政府に都合の好い意見を献じ、それによって好い位置に経上った輩である」と言いきった。[34]

　彼は、英吉利法律学校（現在の中央大学）の創立に尽力し初代校長を務め、学生の教育に情熱を注いだ。法典論争では、延期派の論客として活躍した。

30　砂川・前掲（注22）43頁。
31　森長・前掲（注6）113頁。
32　小林・前掲（注24）35頁。
33　森長英三郎「鳩山和夫」（潮見俊隆編・日本の弁護士）60頁。
34　利谷信義「増島六一郎」（潮見俊隆編・日本の弁護士）86頁、古賀正義「日本弁護士史の基本的諸問題」（古賀正義編・弁護士の業務・経営（講座現代の弁護士(3)））50頁。

(12) 森作太郎

彼は、刑法が得意で、大阪法学舎で刑法を講義した。森の刑法、渋川の民法といわれた。明治17(1884)年に代言免許料を納めるのを忘れて代言業務ができなくなる逸話を残したが、翌年代言人試験を受けて合格し名実ともに代言人としての実力を示した。彼は、大阪事件の刑事弁護人として活躍した。中江藤樹の遺徳を受け継いだ温厚篤実な近江の人で「議論精確名望偉烈」の八字は、彼に贈られる勲章であると評せられた。大阪代言人組合の会長を務めた。

(13) 山田喜之助

彼は、ある時裁判所の法廷で裁判長鈴木喜三郎に対し、烈火の如く怒り「俺も弁護士の法服・法冠を脱ぐから、貴様も衣冠を取れ。法学者の山田と法学者鈴木で議論を闘わせようではないか」と挑んだ。

彼は、東京専門学校・英吉利法律学校の創立に参加した。法典論争では延期派の強将であった。東京代言人組合の会長を務め、第5・第6議会で衆議院議員として活躍した。日露講和反対の日比谷事件では、被疑者として逮捕勾留されたが、予審免訴となった。

この時代、全国各地でめざましく活躍した免許代言人・弁護士は数多い。彼らの活躍についてさらに調査研究が進めば、この分野は一段と豊かさと輝きを増すであろう。

2 民事・刑事裁判の道を拓く

明治時代の初期に欧米諸国に留学し自由主義思想を身に付けて帰朝し免許代言人になった者や、英法・仏法を学んで免許代言人となった者が、未開の

---

35 三田六太郎編『大阪組合代言人高評録』29頁、英晴次郎編『代言人評判記』14頁。
36 森長・前掲(注6) 113頁。
37 小林・前掲(注24) 50頁以下。
38 向井健「明治・大正期の著名弁護士」(現代の弁護士(司法篇)(法学セミナー別冊)) 209頁、小林・前掲(注24) 55頁以下。

Ⅱ 多くのエピソードを残した免許代言人・弁護士

民事・刑事裁判において模索しながら代言人の道を切り拓き、明法寮・司法省法学校・東京開成学校・東京大学を卒業して免許代言人になった者が、さらに努力を続けてその道を押し広げ、私立の法律学校を卒業した在野精神旺盛なすぐれた免許代言人が多数参入するに及んで大道となった。

欧米先進国の法律学を学び自由主義思想をもった多くの免許代言人が、最も重視したのが人民の自由と権利の伸張を図ることであった。彼らは自由民権運動の先頭に立ち、民事裁判では当事者の代理人として権利の主張と真実発見のために努力し、刑事裁判においては自らの職を賭して被告人の人権擁護に尽力した。彼らは社会的弱者とともにあり無償で民事代理をし、刑事弁護を行った。その反面、彼らは公権力をもつ者に対し、その不正を許さず、これを正すために闘った。社会においても、議会においても、公権力をもつ者の非なる行為については厳しく指弾し、正義が行われることを強く求めた。

彼らの活動からみてわかることは、弁護士の使命とは、人権を擁護し正義を実現することである。弁護士はこの使命を常に意識しながら、日常の実践活動の中で活かしていかなければならない。これを忘れると商業主義に陥るおそれがある。

免許代言人は、法律研究所をつくり、法律学校を創立し、学生を育て多くのすぐれた法曹を世に送り出した。わが国を欧米先進国に並ぶ近代的な法治国家にしようとしたのである。彼らの貢献は、法学教育にとどまらず教育全般に及んでいる。彼らが創立に参加し、あるいはその発展に寄与した大学は全国各地にある。さらに市会・県会・帝国議会で活躍した免許代言人・弁護士も多く、政界においても大いに活躍した。

彼らを個々にみると、自己の信念を通した豪傑人、ユーモア人、社会的弱者の擁護に務めた人、人情味溢れる人、反権威主義を貫いた人、世俗的な栄誉を得ることなく黙々と庶民の事件の解決に務めた人、人生を達観した人など多士済々である。

彼らが多方面で示した力量の大きさと成し遂げた功績は、真に素晴らしい。もし、明治時代に生まれ合わせて同じ立場におかれたら、どれほどのこと

第14章　免許代言人・弁護士の巨人

ができただろうかと思ってみるが、彼らは大きすぎて到底足下にも及ばない。彼らはまさしく巨人たちであった。心からの敬意と拍手喝采を捧げたい。明治は偉大な免許代言人・弁護士が活躍した時代であった。

【資料】 代言人・弁護士関連年表

		立法・制度	事件・出来事	章
明治元（1868）	10月	仮刑律が制定される		1
明治2（1869）	4月15日		箕作麟祥が翻訳御用掛となる	2
明治3（1870）	5月25日	獄庭規則が制定される		1
	12月20日	新律綱領が制定される		1
明治4（1871）	9月27日	明法寮が開設される		2
明治5（1872）	2月		ジョルジュ・ブスケが来日	2
	4月25日		江藤新平が司法卿に就任	2
	5月	民事裁判の傍聴が認められる		1
	8月3日	司法職務定制が制定される		1・2・3
	8月10日	民事裁判における答杖使用が禁止される		1
	10月	白洲における身分差別が廃止される		1
明治6（1873）	2月	断獄則例が制定される		1
	2月	刑事裁判の傍聴が認められる		1
	6月	改定律例が制定される		1
	6月18日	代人規則が制定される		3
	7月	訴答文例並附録が制定される		3
	9月		ボアソナードが来日	1・2

【資料】 代言人・弁護士関連年表

	10月25日		征韓論政変で参議の板垣退助・後藤象二郎・江藤新平・副島種臣が下野	7
	11月	出訴期限規則が制定される		3
明治7（1874）	1月12日		愛国公党が結成される	7
	1月14日		岩倉具視襲撃（赤坂喰違）事件が起きる	7
	1月17日		民撰議員設立建白が左院に提出される	7
	4月		立志社が設立される	3・7
	5月	裁判所取締規則が制定される		3
	6月		島本仲道が大阪に北洲舎を設ける	3
	8月		島本仲道が東京に北洲舎を設ける	3
明治8（1875）	5月24日	大審院諸裁判所職制章程、控訴上告手続が制定される		2
	6月8日	裁判事務心得が制定される		1
	6月28日	讒謗律が制定される		6・7
	6月28日	新聞紙条例が制定される		6
	9月3日	出版条例が制定される		6
	12月20日	訴訟用罫紙規則が制定される		4
明治9（1876）	2月22日	代言人規則、代言人規則中手続が制定される		4

【資料】 代言人・弁護士関連年表

	10月24日		熊本神風連の乱が起きる	7
	10月27日		秋月の乱が起きる	7
	10月28日		萩の乱が起きる	7
明治10（1877）	1月30日		西南戦争が起きる	7
明治11（1878）	9月11日		愛国社の再興が決定される	7
明治12（1879）	10月8日	拷問が廃止される		3
明治13（1880）	3月		愛国社が国会期成同盟に改称する	7
	4月		東京法学社が創立される	4
	4月5日	集会条例が制定される		6・7
	5月13日	代言人規則が改正される		4
	9月		専修学校が創立される	4
	10月11日		北海道開拓使官有物払下げ事件が起きる	7
明治14（1881）	1月		明治法律学校が創立される	4
	9月20日	逮捕地の裁判所が裁判管轄権をもつとする太政官布告第46号が出される		10
	10月12日	国会開設の勅諭が出される		7
	10月29日		自由党が結成される	7
明治15（1882）	1月1日	(旧)刑法が施行される		2・7
	1月1日	治罪法が施行される		2・8・12

341

【資料】 代言人・弁護士関連年表

	4月16日		立憲改進党が結成される	7
	6月3日	集会条例が改正される		6
	10月		東京専門学校が創立される	4
	11月28日		弾正ヶ原事件が起きる	9
	12月1日		福島事件が起きる	9
明治16（1883）	3月20日		高田事件が起きる	9
	4月16日	新聞紙条例が改正される		8
	6月20日		新潟で推古天皇不敬事件が起きる	8
	12月28日	国事犯でも通常裁判所で裁判ができるとする太政官布告第49号が出される		10
明治17（1884）	5月15日		群馬事件が起きる	10
	9月21日		星亨官吏侮辱事件が起きる	11
	9月23日		加波山事件が起きる	10
	10月31日		秩父事件が起きる	10
	10月31日		名古屋事件が発覚する	10
	12月3日		飯田事件が発覚する	10
	12月27日	爆発物取締罰則が制定される		11
明治18（1885）	5月29日		西条興風会事件が起きる	8
	7月		英吉利法律学校が創立される	4

【資料】 代言人・弁護士関連年表

	11月23日		大井憲太郎らの大阪事件が発覚する	11
明治19（1886）	5月5日	裁判所官制が公布される		2・10
	6月12日		静岡事件が発覚する	10
	11月		関西法律学校が創立される	4
明治21（1888）	2月25日		星亨出版条例違反事件が発覚する	11
明治22（1889）	2月11日	明治憲法が発布される		5・12
明治23（1890）	2月	裁判所構成法が公布される		5
	4月21日	民法（財産編・財産取得編の一部・債権担保編・証拠編）が公布される		12
	4月21日	民事訴訟法が公布される		5・12
	4月26日	商法が公布される		12
	10月7日	民法（人事編・財産取得編の残部）が公布される		12
	10月	刑事訴訟法が公布される		5
明治24（1891）	5月11日		ニコライ皇太子が襲撃され負傷する（大津事件の発生）	13
	5月27日		大津事件の大審院判決が言い渡される	13
	6月4日		ロシア駐在西岡徳次郎公使よりロシア皇帝の大津事件の判決について満足する旨が伝えられる	13

343

【資料】 代言人・弁護士関連年表

明治25（1892）	6月10日	民法・商法の施行の延期が決定される		12
明治26（1893）	3月4日	弁護士法が公布される		5
	3月25日	法典調査会が設けられる		12
	4月14日	出版法、集会及び政社法改正が成立する		11
	5月1日	弁護士法が施行される		5
	5月		各地に弁護士会が設立される	5
	5月12日	弁護士試験規則が制定される		5
明治29（1896）	4月27日	（新）民法（総則・物権・債権）が公布される		12
明治30（1897）	3月24日	新聞紙条例改正が成立する		11
明治31（1898）	6月21日	（新）民法（親族・相続）が公布される		12
	6月25日	保安条例が廃止される		11
	7月16日	（新）民法が施行される		12
明治32（1899）	3月9日	（新）商法が公布される		12
	6月16日	（新）商法が施行される		12

●あとがき●

　本書では、明治5（1872）年の「司法職務定制」に始まり、同9（1876）年の「代言人規則」、同13（1880）年の「改正代言人規則」を経て、同26（1893）年の「弁護士法」に至るまでの法制の変遷をみながら、その間に起きた重要な事件や出来事における免許代言人・弁護士の活躍をみてきた。

　明治26（1893）年の弁護士法（現行弁護士法からみて「旧々弁護士法」といわれる）は、衆議院議員である免許代言人らが法案の審議に直接関与して成立した法律である。同45（1912）年と大正時代に2回、弁護士の法律上の職務範囲を裁判外に拡大するなどの改正案が議会に提出されたが、成立するに至らなかった。

　その後、昭和8（1933）年に、旧々弁護士法に代わる「弁護士法」（「旧弁護士法」）が、議会で修正を受けて成立した。同法の特徴は、弁護士の職務を「訴訟行為」のほか「一般法律事務」を行うと明記し、女性も弁護士になることを認め、弁護士会を法人としたことである。弁護士会は検事正の監督権を廃止するよう主張してきたが、これは司法大臣に変更された。

　弁護士法制が大きな転換を迎えるのは、戦後の弁護士法制定である。第2次世界大戦の敗戦とポツダム宣言の受諾により、わが国国民の間における民主主義的傾向の復活強化、言論宗教思想の自由と基本的人権の保障などを実行することになり、明治憲法をはじめこれまでの法体制は根本的な改革が行われた。昭和21（1946）年11月3日、新憲法が公布され、その内容にふさわしい現行の「弁護士法」が、同24（1949）年6月10日に公布され、同年9月1日施行された。

　この弁護士法は、「基本的人権を擁護し、社会正義を実現する」ことが弁護士の使命であると宣言している。免許代言人の誕生以来、自由と民権の伸張および社会正義の実現のために営々と闘ってきた先達の尊い努力を確認したものといえよう。

あとがき

　さらに、現行弁護士法では、弁護士の長年の希望である弁護士自治が実現された。その内容は、弁護士に対する監督権は、行政・司法その他いずれの国家機関にも一切認めず、弁護士会および日本弁護士連合会がこれを有するというものである。弁護士の使命は、基本的人権の擁護と社会正義を実現することであるから、いかなる国家機関の行為であってもその非は非として主張し対立することがあるのであって、その弁護士を国家機関が監督するということはあってはならないことである。

　弁護士自治を具体化するものとして、弁護士の登録や弁護士の懲戒は、弁護士会と日本弁護士連合会が行うとされている。近年設立が認められた弁護士法人については、登記後、弁護士会と日本弁護士連合会に届け出なければならず、弁護士法人の懲戒もまた弁護士会と日本弁護士連合会が行う。弁護士会や日本弁護士連合会の総会・理事会・常議員会その他の集会や委員会などは、もちろん自主的に行われる。

　基本的人権の擁護と社会正義を実現するという弁護士の使命は、免許代言人の誕生以来、今日まで連綿として続いているのであり、将来に引き継いでいかなければならない最も重要な伝統なのである。

〔著　者〕

谷　正之（たに　まさゆき）

弁護士
（略歴）
昭和18年　愛媛県生まれ
昭和46年　早稲田大学大学院法学研究科修士課程修了
昭和57年　弁護士登録
愛媛弁護士会会長、日本弁護士連合会理事、松山大学法学部教授、松山短期大学教授を歴任

弁護士の誕生──その歴史から何を学ぶか──

平成24年8月30日　第1刷発行

定価　本体3,700円（税別）

著　　者　谷　正之
発　　行　株式会社　民事法研究会
印　　刷　株式会社　太平印刷社
発　行　所　株式会社　民事法研究会
　　〒150-0013　東京都渋谷区恵比寿 3-7-16
　　〔営業〕TEL 03(5798)7257　FAX 03(5798)7258
　　〔編集〕TEL 03(5798)7277　FAX 03(5798)7278
　　http://www.minjiho.com/　info@minjiho.com

落丁・乱丁はおとりかえします。　ISBN978-4-89628-805-6 C2032 ¥3700E
カバーデザイン　袴田峯男

■弁護士のあり方から司法制度改革までを綴ったメッセージ！

弁護士道の実践
─法の支配による平和・人の幸せを求めて─

鈴木繁次　著

A5判・184頁・定価 1,000円（税込、本体価格 952円）

▷▷▷▷▷▷▷▷▷▷▷▷▷▷▷▷▷ **本書の特色と狙い** ◁◁◁◁◁◁◁◁◁◁◁◁◁◁◁◁◁

▶法曹歴45年の著者による市民本位の弁護士道の実践方法から、司法改革への提言、法の支配による世界平和への訴えを綴った熱いメッセージ！

▶法曹たるものはその前にまず人間であるべきこと、法律の大衆化（法律をわかりやすくして市民に説明するという意味）、法曹としての仕事の目的─いかに市民生活の幸せに貢献するか、法曹は今後どのような社会貢献が期待されているかなど、後進に向けた想いを込めた1冊！

本書の主要内容

第1章　法曹を志した動機	第12章　自己研鑽を怠るな
第2章　裁判官に任官	第13章　法曹の選抜──旧司法試験考査委員（民法）の経験から
第3章　弁護士登録	
第4章　法曹である前に人間であれ──稲穂を思い起こせ	第14章　司法改革に関する所感
	第15章　法曹養成──神奈川大学法科大学院教授の経験から
第5章　先輩弁護士の弁護士地位向上の尽力に感謝	
	第16章　国民の弁護士の選択、弁護士報酬問題
第6章　弁護士登録時（昭和45年）頃の法曹界の状況	第17章　弁護士の公益的活動（外部委員）の心がまえ
第7章　弁護士は専門分野をもて	第18章　弁護士会の改革
第8章　専門分野の具体的事件の処理の仕方	第19章　東日本大震災と弁護士
第9章　苦労したその他の一般事件	終　章　まとめに代えて──法の支配による平和（人間の幸せ）を求めて
第10章　予防法学	
第11章　弁護士会の委員会活動のすすめ	

発行　**民事法研究会**

〒150-0013　東京都渋谷区恵比寿3-7-16
（営業）TEL. 03-5798-7257　FAX. 03-5798-7258
http://www.minjiho.com/　info@minjiho.com